学ぶ・わかる・みえる シリーズ 保育と現代社会

保育と子ども家庭福祉

【第2版】

編 櫻井 奈津子

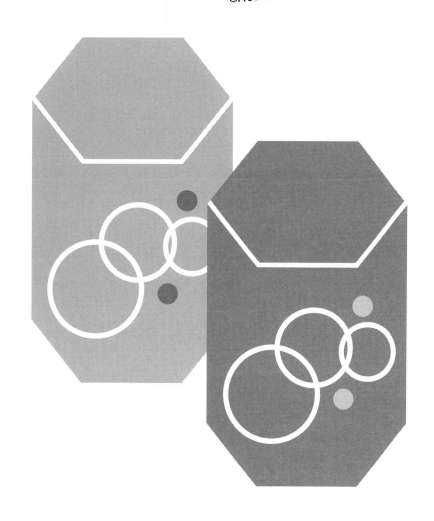

みらい

執筆者一覧

●編　者

櫻井奈津子 (さくらいなつこ)　元和泉短期大学

●執筆者（五十音順）

五十嵐裕子 (いがらしゆうこ)　浦和大学 ………………………………………… 第 3 章

上田　征三 (うえだゆくみ)　東京福祉大学 ……………………………………… 第12章

大下　純 (おおしたじゅん)　桜美林大学 ………………………………………… 第 8 章

蠣崎　尚美 (かきざきなおみ)　聖ヶ丘保育専門学校 …………………………… 第 7 章

北川裕美子 (きたがわゆみこ)　四国学院大学 …………………………………… 第 2 章

櫻井奈津子 (さくらいなつこ)　（前出） ………………………………………… 序　章

佐藤　高博 (さとうたかひろ)　つくば国際短期大学 …………………………… 第 9 章

佐藤ちひろ (さとうちひろ)　白鷗大学 …………………………………………… 第10章

重松　義成 (しげまつよしなり)　OSJとよなかケアスクール ………………… 第 4 章

鈴木久美子 (すずきくみこ)　常葉大学短期大学部 ……………………………… 第14章

谷口　卓 (たにぐちたかし)　金沢学院大学 ……………………………………… 第13章

隣谷　正範 (となりやまさのり)　飯田短期大学 ………………………………… 第 1 章

八田　清果 (はったさやか)　埼玉東萌短期大学 ………………………………… 第 5 章

平田美智子 (ひらたみちこ)　星美学園短期大学 ………………………………… 第 6 章

松倉　佳子 (まつくらよしこ)　こども教育宝仙大学 …………………………… 第11章

イラスト　　　溝口ぎこう

はじめに

　1947（昭和22）年に制定された児童福祉法は、その理念として「全ての児童」を対象としながらも、実践活動においては長い間「要保護児童」への保護を中心に行われてきた。また、児童福祉法や児童憲章において、社会の責任として子どもの健全な育ちを保障するという理念が掲げられていたにもかかわらず、家庭養育を支援する必要性への認識が高まり、具体的な取り組みが行われるようになったのは、児童福祉法制定から50年を経てからのことであった。

　1990年代に入り少子高齢化の進行、子ども虐待問題の深刻化等が大きな社会問題として取り上げられるようになると、家族を取り巻く社会的環境の変化がもたらす子育てへの影響が指摘され、子どもの育ちを社会全体が支えていくことの必要性が認識されるようになった。これにともない、子どもの育ちを支える最前線で働く保育士には、より高い専門性が求められるようになったのである。児童福祉施設では、子どもへの保育・養護・療育に加え、保護者への支援、さらには地域の子育て家庭全般に対する支援と、活動の領域を広げてきており、保育士には、常に子どもの権利を護るという視点から、子どもへの直接的な働きかけだけでなく、子育て中の家庭が抱える生活課題に気づき、必要な支援に結びつけていくことも重要な役割として求められている。

　特に1994（平成6）年の「子どもの権利条約（児童の権利に関する条約）」批准以降、子どもの権利擁護は常に重要なテーマとなり、2016（同28）年児童福祉法改正では、子どもを権利の主体と位置づけ、第1条に「子どもの権利」が明記された。2022（令和4）年には「こども基本法」が成立し、翌年4月の施行と同時に、子どもに関する施策を一元化するため、「こども家庭庁」が発足している。子どもの健やかな成長と自立を支援する保育士には、こうした子どもへの施策を理解したうえで、個々の子どもが置かれている社会環境・家庭環境を知り、子どもの家族とともに子どもを育む姿勢が必要である。

　本書はこのような現状をふまえ、保育士をめざす学生が権利擁護の視点をもって子ども家庭福祉の現状と課題を学び、実践に必要な基本的知識を習得することを目的に編集されている。各章の初めには、先生と学生との対談形式で、学びのポイントを提示するとともに、終わりには「まとめてみよう」として、学びの内容を学生自身が整理し確認できるよう工夫した。

　保育士に求められる専門性が多岐にわたっている現状から、本書の構成も半期で学ぶ内容としてはボリューム過多の傾向を否めないが、第6章から第14章の領域ごとの単元では、他の科目でも学ぶ内容と重複するものも多くあるため、可能な限り、ポイントを絞ってページ数を抑えている。保育士をめざす学生が、本書を通して保育士の役割と責任を自覚し、真に子どもの権利を護る働き人となることを切望してやまない。

　2024年2月

　　　　　　　　　　　　　　　　　　　　　　　　　　　　　　　　　編　者

『保育と子ども家庭福祉』の特長と活用方法

● 本書は、保育士養成課程における「子ども家庭福祉」の科目に対応したテキストです。子ども家庭福祉で扱う領域は、理念や概念、対象理解、法制度から実践方法まで、幅広い内容となっています。本書では、それらの内容を効率よく学べるよう構成し、保育士の視点から理解できるよう記述にも工夫を凝らして解説しています。

● 各章の導入部分には、保育士をめざす学生である「みらいさん」と子ども家庭福祉の講義を担当する「なつ先生」が、その章のテーマについて、なぜ、その項目を学ぶのか、保育士とどのようなかかわりがあるのかを、会話形式で説明しています。この部分を最初に読むことによって、学ぶ内容や理解すべきポイントを把握できるようになっています。

● 各章の最後には、学んだ内容をふりかえって整理するために、「まとめてみよう」という課題を3題提示しています。ぜひ、学習のふりかえりに活用してください。

● 本書は、子ども家庭福祉を理解するための入門的な位置づけです。より内容を深く理解したり、興味がわいてきた場合には、章末にある引用文献や参考文献をあたってみましょう。巻末にある推薦図書やテレビドラマ、映画などをきっかけにすることもよいでしょう。きっと、また新しい発見や多様な考え方に出会い、学びを深めていくことができるでしょう。

みらいさん　　なつ先生

もくじ

第2章　子どもの権利

第3章　子ども家庭福祉の歴史

第7章　母子保健サービス

第8章　保育サービス

第9章　子ども虐待とDV（ドメスティック・バイオレンス）

第10章　社会的養護

第11章 ひとり親家庭への福祉

第12章 障がいのある子どもの福祉

第13章　情緒障がい・少年非行問題

第14章　子ども家庭福祉の専門職と連携

序章　子ども家庭福祉を学ぶ前に

社会福祉とは

▼社会福祉のはじまり

　保育者をめざすみなさんは、「社会福祉」という言葉から何をイメージするでしょうか。おそらく多くの人が、「社会福祉」は「何か困っている状況にある子どもや人々を援助すること」というイメージをもつことでしょう。もちろんそれは間違いではありません。貧困等による生活困窮者や、障がいや高齢のために介護を必要とする人、虐待やその他の事情によって親による養育を受けられない子ども、学校生活・社会生活において特別な支援（治療や教育）を必要とする子ども、そうした人々を対象とする社会的活動を「社会福祉」といい、そのなかでも子どもやその家族を対象とする活動を「子ども家庭福祉」といいます。何らかの困難を抱える子どもや人々に対して、家族（親族）、地域、ともに働く仲間等による「お互いの助け合い」（「相互扶助」といいます）だけでは十分な支援ができなくなってきたときに、はじめは社会的秩序を保つことを大きな目的として、国家や社会がこうした人々を保護する最低限度の制度をつくり、またこうした人々にやむにやまれぬ気持ちから手を差し伸べた実践者たちの先駆的な活動によって、さまざまな社会福祉活動が継続されてきたのです。

　第二次世界大戦後のわが国には、多くの孤児・浮浪児、生活を支える働き手を失った母子がいました。1947（昭和22）年に制定された「児童福祉法」は子ども家庭福祉の基本の法律で、その第1条には「全て児童は、児童の権利に関する条約の精神にのつとり、適切に養育されること、その生活を保障されること、愛され、保護されること、その心身の健やかな成長及び発達並びにその自立が図られることその他の福祉を等しく保障される権利を有する」と子ども家庭福祉の理念を謳っています。しかし、理念として「すべての子ども」を対象としながらも、現実的には制定から長い期間にわたって「保護を必要とする子ども・家族」への対応に終始していました。そのため、めざす理念とは異なり、「子ども家庭福祉」は「特別な状況にある一部の子ども」を対象としている印象をぬぐえずにいました。

▼権利擁護としての社会福祉

　では、「社会福祉」（その一部でもある「子ども家庭福祉」）とは、保護を必

要とする子どもとその家族への「社会的な保護」だけを指す言葉なのでしょうか。

　戦後、戦災孤児や浮浪児対策をメインテーマとしてきた子ども家庭福祉の活動は、1960年代に入ってから女性の社会進出にともなって保育サービスの充実が求められるようになり、同時に、障がい児への対策にも力が注がれるようになりました。

　1989年には国連総会で「児童の権利に関する条約」が採択され、わが国も翌年に署名し、国会承認を経て1994（平成6）年4月に批准（国が条約に従うことを決定する手続き）、同年5月からこの条約が国内で効力をもつようになりました。条約への署名から批准、公布（広く国民に知らせる行為）といった一連の手続きのなかで、「子どもの権利」についての多くの議論がありました。こうした時代的背景のなかで、1990年代以降は特に、自ら権利を主張できない立場にある人々の権利を護ること（こうした取り組みを「権利擁護」といいます）の必要性が認識されるようになりました。

　しかし、その一方で子どもへの虐待問題が大きな社会問題となってきたのもこの時期でした。子ども虐待の防止や急激に進む少子高齢化への対応から、家庭養育への支援の重要性が認識され始めたのです。このことは、社会的な保護を必要とする、あるいは現にそれを受けている人々・子ども本人の「権利擁護」という視点を得て、国が特定の状況にある人々や子どもを保護するという恩恵的な（つまり上から下への）福祉（welfare）から、すべての人々の幸せの実現をめざす福祉活動（wellbeing）へと、社会福祉活動のあり方が変わっていくことにつながったのです。

　「権利」のなかでも、人々が生きていくために保障される権利を「人権」といいます。「子どもの権利」は、子どもの生命を護り、成長・発達・自立を保障し、子どもがさまざまな活動に参加するための権利であり、まさに「人権」です。

　「人権」は何かの代償として与えられる「恩恵」—たとえば、ルールを守ったから何かしてあげる、といったような取り引き—とは異なり、私たちがみな生まれながらに等しくもつもので、社会的保護を受ける立場にあってもそれは変わりません。子どもが家庭で親による養育を受けていても、親による養育ができず施設で育つにしても、また何らかの特別な支援を受けていたとしても、子ども自身がその成長と自立のために必要とするエッセンス（本質）は変わらないのです。どの子どもも生まれながらに愛され、その成長発達に必要な最適な環境が与えられ、自立に必要な支援を受け、参加する権利があります。子ども家庭福祉の活動は、すべての子どもの権利を護る取り組みでなければなりません。

子ども家庭福祉の視点

▼子どもの育ちを支える

　子どもの権利を護るための活動としての子ども家庭福祉の活動─子どもの成長発達を支援するという取り組み─においては、「その時」における課題の解決だけではなく、将来的な子どもの成長過程をも見通した支援が必要となります。子どもの状況によっては、ある課題を解決するために長い時間を必要とすることもあるでしょう。支援者の働きかけによる結果（効果）がすぐに確認できない状況もあります。しかし、即効性を求めた対応にばかり頼るのではなく、5年後、10年後の子どもの姿を視野に入れた地道な活動が、子どもの自立へとつながることを忘れてはなりません。

▼家族を支援する

　同時に、そのためには家族をどのように支援していくかという視点も必要になります。家族が子どもを育てるうえでの適切な対応を知り、家庭が子どもを自立させる機能をもつことの重要性はいうまでもありません。

　養育者の病気や事故、経済状況の悪化、家族内の人間関係の変化等は、誰にでも起こりうる問題で、特に育児中の家族にとっては、こうした状況が子育てにも大きな影響を与えます。言い換えれば、子ども家庭福祉分野におけるさまざまな活動は、私たちの生活を取り巻く身近な問題と密接に結びついているのです。どの家庭にも起こりうる状況を未然に防ぐための取り組みや、家族が抱える生活課題を解決に導くことで、子どもの危機的状況を予防・改善することにつながるのです。

　家庭状況が子どもの養育に不適切であると判断されて子どもの保護が必要となったとき、一定の手続きを経て子どもは施設や里親に預けられますが、子どもを施設に入所（あるいは里親に委託）させることが問題の解決ではないのです。親子関係の調整を行い、家族が抱える課題を解決することによって、子どもと家族が絆を取り戻し、家族がより適切な状況で子どもの養育ができるような環境を整える（こうしたプロセスを「家族再統合（親子再統合）」といいます）ための支援をしなければなりません。この「家族再統合（親子再統合）」をふまえて、子ども自身がどのように自立していくかというところまでを視野に入れた支援活動が必要なのです。

　つまり、子ども家庭福祉の大きな目的は、すべての子どもに適切な家庭環境（安全で安心して成長できる場）を保障することであり、そのために子どもやその家族に関わる関係者が連携し、子どもの権利を護るために協働することなのです。

保育者として

▼子どもと家族に寄り添う

　今日の状況をみてもわかるように、虐待を受けている子どもの発見・保護だけではなく、どのようにして虐待を予防するかという取り組みも重要です。子ども虐待は決して一部の「特別な」家族の問題ではありません。家族（特に子どもの養育者）をめぐる生活上の課題や、家族が置かれた社会的状況、子ども自身の発達上の課題など、いくつもの要因を指摘することができます。

　生活上の困難さを抱えながら支援に結びついていない家族や、育児上の不安や悩み、子どもの成長への心配事を抱える養育者が、適切な支援者や機関に結びつくことで、虐待に至らずにすむ事例は多くあります。保育所・認定こども園・幼稚園・学校や、地域の子育て支援活動の現場でこうした家族の状況にいち早く気づき、困難を抱える家族が相談できる相手を得て、適切な支援に結びつくことが、子ども家庭福祉活動の第一歩であるといってもいいでしょう。たとえば、保育所で子どもを迎えに来る親に「お帰りなさい」と応対するあなたの笑顔や、「お疲れでしょう」とねぎらう言葉が、子どもを危機的な状況から救うきっかけになるかもしれないのです。

　また、子どもに発達上の課題があってその治療・教育を行うとき、親の不安や心配を汲んで話を聴き、親同士のかかわり合いを促し、親に社会参加の機会を提供することで、子どもと家族の関係を適切に保ち、子どもの家庭生活を護ることにもつながっていくのです。

▼専門家として

　保育者は、子どもの発達を促すための直接的なかかわりだけでなく、今日の社会状況が人々の暮らしに与えている影響を含め、子どもやその家族が置かれている状況を正しく理解し、タイムリーに適切な支援を行うための専門的知識と技術をもつ必要があります。子どもと家庭を護るための法律・制度・施設・機関等の社会的支援の状況を知り、他の社会資源と連携して子どもの自立を支援することが、保育者の大きな役割であることを忘れてはなりません。

　そのためにも、子ども家庭福祉に関する基礎的な知識を身につけましょう。法律・制度などに関連する事柄を学ぶのは、「難しい」「面倒くさい」といったイメージがあるかもしれません。保育活動に直接反映できる実技的な科目に比べると、正直、退屈かもしれません。しかし、一人ひとりの保育者がしっかりとした専門的知識をもって子どもや家族とかかわることが、あなたの保育活動をより豊かにすることを、この科目を通して学んでいきましょう。

1

子ども家庭福祉の概要

第**1**章　子どもと家庭を取り巻く現状

✒私たちのまわりで起こっていることと、「子ども家庭福祉」はつながっている

みらいさん　なつ先生、私は「子ども家庭福祉」という言葉をはじめて聞きました。まったくイメージがわかないのですが、どのようなことを学ぶのでしょうか。

なつ先生　子ども家庭福祉では、子どもの権利をはじめとして、子育て家庭を対象にした法律や制度、施設・機関などについて幅広く学びます。まず、この第1章では、「子どもと家庭を取り巻く現状」を取り上げていきます。

みらいさん　何だか難しそうですね……　それに、「子どもと家庭を取り巻く現状」といわれても、保育士をめざす私たちにはあまり関係のない話に思えてしまいます。

なつ先生　みらいさんのいうとおり、言葉だけを聞くと、とっても難しく感じますよね。突然ですが、みらいさんは「少子化」という言葉を聞いたことはありますか。

みらいさん　はい、あります。私が卒業した小学校では、在学していたときには1学年2クラスだったのに、今は1学年1クラスになっているそうです。それに、きょうだいがいる子どもが減ってきているという話も聞いたことがあります。

なつ先生　では、「高齢化」という言葉はどうでしょうか。

みらいさん　日本では約4人に1人が高齢者であるということをニュースや新聞でみたことがあります。

なつ先生　そのとおりです。実は、「少子化」が進むことで人口の「高齢化」は進行していきます。ほかにも、この章のなかで学ぶさまざまな社会状況の変化は、お互いに関連し合っている部分がとても多くあります。そして、それらが私たちの身のまわりや子育て家庭に影響を与えているということを理解してほしいです。

みらいさん　なるほど！　私たちのまわりで起こっているさまざまな社会状況をとらえておくことが大切なんですね。そう考えると、興味深いです。

なつ先生　そうですね。後の章でも確認していきますが、保育士は地域の子育て家庭を支える中核として活動していきます。その役割を果たすためには、まずは、子どもたちや家庭の現状を知っておく必要があります。そのことが支援やかかわりを考える際のヒントにもなるのですよ。

　この章では、統計や調査の結果を示しながらわかりやすく説明していきますので、一緒に学ぶなかで、その実態を整理していきましょう。

みらいさん　はい！　わかりました！　よろしくお願いします。

1 子どもと家庭の状況

① 現代家族の特徴

▼家族・家庭の概念

　“家族”と“家庭”は時として同義に用いられることもあるが、一般的に家族は「構成員」、家庭はそれらの者によって構成される「場」を意味する。

　“家族”についてはいくつかの定義が存在するが、今日の近代的な家族について定めた「家族とは、夫婦・親子・きょうだいなど少数の近親者を主要な成員とし、成員相互の深い感情的かかわりあいで結ばれた、幸福（well-being）追求の集団である」[1]との定義が有名である。家族というと結婚や親子の関係性を前提にとらえてしまいがちであるが、この定義において感情的なつながりが重視されているように、家族の成立要件に“婚姻関係、血縁関係にあるか否か”は問わない。

　2022（令和4）年「国民生活に関する世論調査」（内閣府）によると、“家庭”は「家族の団らんの場」（63.3%）としての役割が大きく、次いで「休息・やすらぎの場」（61.9%）、「家族の絆を強める場」（44.9%）と続く。この結果は、家庭の意味や重要性を読み解く際の一助になるものであろう。

　そして、子ども家庭福祉に関する諸課題をとらえる際には、「核家族化」をキーワードに論議されることが多い。一般的に、核家族とは「夫婦のみ」「夫婦とその子ども」「父または母とその子ども」からなる世帯*1を指し、核家族化とは「夫婦中心の家族が増えていること、家族機能が縮小してきていること、そしてその構成員が減少してきていること」[2]の変化や傾向の総称として用いられる概念である。

▼世帯規模・構造の変化

　日本の世帯は、第二次世界大戦以降、縮小傾向にある。「国勢調査」（総務省）によると、一般世帯*2 1世帯あたりの平均世帯人員は、1960（昭和35）年まで4人を超える値で推移していたが、1990（平成2）年には3人を割り込み、2020（令和2）年は2.21人まで減少している（表1-1）。

　次に世帯構造をみてみると、一般世帯全体に対する「核家族世帯」の割合は、2000（平成12）年58.4%、2010（同22）年56.3%、2020（令和2）年は54.2%の値で推移している。しかし、1960（昭和35）年の「核家族世帯」がすでに53.0%であることを考えれば、その割合は長期的にみても急増したという感はなく、むしろ近年は「単独世帯」の増加*3に押されている。この単

---

*1　世帯
国勢調査令において、「住居及び生計を共にする者の集まり又は独立して住居を維持する単身者」と定義されている。

*2　一般世帯
「一般世帯」とは、「施設等の世帯」以外の世帯をいう。なお、ここでいう「施設等の世帯」とは、学校の寮・寄宿舎の学生・生徒、病院・療養所などの入院者、社会施設の入所者、自衛隊の営舎内・艦船内の居住者、矯正施設の入所者などからなる世帯を指す。

*3
家族類型別にみていくと、近年、「単独世帯」に加えて、「夫婦のみの世帯」が増加している。一方で、「夫婦と未婚の子からなる世帯」は減少している（表1-1参照）。

表1－1　家族類型別世帯数等の推移
単位：(千) 世帯、構成割合 (%)

		1960(昭和35)年		1970(昭和45)年		1980(昭和55)年		1990(平成2)年		2000(平成12)年		2010(平成22)年		2020(令和2)年	
		世帯数	構成割合	世帯数	構成割合	世帯数	構成割合	世帯数	構成割合	世帯数	構成割合	世帯数	構成割合	世帯数	構成割合
一般世帯総数		22,231	100.0	30,297	100.0	35,824	100.0	40,670	100.0	46,782	100.0	51,842	100.0	55,705	100
核家族世帯	総数	11,788	53.0	17,186	56.7	21,594	60.3	24,218	59.5	27,332	58.4	29,207	56.3	30,110	54.2
	夫婦のみ	1,630	7.3	2,972	9.8	4,460	12.4	6,294	15.5	8,835	18.9	10,244	19.8	11,159	22.0
	夫婦と未婚の子	8,489	38.2	12,471	41.2	15,081	42.1	15,172	37.3	14,919	31.9	14,440	27.9	13,949	25.1
	男親と子	245	1.1	253	0.8	297	0.8	425	1.0	545	1.2	664	1.3	738	1.3
	女親と子	1,424	6.4	1,491	4.9	1,756	4.9	2,328	5.7	3,032	6.5	3,859	7.4	4,264	7.7
三世代世帯注)		–	–	4,876	16.1	5,224	14.6	4,941	12.1	3,988	8.5	2,786	5.4	2,337	4.2
単独世帯		3,579	16.1	6,137	20.3	7,105	19.8	9,390	23.1	12,911	27.6	16,785	32.4	21,151	38.0
児童がいる世帯の平均児童数(人)		–		–		1.83		1.81		1.75		1.70		–	
平均世帯人員（人）		4.14		3.41		3.22		2.99		2.67		2.42		2.21	

注　：三世代世帯は、「夫婦、子どもと両親からなる世帯」「夫婦、子どもとひとり親からなる世帯」「夫婦、子ども、親と他の親族からなる世帯」の合計
出典：総務省「国勢調査」、厚生労働省「国民生活基礎調査」を基に作成

独世帯は、1960（同35）年には16.1％であったものが、2020（令和２）年には38.0％となり、確実に増加してきている。その反面、減少しているのは三世代世帯であり、2020（同２）年には4.2％となっている。

では、"近年、核家族化が進んだ"との見方はどう考えたらよいか。その答えは、先の「核家族世帯」と「単独世帯」をどう取り扱うかにある。すなわち、両者を合わせた「核家族的世帯」*4の割合を"核家族化"とみなすか、「核家族世帯」の割合のみをもって"核家族化"とみなすかによって、核家族化は進んでいるとも、進んでいないとも解釈できる。

② 家族機能と家族周期

　家族機能には、主に４つの機能3) がある。①生活の糧を得る「生産機能」、②子どもを生み育てて教育する「養育機能」、③老親等に対する「介護・扶養機能」、④家族を通じて安らぎなどを得る「精神的機能」がそれである。

　そして、家族周期の変化がこの家族機能を多様化・複雑化させている点は見逃せない。たとえば、「昔は三世代同居が多かった」とされながらも、平均寿命*5や当時の寝たきり高齢者数等から推察すると、「介護・扶養機能」の課題は、むしろ近年になって本格的に生じてきたことを主張できる。

　また、「養育機能」に注目すれば、高度経済成長期の前には、きょうだいや叔父・叔母、地域のなかには近所の人や子どもたちなど、多くの支えが存在していた。さらに、大学進学者が増える*6など、子ども１人あたりの養

*4　核家族的世帯
「核家族世帯」（「夫婦のみの世帯」「夫婦と未婚の子からなる世帯」「男親と子からなる世帯」「女親と子からなる世帯」）に「単独世帯」を加えたもの。近年増加してきている「単独世帯」の値を含むと、核家族化は進んでいるととらえることができる。その反面、「単独世帯」を含まない場合には、『国民生活白書（平成７年版）』の小見出しにあるように「核家族化は頭打ち」ととらえられる。

*5
「簡易生命表」（厚生労働省）によると、1960（昭和35）年の平均寿命は、男性65.32歳、女性70.19歳。2022（令和４）年の男性81.05歳、女性87.09歳との単純比較からも、平均寿命は伸長していることがわかる。

育期間が長くなった近年では、経済的にも精神的にも親（養育者）が子どもの養育に注ぐ力・かける力は、以前にも増して大きくなっているといえる。

　一方で、介護サービス*7利用の増加*8、人生の最期を迎える場所の変化（自宅→病院）、老人福祉施設への入所や保育所利用の長時間化などにみられる「介護・扶養機能」「養育機能」の外部化が進んでいるのも確かな事実であり、家族機能の多様化・複雑化は当該者の生活の中心となる場所をも変化させている。

2 人口構造の変化

① 少子高齢化

▼少子化の進行

　日本では、生まれる子どもの数（出生数）は1970年代半ばから減少傾向にあり、このような「出生率の低下やそれに伴う家庭や社会における子供数の低下傾向」を『国民生活白書（平成4年版）』（内閣府）では"少子化"と定義している。

　出生数は、第1次ベビーブーム期*9には年間約270万人、その世代が親世代になり始めた時期にあたる第2次ベビーブーム期には約210万人が生まれた。その後、1984（昭和59）年の出生数は150万人を割り込み、1991（平成3）年以降は微増減を繰り返しながら緩やかな減少傾向にある。後に触れる「出生時の親（母）の年齢」から推察すると、1.57ショックあたりの世代が親になっていると想定される近年の値は、2021（令和3）年には約80万人、翌年は約77万人（概数）であり、2度にわたるベビーブーム期の出生数には遠く及ばない数となっている（図1－1）。

　次に、合計特殊出生率*10をみてみると、第1次ベビーブーム時には4.32であった値が、第2次ベビーブーム後は減少を続けた。そして、丙午*11にあたる1966（昭和41）年の値（1.58）を下回った1989（平成元）年のいわゆる「1.57ショック」を契機に、少子化が社会問題として国民に広く認識されることになる。その後、合計特殊出生率は2005（同17）年に過去最低の1.26まで落ち込み、2015（同27）年には1.45となったものの、2022（令和4）年は再び1.26*12となっている。

▼高齢化の進行

　国際連合では「総人口に占める65歳以上の人口が占める割合」を高齢化率と定義しており、一般的に、高齢化率が7％以上の社会を「高齢化社会」、

*6
「学校基本調査」によると、2023（令和5）年度における大学・短期大学等（専修学校等を含む）の高等教育機関への進学率は84.0％（過年度高卒者等を含む）である。その内訳は、大学57.7％、短期大学3.4％、高等専門学校第4学年在学者1.0％、専修学校21.9％となっている。

*7
介護サービスは大きく、①居宅サービス（訪問介護、訪問看護、通所介護［デイサービス］、短期入所生活介護［ショートステイ］、福祉用具貸与等）、②居宅介護支援（居宅サービス計画［ケアプラン］の作成等）、③地域密着型サービス（小規模多機能型居宅介護、認知症対応型共同生活介護等）、④施設サービス（介護福祉施設サービス、介護保健施設サービス等）に分けられる。

*8
「令和4年度介護給付費実態統計の概況」（厚生労働省）によると、2023（令和5）年4月審査分の受給者1人あたりの費用額（保険給付額と公費負担額、利用者負担額［公費の本人負担額を含む］の合計）は17万5,500円である。2022（同4）年度費用額の累計は約11兆1,191億円にのぼり、年々増加傾向にある。

*9　ベビーブーム
出生率が急上昇することをいう。日本では、第二次世界大戦後に2度にわたり出生率が上昇した時期を、俗に「第1次ベビーブーム」「第2次ベビーブーム」と呼んでいる。

*10　合計特殊出生率
「15歳から49歳までの女性の年齢別出生率」を合計したもの。「1人の女性が生涯に産む子どもの数」とされる。

図１－１　出生数および合計特殊出生率の年次推移

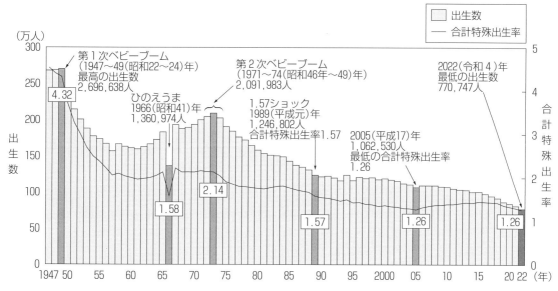

注　：1947～1972年は沖縄県を含まない。
出典：厚生労働省「人口動態統計」を基に作成

14％以上を「高齢社会」、21％を超える社会を「超高齢社会」と呼んでいる。

　日本は1970（昭和45）年に高齢化社会となり、1994（平成６）年に高齢社会を迎えた。「人口推計（確定値）」（総務省）によると、2023（令和５）年８月１日現在の日本の総人口は１億2,443万9,000人、そのうち65歳以上の高齢者は3,622万8,000人、高齢化率29.1％の超高齢社会に突入している。

　法律や制度上では、便宜上、65歳以上を"高齢者"という枠組みで一括りにすることが多いが、65〜75歳未満を前期高齢者、75歳以上を後期高齢者と分ける場合もある。日本では前出の高齢化率29.1％のうち、後期高齢者がその半数を超える16.0％を占めている。なお、後期高齢者は前期高齢者と比べて、身体機能の低下をはじめとして健康面での状態差が大きい。

　高齢化の進行は、介護が必要な高齢者（要介護高齢者）の増加、家族の介護負担の増加、介護従事者の確保、老後の生きがいづくり等の社会的な課題を生じさせているが、高齢化の根拠となる高齢化率は少子化を背景にその値が上昇することから、両者は相互連関の視点からとらえていく必要がある。

②　少子高齢社会の影響

▼少子化・高齢化の社会的影響

　合計特殊出生率が人口置換水準*13より低い値が続くと、少子化は進行し、

*11　丙午（ひのえうま）
この年に生まれた女性は気性が激しいとの迷信から、出産を避ける夫婦が多いと考えられている（次回の丙午は2026年［令和8］）。

*12
アメリカ（1.64：2020）やフランス（1.82：2020）、スウェーデン（1.66：2020）、イギリス（1.58：2020）など、欧米各国と比べても低い値にある[4]。

*13　人口置換水準
現在の人口を維持することができる合計特殊出生率の水準。この水準を下回ると、人口が減少する。『人口統計資料集（2023）改訂版』（国立社会保障・人口問題研究所）によると、2021（令和3）年の値は2.07。

*14　少子社会
『少子化社会白書（平
成16年版）』（内閣府）
では、「合計特殊出生
率が人口置換水準をは
るかに下回り、かつ、
子どもの数が高齢者人
口（65歳以上人口）
よりも少なくなった社
会」と定義している。

少子社会*14を推し進める要因となる。このような状況に高齢化の進行をふ
まえて、「少子高齢社会」という呼び方がされる。少子高齢化が進むと、出
生数の減少にともなって働く者が減少することで労働力の確保が難しくな
り、産業活動の担い手が不足することで供給力低下に陥ることが危具されて
いる。また、保育・介護従事者等の人材確保の観点からみれば、社会福祉現
場への影響も少なくない。

　ところで、日本の社会福祉や社会保障の仕組みは保険料や税金が基となっ
ている。少子高齢化の進行は、その負担者数の減少とさらなる福祉サービス
の需要を生じさせると考えられており、医療や介護をはじめとする社会保障
関係費の増加が危惧される。「国勢調査」「人口推計」（総務省）をもとに考
えると、1960（昭和35）年には生産年齢人口（15歳〜64歳人口）11.2人で高
齢者１人を支える（扶養する）計算であったものが、2023（令和５）年の支
え手はわずか2.0人である。国立社会保障・人口問題研究所「日本の将来推
計人口（令和５年推計）」では、2038年には1.7人、2070年には1.3人で高齢者
１人を支える（扶養する）ことになると予測されており、今以上に少子高齢
化が進行すれば、若年世代にかかる負担が増すことは確実である。

▼少子化による子どもの成長発達への影響

　少子化は、社会的な影響にとどまらず、家族構造や子どもの成長発達に与
える影響も大きい。たとえば、少子化は"きょうだい"や地域のなかでの子
ども同士がかかわる機会の減少を招き、子ども同士の「遊び」という経験か
ら得られるさまざまな学びを失わせることにつながる。また、異年齢児との
交流は、"年長児の優しさに触れ""年少児へ配慮する"という人の本質的な
部分の成長に果たす役割も大きいなど、少子化によって生じる経験・体験の
変化は子どもの成長発達に直結してくるものと考えられる。

　少子化に対しては、1.57ショック以降、1994（平成６）年に策定されたエン
ゼルプラン*15を筆頭に、すでに数多くの少子化対策が講じられてきた。
しかし、家族や社会、地域の変化にともない、制度や施策の整備だけでは解決
し得ない問題となっている現実がある。

　2000年代頃から少子化の要因は大きく三つに分けてとらえられており、第
一に、婚姻の時期が相対的に遅くなったこと、第二に、未婚志向者が増加し
ていること、第三に、婚姻関係を結んでも出産・多産を選択する者が減少し
てきていること[5]があげられる。そして、現在でもその傾向は極めて強い。

3 未婚化・晩婚化の進行

① 未婚化・晩婚化の現状

　「国勢調査」（総務省）によると、男女25〜39歳の未婚率はどの年齢区分においても、とりわけ1975年頃以降の上昇が著しい。2020（令和2）年の値では、20代後半の男性73.2％、女性63.6％が未婚であるなど、統計上の数値からは結婚時期が後進している実態がある。

　「人口動態統計」（厚生労働省）によると、1980（昭和55）年の平均初婚年齢は男性27.8歳、女性25.2歳であるが、2020（令和2）年には男性31.0歳、女性29.4歳であり、この40年の間に3〜4年遅くなっている。加えて、母親の平均出生時年齢は、2015（平成27）年頃までは第一子、第二子、第三子ともに後進しており、近年ほどきょうだい間の年齢が狭い傾向にあることが読み取れる（図1−2）。そして、諸外国に比べて婚外子*16が少ない日本では、晩婚化が進むことで、出産年齢が高くなる晩産化の傾向が生じている。

　このように、未婚者や晩婚者の増加*17は、子どもの出産時期を後進させる要因になっており、結果として出生数の低下（少子化）に影響を与えていると考えられる。

*16　婚外子
戸籍上婚姻関係にない（婚姻届を出していない）男女間から生まれた子ども。法律（民法）上は「非嫡出子」と呼ばれる。
日本では、出生児の97.7％（2021（令和3）年の値）が婚姻関係にある男女間から生まれた嫡出子である（厚生労働省「人口動態統計」）。

*17
未婚化や晩婚化の進行は、個人のライフスタイルの多様化・自由化を示すものでもあることから、一概に否定されるものではない点には留意したい。

図1−2　初婚年齢と出生時の母の平均年齢の推移

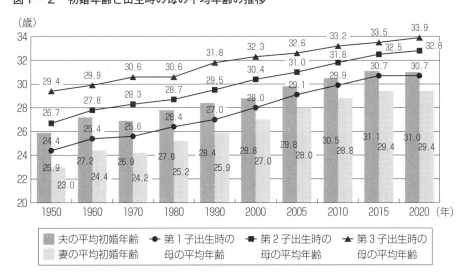

資料：厚生労働省「人口動態統計」
出典：内閣府編『令和4年版　少子化社会対策白書』日経印刷　2022年　p.15
　　　厚生労働省編『平成27年版 厚生労働白書』日経印刷　2015年　p.89を基に作成

② 未婚化・晩婚化の背景

　未婚化・晩婚化が進む背景には、結婚に対する個人の意識に加えて、さまざまな要因が重なり、結婚しない、あるいはできない状況が生じている。

　例えば2015（平成27）年の「第15回出生動向基本調査」では、「生涯独身で過ごすこと」についての肯定的な考えは、未婚男性で32.8%、未婚女性で40.2%となっており、既婚女性でも41.3%（男性は調査なし）がこの考えを支持している。さらに、日本放送協会（NHK）が実施している世論調査「日本人の意識調査」によると、「人は結婚するのが当たり前だ」とする考え方への支持率について、1993年（45%）と2018年（27%）を比較すると25年間で約18ポイント低下している。これらのことから、「結婚するかしないか」についての自由度は近年高まりをみせてきていると推察される[18][19]。

　2022（令和4）年に20代男女を対象に行われた民間の意識調査[6]では、結婚に対する不安（既婚者は結婚前の気持ち）は、「子育ての基本的な費用」（30.5%）の値が最も高く、周囲の子育て中の家庭に対する印象では、「仕事と子育ての両立が大変そう」（29.1%）、「子育て自体が大変そう」（28.0%）等、ワーク・ライフ・バランスや子育てにネガティブな印象を抱いている姿がある。この結果は、既婚男女を対象とした「令和2年度少子化社会に関する国際意識調査」（内閣府）において、20〜49歳の男女の59.4%が「今より子どもは増やさない、または、増やせない」と答え、その理由に「子育てや教育にお金がかかりすぎるから」「働きながら子育てができる職場環境がないから」「育児の心理的・肉体的負担に耐えられないから」等を選択する割合が高いこととも一致するなど、未婚・既婚を問わず、結婚の背景には「経済面（金銭面）」および「子育て」への不安が存在していることがわかる。

　これらの結果から読み取れるように、未婚化や晩婚化は価値観などの個人的要因にとどまらず、結婚や出産を願っても、その実現が困難な状況が存在している現実があることを見逃してはならない。

4　養育の状況

① ひとり親世帯の増加

　「令和3年度全国ひとり親世帯等調査結果」（厚生労働省）によると、ひとり親世帯（母子家庭・父子家庭）となった主な要因は、「死別」と比べて「離

*18
未婚晩婚化が進行するなか、2022（令和4）年に日本財団が18歳を対象に行った意識調査では、将来結婚を「したい」人は男女とも4割を超えているが、およそ2割の人が「したくない」と回答している。

*19
しかし、この結果をもって結婚に対する強い否定感が表れたと解釈するのは早計であろう。こうしたデータの一方で、結婚して家庭を築き、家族の存在があることによって愛情や思いやりなどの心理的・精神的な安らぎを得られることへの肯定的な回答もある。

婚」を理由とする割合が著しく高い傾向にあり、2021（令和 3）年度調査で
は母子家庭で約 8 割、父子家庭で約 7 割となっている[20]。

　離婚数については、「人口動態統計」（厚生労働省）によると、1950（昭和
25）年から約20年間は10万組以内で推移し、ピークの2002（平成14）年には
約29万組まで増加した。2003（同15）年以降は緩やかな減少傾向にあるが、
2021（令和 3）年は約18万組であり、依然として高い水準で推移している。

　そして、人口統計資料集によると、2021（令和 3）年に離婚した総数18万
4,384組中、「親権を行わなければならない子」がいる家庭は10万5,318組
（57.1％）存在するという。この値を基にすると、離婚家庭の 2 組中 1 組が、
ひとり親家庭になる可能性を有していることになる。離婚が与える子どもへ
の最大の影響は、離婚にともなう“心の傷”を負うことであり、時として分
離不安[21]などの心理的な影響が及ぶ場合もある。また、親権者とならなかっ
た側の親からの継続した養育費の支払い[22]を確保していくことも難しい課
題の一つである。このことから、“離婚をする”という選択は、子どもへの
直接的な影響に加えて、経済面・養育面の課題などの観点からも、家庭全体
に大きな影響を与えることにつながりかねない。

② 　主たる養育者（保育者）・放課後に過ごす場所

　子どもの変化の状況を継続的に観察することをめざしたものに、2010（平
成22）年 5 月10日から同月24日の間に出生した子どもに着目した「21世紀出
生児縦断調査結果」（厚生労働省）がある。

　同調査結果の両親以外の項目に着目すると、第 6 回調査結果（ 5 歳 6 か月）
の「ふだんの保育者（複数回答）」は、「保育園・幼稚園の先生等」[23]が
95.7％と最も多く、第 5 回調査（ 4 歳 6 か月）から7.6％増加、第 4 回調査（ 3
歳 6 か月）からは44.8％増加している。それ以前の第 3 回調査（ 2 歳 6 か月）
40.1％、第 2 回調査（ 1 歳 6 か月）31.0％、第 1 回調査（ 6 か月）4.3％の結
果をふまえれば、特に年少から年長児にあたる時期に、保育士や幼稚園教諭
が、子育て家庭の保育・教育に中心的にかかわっている実態を読み取れる。
第 7 回の調査以後は小学生となる（質問項目も各回内容が異なる）。第 7 回・
第 9 回・第11回調査結果（ 7 歳・ 9 歳・11歳）の「放課後に過ごす場所（複
数回答）」をみると、「自宅」（70.0％・77.2％・84.2％）、「学童保育」（38.6％・
26.3％・4.9％）、「習い事、スポーツクラブ、学習塾等」（31.0％・40.7％・
45.3％）の値となるなど、高学年になるにしたがい、居場所としての「学童
保育」の割合の減少とは対照的に「自宅」の割合が増加し、「習い事、スポー

*20
第11章p.163参照。

*21　分離不安
愛着対象から離される
ことにより生じる不安
感をともなう反応。そ
の症状はさまざまであ
るが、たとえば部屋
に一人でいられなかっ
たり、親が離れると発作
的に大声で泣き叫んだ
り、混乱状態になる場
合もある。

*22
「令和 3 年度全国ひと
り親世帯等調査結果」
（厚生労働省）による
と、離婚の際の養育費
の取り決め状況は、母
子世帯の母の46.7％
（父子世帯の父の28.3
％）が「取り決めをし
ている」と回答してい
る。養育費の取り決め
をしていない理由（複
数回答）としては、母
子世帯の母では「相手
と関わりたくない」
（50.8％）、父子世帯
の父では「相手に支払
う能力がないと思っ
た」（38.5％）が最も
多い。

*23
第 1 回調査は「保育
士」、第 2 回・第 3 回
調査は「保育所・託児
所の保育士」、第 4 回
調査以降は「保育所・
託児所の保育士」「幼
稚園の先生」「認定こ
ども園の保育士または
先生」の値（合計値）。

ツクラブ、学習塾等」の趣味や教育的な意味合いが強い場所の存在が大きくなる傾向にあることが読み取れる。

5 家族・社会・地域の変容

① 家族・子どもの貧困

▼雇用形態と所得の変化

　家族・子どもの貧困をみていく前に、生活基盤をつくるうえで欠かせない雇用と所得に着目しておく。「労働力調査特別調査」「労働力調査」（総務省）を基に正規雇用者（役員を除く）の年ごとの割合（平均）をみていくと、男性は1988（昭和63）年には91.9％であったが、2022（令和4）年は77.8％まで減少し、女性は、同期間において64.9％から46.6％にまで減少している。その反面、男女とも「パート」「アルバイト」「契約社員・嘱託」に代表される非正規雇用者の割合が増加し、同年では働く女性の53.3％を占めている。雇用形態の変化の背景には、雇用者・労働者双方にこうした働き方を求める志向が高まっている事情があり、従来の終身雇用形態の流れも変えている。

　また、「令和4年賃金構造基本統計調査」（厚生労働省）を例にとると、正規雇用者の平均年収は328万0,000円、非正規雇用者は221万3,000円であり、両者の所得を比較すると非正規雇用者がいかに低い所得であるかがわかる。

▼貧困層の増加

　低所得・低賃金の雇用が増えるなかで、近年、いわゆる「子どもの貧困」問題が懸念されている。「2022（令和4）年国民生活基礎調査」（厚生労働省）によると、「子どもがいる現役世帯（世帯主が18歳以上65歳未満で子どもがいる世帯）の世帯員」の貧困率[24]は、2021（令和3）年の調査で10.6％、ひとり親世帯では44.5％に上る。なかでも、相対的貧困率は就業率の高さに反して母子家庭で特に高い値を示しており、学習塾や習い事といった教育面での支出の抑制や、義務教育終了後の進学面でも、子どもの貧困につながりかねない現実がある。

　前出の調査では、貧困線以下の子どもの割合を示す「子どもの貧困率（17歳以下）」は11.5％であり、子どもの約9人に1人が貧困環境のなかで生活していることになる。また、厚生労働省(保険局国民健康保険課)の調べによると、2021（令和3）年6月1日現在、市町村国民健康保険の加入全世帯のうち、滞納世帯数は11.9％（208万1,000世帯）に上り、加入8世帯中1世帯が保

*24　貧困率
貧困線（等価可処分所得の中央値の半分）に満たない世帯員の割合。2021（令和3）年の貧困線は127万円であり、相対的貧困率は15.4％。
なお、等価可処分所得とは、1世帯あたりの世帯人員を勘案した年間可処分所得（「可処分所得」とは、所得から所得税、住民税、社会保険料などを差し引いたものであり、いわゆる手取り収入に相当）を指す。現在の貧困率はOECDの作成基準に基づいて算出されており、従来の可処分所得から「自動車税」等や「企業年金の掛金」「仕送り額」を差し引いたものである。

険料（税）を滞納している計算になる。とりわけ、子育て家庭では、何らかの事情により保険料を支払えずに無保険状態となれば、子どもに医療が必要な場合でも受診を控える、あるいは受診できない等の状況も生じかねない。

②　ネットワーク社会の進展と情報化

　現代社会におけるインターネットの普及[*25]は、私たちに多くの便益を与えている。現代の多種多様な情報を世界的な規模で入手・発信できる環境は、私たちの生活における「利便性の向上」に与える役割が大きく、近年のスマートフォン等の普及は、その流れをより顕著にさせている。

　図1−3・図1−4は、各種情報を日常的に得ているメディアの調査であ

*25
厚生労働省『平成25年版厚生労働白書』では、インターネット普及の背景として、2003（平成15）年に各社が携帯電話のインターネット利用を対象とした定額制サービスを提供し、手軽に利用できるようになったこと等を要因としてあげている。

図1−3　週1回以上アクセスし、ニュース（報道情報）を日常的に得ているメディア

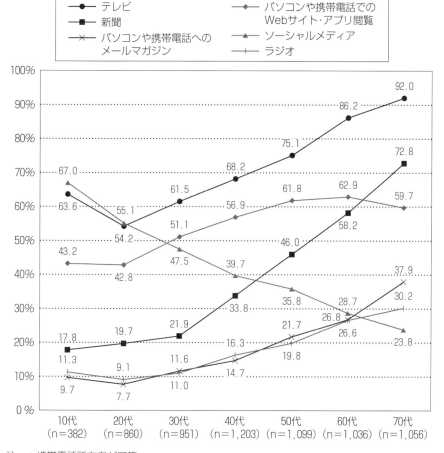

注　：携帯電話所有者が回答。
出典：NTTドコモ　モバイル社会研究所『データで読み解くモバイル利用トレンド2022−2023─モバイル社会白書』NTT出版　2022年　p.87

図1－4　週1回以上アクセスし、お買い得情報や趣味に関する情報を日常的に得て
　　　　いるメディア

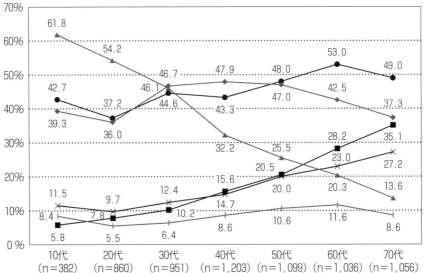

注　：携帯電話所有者が回答。
出典：図1－3と同じ　p.88

*26
同調査では50代、60
代、70代のwebサイ
ト、アプリ閲覧による
情報収集の実態がある
など、全年代が多様な
メディアを活用してい
る姿を見てとれる。

る。ブログやSNS（Social Networking Service）等のソーシャルメディアの
普及に伴い、10代・20代を中心とする若者層[26]では、知識や情報は主にイ
ンターネットを重要な情報源として利用している実態がある。しかし、その
情報の取り扱い方から生じた課題もある。たとえば、子育て世代では根拠や
出所等が不確かなインターネット上の情報を鵜呑みにして、それらを正しい
情報として理解してしまっているケースも散見されるなど、WEBサイトや
SNSを中心とした誤った子育て情報の収集に関する実態があることには触れ
ておく必要があろう（図1－5）。
　一方で、家庭用電化製品の普及はより加速化しており、代表的なものであ
る（テレビ）ゲーム機やインターネットゲーム等の普及は、一人で遊ぶ（楽
しむ）ことが可能な"モノ相手"の形へと子どもの遊びを変化させた。そし
て、携帯電話が普及し、子どもの保有率が上昇したことは、安全面や緊急時
の連絡などの観点から重宝される一方で、インターネットを介して犯罪に巻
き込まれたり、特定の子どもに対する誹謗中傷といったいわゆる「ネット上
のいじめ」の問題を生じさせるなど、手軽に扱えるという利点が、逆に子ど

図1-5　子育てに関する情報源について

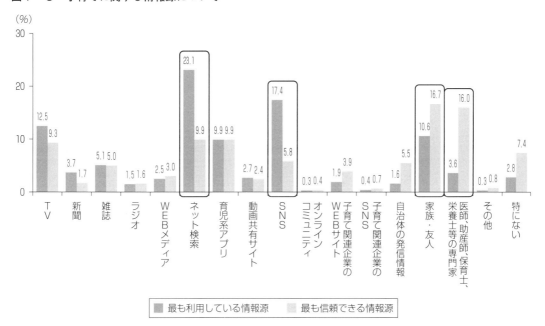

注　：調査対象：0～6歳の子どもを長子に持つ、20～45歳の母親
出典：明治・ボーネルンド「子育てに関する情報収集に関する意識調査」2022年　https://www.meiji.co.jp/corporate/pressrelease/2022/0325_01/assets/pdf/0325_01_01.pdf（2023年8月3日閲覧）

もの健やかな育ちを妨げる要因にもなっている。

③　地域とのつながり

　2006（平成18）年に公表された文部科学省委託調査「地域の教育力に関する実態調査」（株式会社日本総合研究所）報告では、地域の教育力の実態として、①保護者の情報入手先や交流相手は近所の人より保護者同士が中心、②子どもの活動は相手の有無や数に関係なく屋内が中心、③過半数の保護者が地域の教育力の低下を認識、④保護者の地域に対する期待は大きいが、自分自身は地域に対してあまりかかわることができていない、ことなどが明らかになっている。

　この調査の公表から間もなく20年近くが経過することになるが、①～④の内容は現在でも地域の課題として指摘されることが多い。これら①～④に共通していることは、「人のつながりの希薄化」という点であろう。近年、農村部を中心として、高齢者の増加（高齢化）・住民の減少（過疎化）に加えて産業の減退によって人が行き交う機会が減っている。その結果、"人の目"

が行き届きにくい環境が多くなったことで、子どもが安心・安全に遊べる場所は少なくなってきている。その一方で、都市部では近隣の付き合いが希薄化し、近所住民の状況どころか名前すら知らない者も多いといわれる。

　このように、地域環境は変化し、その地域に住んでいる住民がお互いに支え合える環境が築かれにくい状況が生じている。そして、地域のなかで子どもを育てる教育力が機能しにくくなったことは、前出の調査結果に示された状況に拍車をかける要因ともなりかねない事態である。

🔍 まとめてみよう

> ①　少子化・高齢化の動向に着目しながら、それらの状況によって生じる「子どもへの影響」と「社会的影響」を整理してみよう。
> ②　「未婚」「晩婚」「晩産」「出生数」の関係性を簡潔にまとめたうえで、未婚者・晩婚者が増えている背景・要因を整理してみよう。
> ③　本章で学んだ「子どもと家庭を取り巻く現状」の内容全般をふまえながら、地域社会のなかに保育士が求められる理由（存在意義）を考えてみよう。

【引用文献】
1）森岡清美「家族とは」森岡清美・望月嵩共著『新しい家族社会学　四訂版』培風館　1997年　p.4
2）岡本栄一「児童問題をめぐる家族と地域社会」井垣章二・岡本栄一編『入門　児童福祉第4版（一部改訂）』ミネルヴァ書房　2005年　p.25
3）経済企画庁編『国民生活白書（平成7年版）』大蔵省印刷局　1995年　p.91
4）内閣府編『令和4年版　少子化社会対策白書』日経印刷　2022年　p.6
5）山縣文治「現代社会と児童家庭福祉」福祉士養成講座編集委員会編『新版　社会福祉士養成講座4　児童福祉論』中央法規出版　2005年　p.42
6）公益財団法人1 more Baby応援団「20代の結婚と出産に関する意識調査2022」2022年　p.6

【参考文献】
春見静子・谷口純世編『社会的養護』光生館　2011年
橋本好市・宮田徹編『保育と社会福祉 第3版』みらい　2019年
松本園子・堀口美智子・森和子『子どもと家庭の福祉を学ぶ 改訂版』ななみ書房　2017年

コラム
時の経過と家族のつながり

　核家族的世帯（とりわけ単独世帯）の増加という世帯構造の推移、および出生率の低下は、同居・別居する家族間のつながりをどのように変化させたのか。

　家族のつながりについては、「一番大切なもの（自由回答）」を調査し続けている統計数理研究所の調査（「国民性の研究第14次全国調査」2021年）が参考になる。その結果によると、「家族が一番大切」とする回答は2018（平成30）年には41％であり、選択肢中、最も高い。その推移に目を向けると、調査データが示されている1958（昭和33）年以降では、1983（昭和58）年の第7次調査から30％以上を占めており、選択する割合が最も高い項目となっている。この結果をみる限り、近年ほど「家族」の存在を重視・尊重している傾向にあり、「家族間の結びつき」の前提となる"想い"が強まっている実態を示す一つの根拠になると思われる。

　同調査のなかでは「家族の範囲」を規定していないが、この「家族の範囲」を読み解く際に参考になるのが国立社会保障・人口問題研究所の調査（国立社会保障・人口問題研究所人口構造研究部「第5回全国家庭動向調査［2013年社会保障・人口問題基本調査］現代日本の家族変動」『調査研究報告資料』第33号　2015年）結果である。2008（平成20）年、2003（同15）年、1998（同10）年、1993（同5）年に行われた同調査もふまえて比較すると、配偶者・親・きょうだい・子に対して、直近の調査ほど「同居・別居にかかわらず家族である」との回答が増えている。

　両調査結果を併せて読み解けば、「家族」の枠は、別居・同居という「生計をともにしている・していない」という要件を越えて認識され、"家族に含まれる構成員への想い"という意味での「家族のつながり」は強まっているととらえることができる。

　本章でみてきたように、家族や地域を例にとっても、時の流れとともにその形は変化してきたのは確かなところである。また、当然のことながら、先に触れた家族間のつながりに対する見解はすべてのケースに当てはまるものではない。しかし、支援を展開する際には、保育士がこの点に目を向けられているかどうかによって、支援の過程や結果、さらには後の展開も大きく異なるはずである。その意味において、子ども家庭福祉の諸問題を考えていく際には、「家族の結びつき」という、最も身近な者同士のつながりを意識しながらかかわる姿勢が不可欠といえる。

第2章 子どもの権利

✎「子どもの権利」ってなに？

みらいさん なつ先生、私は「権利」という言葉は知っていますけど、何だか難しく感じてしまいます。それに、「子どもの権利」といわれても具体的なイメージが浮かびません……

なつ先生 そうかもしれないわね。「子どもの権利」とは、決まりを守った、よいことをした、成績がよい、健康である等の「見返り」として与えられるものではなく、すべての子どもが生まれながらにもつ権利（人権）のことをいいます。たとえば、生まれたばかりの赤ちゃんは、大人が世話を怠ると生命が危うくなります。また、やさしく愛情豊かにかかわってもらうことで、心も成長します。赤ちゃんにとっては授乳されること、汚れたオムツを取り替えてもらうこと、やさしく抱かれあやされることなどが、生きるために必要なのです。このように、生きていくために、健全な成長をするために、誰にとっても必要なことが「人権」で、特に発達期の子どもには、その成長のために、大人とは違った視点からの「権利擁護（権利を護ること）」が必要なのです。

みらいさん なるほど。「子どもの権利」は、すべての子どもが生まれながらにもつ権利で、その権利は護られなければいけないんですね。

なつ先生 そうなのです。子どもの権利を護ろうとする動きは、20世紀に入ってから徐々にみられるようになりましたが、その権利は大人から与えられるものであり、子ども自身が自らの意思・力で自分の権利を実行・主張できるとは考えられていませんでした。しかし、20世紀が終わりに近づいた1989年に国連が採択した「児童の権利に関する条約」は、子どもは保護される立場というだけでなく、自分の意思で（自分の）権利を護ることができる存在であることが明記されました。日本もこの条約を1994（平成6）年に批准しました。

みらいさん 「児童の権利に関する条約」により、子どもに対する見方が大きく変化したのですね。この条約を批准したことにより、国内において子どもの権利を護るためにどのような取り組みが行われるようになったのですか？

なつ先生 いくつかの取り組みが行われていますが、代表的なものとしてはこの章でも学ぶ「子どもの権利ノート」があげられます。

みらいさん 保育士は、子どもの権利について十分認識したうえで、子どもの権利を護るだけではなく、子ども自身が権利を行使できるよう支援していくことも必要ですね。

なつ先生 幼い子どもであっても、自分自身の考えや意見をもっています。保育士は、子どもの声に耳を傾け、常に「子どもの最善の利益」を考慮しながら、子どもに寄り添う存在であってほしいですね。それでは、「子どもの権利」について、学んでいきましょう。

1 子どもの権利保障の歴史

① 児童の権利に関する条約が採択されるまでの経緯

子どもの権利は、20世紀初頭にスウェーデンの社会思想家であるエレン・ケイ（Key, E.）[*1]が、『児童の世紀』を著し、「20世紀は児童の世紀になるであろう」と提唱してから徐々に具体化された。しかし、20世紀をふりかえってみると、それはむしろ「戦争の世紀」であった。特に、2度の世界大戦による被害は大きく、社会的にも生物的にも最も弱い立場にある子どもたちが、戦争の犠牲となった。

＊1　エレン・ケイ（1849～1926年）代表作は『児童の世紀』（1900年）であり、家庭中心、実物教育、体罰の禁止、教育の機会均等などを教育思想の要としていた。

子どもの権利を保障する歩みは、このような多くの子どもたちの死や犠牲という歴史を背景に、「児童の権利に関するジュネーブ宣言」「児童権利宣言」を経て、1989年「児童の権利に関する条約（子どもの権利に関する条約）」として実を結ぶこととなる。

エレン・ケイが児童の権利を提唱していた頃から、この考え方は法律や政治にも影響を与えるようになった。たとえば、第1回ホワイトハウス会議の開催などである。

▼ホワイトハウス会議（1909年）

アメリカではセオドア・ルーズベルト大統領により、第1回ホワイトハウス会議が開催された。この会議においては、「家庭生活は文明の所産のうち、最も美しいものである。児童は緊急やむを得ない理由がない限り、家庭生活から引き離されてはならない」という声明が発表され、家庭の重要性が強調された。この会議の成果として、1911年に「母子扶助法」が制定され、翌1912年には連邦政府に児童局が設けられた。

また、1930年に開催された第3回ホワイトハウス会議においては、「アメリカ児童憲章」が採択された。

▼第一次世界大戦（1914～1918年）

多くの子どもたちが犠牲となり、生き延びた子どもたちも親や住まい、教育を受ける機会や生活の安定等を失い、多大な被害を被った。

このような状況下において、第一次世界大戦に対する反省を込めて、「児童の権利に関するジュネーブ宣言」が採択された。

▼児童の権利に関するジュネーブ宣言（1924年）

1922年にイギリスの児童救済基金団体において「世界児童憲章」の草案が作成され、その草案をもとに1924年の国際連盟第5回総会において子どもの

権利に関する世界で初めての宣言である「児童の権利に関するジュネーブ宣言」が採択された。これは、前文と5条で構成されており、前文において「各国の男女は、人類は児童にたいして最善の努力を尽さねばならぬ義務のあることを認め」、人種、国籍、信条を問わず、子どもを緊急に救済し保護するために、以下の5か条を人類共通の義務として宣言している。

① 子どもの心身の正常な発達のために必要な手段が講ぜられなければならない。

② 飢え、病気、発達遅滞、非行、孤児、浮浪児などはその状態に応じて援助されなければならない。

③ 危機において最初に救済を受けるのは子どもでなければならない。

④ 子どもは生活を保障され、搾取から保護されなければならない。

⑤ 子どもの才能は人類のために捧げられる自覚のもとに育てられなければならない。

この「児童の権利に関するジュネーブ宣言」と「世界児童憲章」「アメリカ児童憲章」が20世紀における子どもの権利思想の出発点となったのである。しかし、その後、再度戦争が勃発したことにより、惨禍が繰り返されることとなった。

▼第二次世界大戦（1939〜1945年）

1924年の「ジュネーブ宣言」もむなしく、人類は同じ過ちを犯し、再び多くの子どもたちが犠牲となった。

このような大戦を経て、国際連合は人権の承認が世界における平和の基礎となっていると認識し、1948年「世界人権宣言」を採択した。

▼世界人権宣言（1948年）

国際連合第3回総会において採択されたものであり、子どもだけでなく、広く人類全般を対象とした人権宣言である。このなかで、子どもが享受する権利については第25条で「母と子とは、特別の保護及び援助を受ける権利」を有し「すべての児童は、嫡出*2であると否とを問わず、同じ社会的保護を受ける」とし、第26条では、「親は、子に与える教育の種類を選択する優先的権利」を有していることを謳っている。しかし、子どもは人間として成長発達を遂げる過程にあり、子どもに関する固有の権利を特記する必要性から、1959年「児童権利宣言」が採択されることとなった。

*2 嫡出
正式に婚姻している夫婦間に生まれること。

▼児童権利宣言（1959年）

国際連合第14回総会で採択された宣言であり、「ジュネーブ宣言」および「世界人権宣言」をふまえたものである。子どもは身体的・精神的に未熟であるため、出生の前後において特別な保護を必要とすることを前提とし、前文に

おいて「人類は、児童に対し、最善のものを与える義務を負うものである」と謳い、子どもの権利を護るために努力するよう求めている。

　児童権利宣言は前文と10か条で構成されており、「ジュネーブ宣言」よりも広範で具体的な権利を謳っている。しかし、これは法的拘束力をともなうものではなかったため、実効性をもたせるためには、1989年の「児童の権利に関する条約」の採択を待たねばならなかった。

　そして、「児童権利宣言」が採択され、満20年となる1979年を「国際児童年」として認定することとなった。

▼国際児童年（1979年）

　1976年の国際連合第31回総会における決議で採択されたものである。ユニセフ（国際連合児童基金：UNICEF）は、1970年代半ばから開発の遅滞や貧困による緊急事態により、多くの子どもたちが犠牲となっている現状に対して、子どもに対する飲料水や栄養補給、識字教育等の基礎的サービスの提供が急務であることを主張し、「世界子ども白書」の発行を始めた。

　また、「国際児童年」の1979年は、国連人権委員会のなかに「児童の権利に関する条約」草案作成のための作業部会が設置された年でもある。これを契機として、約10年の歳月を経て、1989年に「児童の権利に関する条約」が成立することとなった。

▼児童の権利に関する条約（1989年）

　国際連合第44回総会において採択され、日本は1990（平成2）年に署名し、1994（同6）年に批准している。「条約」とは、国家と国家の文章による契約であり、憲法に定める手続きを経ることにより、国内法としての効力をもつものである。また、日本国憲法第98条第2項は「日本国が締結した条約及び確立された国際法規は、これを誠実に遵守することを必要とする」と規定しており、条約は法律に優先し、憲法に準ずる効力を有している。

　この条約の草案は、1978年にヤヌシュ・コルチャック（Korczak, J.）の故国ポーランドにより提出され、約10年にわたって審議が行われた後、成立したものである。条約成立においては、第二次世界大戦においてポーランドの子どもたちが最大の犠牲となったという歴史的な背景に加え、子どもを一人の人間として認め、その権利を護るために闘い、子どもたちと生死をともにしたコルチャックの思想が根源にある。

　条約は、前文と3部54か条から構成されており、子どもは保護され権利を与えられるだけでなく、自らの意思で権利を行使することのできる存在として認められた点において、画期的であるといえる。

②　児童の権利に関する条約

▼児童の権利に関する条約の概要

　前文においては、国際社会における人権および子どもの権利保障の経緯や子どもに対する特別な保護および援助、親および家族の重要性、困難な状況下に置かれている子どもに対する配慮の必要性等について述べており、条約の制定に至る経緯や歴史的意義、条約の理念が示されている。

　第1条において児童を「18歳未満のすべての者」と定義し、「差別の禁止」（第2条）、子どもに関する措置をとる際の「児童の最善の利益」への考慮（第3条）、「締約国の実施義務」（第4条）や「親の指導の尊重」（第5条）について規定している。そして、「意見表明権」（第12条）、「表現・情報の自由」（第13条）、「思想・良心・宗教の自由」（第14条）、「結社・集会の自由」（第15条）にみられるような具体的な子どもの権利について規定している。

▼児童の権利に関する条約の特徴

　児童の権利に関する条約の第1の特徴は、第3条において「子どもの最善の利益」が明示されたことである。これは、条約の各条項を実施する際の基本原則であり、子どもにかかわるすべての活動において、「子どもにとって何が最善であるのか」が考えられなければならないということである。条約では、第9条、第18条、第20条、第21条、第37条、第40条にこの文言が示されている。親の意思に反して子どもを分離する必要があると決定する場合（第9条1項）や、親から分離された子どもが親との個人的な関係や直接の接触を制限する場合（第9条3項）等に、「子どもの最善の利益」が判断基準となる。また、子どもの養育および発達について、第一義的な責任を有する者の基本的関心事項（第18条1項）として規定されている。

　また第2の特徴は、第12条において「意見表明権」が明示されたことである。この権利は、この条約によりはじめて規定されたものであり、子どもが自己に影響を及ぼすすべての事柄について、自由に意見を述べる権利を保障し、それは年齢や成熟状況に応じて考慮されるとしている。このような子どもの意見表明権を保障することは、子どもの最善の利益の確保につながるものであるといえる。

▼児童の権利に関する条約の報告および審査

　前述したように、日本は1994（平成6）年に「児童の権利に関する条約」を批准した。これにより、日本は条約批准の2年後に、国連児童の権利に関する委員会に対して、権利の実現のためにとった措置および権利の享受についてもたらされた進歩について第1回目の報告を行い、その後は5年ごとに

報告する義務を負うこととなった（第44条）。児童の権利に関する委員会は、締約国による条約の実施状況を審査するため、設置された機関であり（第43条）、締約国から提出された報告を基盤として審査を行い、懸念事項や提案、勧告を含めた総括所見を提出する。なお、この総括所見は法的拘束力を有していないものの、締約国は総括所見における指摘や提案に基づき、自国における子どもの権利擁護の取り組みを一層促進することが求められる。

　わが国は、2019（令和元）年に「第4回・第5回統合定期報告書に関する総合所見」が示された。提示された総合所見においては、緊急の措置が取られる必要があると考える事柄として、差別の禁止、子どもの意見の尊重、体罰、家庭環境を奪われた子ども、生殖に関する健康および精神的健康、少年司法があげられた。

2　わが国の子どもの権利保障

① わが国の子どもの権利と法律、宣言

▼日本国憲法（1946［昭和21］年制定）

　日本国憲法は、国の最高法規であり、わが国におけるすべての法律は、日本国憲法に基づき規定されている。日本国憲法は、「国民主権」「平和主義」「基本的人権の尊重」を基本原理として掲げており、なかでも基本的人権の尊重はその中心に位置づけられている。基本的人権は、人間が生まれながらに有しているものであり、「侵すことのできない永久の権利」（第11条）として定められている。ここでは、特に社会福祉と深く関係している第13条および第25条に着目する。

第13条　すべて国民は、個人として尊重される。生命、自由及び幸福追求に対する国民の権利については、公共の福祉に反しない限り、立法その他の国政の上で、最大の尊重を必要とする。
第25条　すべて国民は、健康で文化的な最低限度の生活を営む権利を有する。
2　国は、すべての生活部面について、社会福祉、社会保障及び公衆衛生の向上及び増進に努めなければならない。

　第13条は、国民一人ひとりが個人として「幸福追求権」を有しており、そしてそれが尊重されているということを謳っている。したがって、国民は一人ひとりが自分らしく生きる権利を有しているということである。

一方、第25条第1項においては、健康で文化的な最低限度の生活を営むことは、国民の権利であることを謳い、「生存権」の保障について規定している。言い換えれば、これは「人間らしく生きる権利」を保障するものである。また第2項においては、第1項の人間らしく生きる権利を保障するために、国は社会福祉、社会保障および公衆衛生に関して、その向上および増進に努めなければならない立場にあることを明記している。

▼こども基本法（2022［令和4］年制定）

こども基本法は、子どもの権利を保障し、子どもに関する取り組みや政策を社会の真ん中で見据える「こどもまんなか社会」の実現をめざし制定された。

第1条　この法律は、日本国憲法及び児童の権利に関する条約の精神にのっとり、次代の社会を担う全てのこどもが、生涯にわたる人格形成の基礎を築き、自立した個人としてひとしく健やかに成長することができ、心身の状況、置かれている環境等にかかわらず、その権利の擁護が図られ、将来にわたって幸福な生活を送ることができる社会の実現を目指して、社会全体としてこども施策に取り組むことができるよう、こども施策に関し、基本理念を定め、国の責務等を明らかにし、及びこども施策の基本となる事項を定めるとともに、こども政策推進会議を設置すること等により、こども施策を総合的に推進することを目的とする。

第3条　こども施策は、次に掲げる事項を基本理念として行われなければならない。
1　全てのこどもについて、個人として尊重され、その基本的人権が保障されるとともに、差別的取扱いを受けることがないようにすること。
2　全てのこどもについて、適切に養育されること、その生活を保障されること、愛され保護されること、その健やかな成長及び発達並びにその自立が図られることその他の福祉に係る権利が等しく保障されるとともに、教育基本法の精神にのっとり教育を受ける機会が等しく与えられること。
3　全てのこどもについて、その年齢及び発達の程度に応じて、自己に直接関係する全ての事項に関して意見を表明する機会及び多様な社会的活動に参画する機会が確保されること。
4　全てのこどもについて、その年齢及び発達の程度に応じて、その意見が尊重され、その最善の利益が優先して考慮されること。
5　こどもの養育については、家庭を基本として行われ、父母その他の保護者が第一義的責任を有するとの認識の下、これらの者に対してこどもの養育に関し十分な支援を行うとともに、家庭での養育が困難なこどもにはできる限り家庭と同様の養育環境を確保することにより、こどもが心身ともに健やかに育成されるようにすること。
6　家庭や子育てに夢を持ち、子育てに伴う喜びを実感できる社会環境を整備すること。

▼児童福祉法（1947［昭和22］年制定）

児童福祉法は、1946（昭和21）年に制定された日本国憲法の基本理念に基

づき、子どもの権利を具体的に表したものである。第1～3条にかけて、児童福祉の理念や原理について規定している。

第1条　全て児童は、児童の権利に関する条約の精神にのつとり、適切に養育されること、その生活を保障されること、愛され、保護されること、その心身の健やかな成長及び発達並びにその自立が図られることその他の福祉を等しく保障される権利を有する。

第2条　全て国民は、児童が良好な環境において生まれ、かつ、社会のあらゆる分野において、児童の年齢及び発達の程度に応じて、その意見が尊重され、その最善の利益が優先して考慮され、心身ともに健やかに育成されるよう努めなければならない。

　2　児童の保護者は、児童を心身ともに健やかに育成することについて第一義的責任を負う。

　3　国及び地方公共団体は、児童の保護者とともに、児童を心身ともに健やかに育成する責任を負う。

第3条　前二条に規定するところは、児童の福祉を保障するための原理であり、この原理は、すべて児童に関する法令の施行にあたつて、常に尊重されなければならない。

　児童福祉法第1条は、児童福祉の理念を謳っている。これは、子どもの権利の一側面を明らかにしたものであり、子どもは「心身ともに健やかに育成される権利」および「生活を保障される権利」「愛され、保護される権利」を有していることを明確化している。また第2条は、児童育成の責任を明示している。第1条および第2条は児童福祉の原理であり、第3条では、これらの原理の尊重を謳っている。

　以上のことから、児童福祉法はその制定時には第二次世界大戦によって家族・家庭を失った子どもへの対応が急務であったという時代的背景においても、そのような子どもに限らず、すべての子どもを対象とし、健全育成を図るとともに、その福祉を積極的に増進しようとしている点に特徴がある。

▼児童憲章（1951［昭和26］年制定）

　1951（昭和26）年5月5日の「こどもの日」に制定された、わが国初の子どもの権利に関する宣言である。これは、法とは別に国民の道義的規範として採択されたものであり、法的拘束力はともなわないものの、子どもに対する見方を国民に示したものである。前文と12項目の本文で構成されており、前文においては、以下の3原則が示されている。

①児童は、人として尊ばれる。

②児童は、社会の一員として重んぜられる。

③児童は、よい環境のなかで育てられる。

　児童憲章においては、児童権利宣言に先んじて「人として」という観点を示しており、子どもを一つの人格をもった人間として認め、一人の人間とし

て尊重され、その人権が保障される必要のあることを、広く国民に示したものである。

②　受動的権利と能動的権利

▼子どもの権利の２つの側面

　網野武博は、子どもの権利を受動的権利と能動的権利という２つの側面からとらえている。

　子どもは弱者として生まれ、育つ存在であり、大人と比較すると絶対的なハンディキャップをもって人生を歩み始める。そのため、子どもは幼ければ幼いほど、大人によって保護されなければ、その生存さえ脅かされる存在である。したがって、子どもの生存を保障し、発達を促すためには、子どもを育てる側である親や大人、国家等が子どもを見守り、保護する義務を負わなくてはならない。このように、大人によって与えられる権利を「受動的権利」という。この権利の保障は、子どもにかかわる大人、特に子どもを育てる者の認識によって大きく左右され、子どもは権利を享受する主体であるという特徴を有している。

　他方、子どもは「子ども」である前に「人間」であり、自ら積極的に意見を述べ、可能な限り大人と同様に自分で権利を行使する権利をもっている。このように、子ども自身が自分の意見を表明したり、自由に表現する権利を「能動的権利」といい、子どもは権利を行使する主体であるという特徴を有している。

▼受動的権利から能動的権利の保障へ

　網野は、子どもの権利保障には、受動的権利から能動的権利へという歴史的な流れがあるとしている。「ジュネーブ宣言」の本文では、子どもの権利について「…救済されるものでなければならない」「…保護されなければならない」「育てられなければならない」というように受動態で表現されている。また、「児童権利宣言」においても「…与えられなければならない」「…育てられなければならない」等と謳われており、受動態となっている。

　わが国における子どもの権利に関する法律や宣言に目を向けてみても、改正前の児童福祉法第１条では「…育成される」「…保障され、愛護される」というように、受動態で表現されている。それに加え、児童憲章においても、児童を主語とした前文において「…尊ばれる」「…育てられる」とあり、本文でも「…保障される」「…与えられる」等と謳われ、受動態で表現されている。このことから、これらの法律や宣言においては、子どもは権利を与え

られる立場として位置づけられており、受動的権利の保障にとどまっていたといえる。

　一方、能動的権利は、「児童の権利に関する条約」においてはじめて保障されたものである。具体的には、「意見表明権」（第12条）をはじめ、「表現・情報の自由」（第13条）、「思想・良心・宗教の自由」（第14条）、「結社・集会の自由」（第15条）があげられ、大人に認めている権利を子どもにも認めたものとなっている。

　なお、2016（平成28）年６月、「子どもの権利条約」を基本理念として明記した改正児童福祉法が成立した。日本が「子どもの権利条約」を批准してから22年目にしてはじめて、子どもが"権利の主体"として位置づけられたといえる。

❸　子どもの権利を護る取り組み（権利擁護）

児童福祉施設における子どもの権利擁護

▼子どもの権利ノート

　1994（平成６）年に、日本が「児童の権利に関する条約」に批准したことを契機として、国内において子どもの権利を擁護する取り組みがみられるようになった。その一つとして、各都道府県における「子どもの権利ノート」の作成があげられる。

　「子どもの権利ノート」は、児童福祉施設（子どもの養護や育成、治療などの専門的な機能を有する子どもの福祉を図る施設）での生活に関する説明や施設での生活において保障される権利に関すること等が記されており、最後のページには児童相談所の住所や電話番号が掲載されている。このように、「子どもの権利ノート」は、社会的養護[*3]を必要とする子どもたちに対して、子ども自身が有する権利や子ども自身が権利行使の主体であることを伝えるとともに、何らかの救済を要する事態が生じた場合には、第三者に対して支援を求めることができるということを示したものである。

　日本の自治体ではじめて「子どもの権利ノート」の作成および配布を行ったのは、大阪府であった。その後、神奈川県、東京都、埼玉県、島根県など多数の都道府県で作成され、児童養護施設等で生活する子どもたちに配布された。また、現在は施設で生活している子どもたちに加え、里親（子どもの保護者に代わって自分の家庭で子どもを養育する人）家庭において生活して

＊3　社会的養護
第10章p.146参照。

いる子どもたちにも配布されている。

▼懲戒権に関する規定の見直し

2022（令和4）年に「民法等の一部を改正する法律案」が成立し、民法について、親権者による懲戒権の規定が削除され、子の人格を尊重する旨の条文が新たに定められた。

> 第821条（子の人格の尊重等）　親権を行う者は、前条の規定による監護及び教育をするに当たっては、子の人格を尊重するとともに、その年齢及び発達の程度に配慮しなければならず、かつ、体罰その他の子の心身の健全な発達に有害な影響を及ぼす言動をしてはならない。

これに併せて、児童福祉法も同様の改正が行われ、第47条第3項に明記されていた「懲戒権」が削除された。

▼苦情解決制度

社会福祉法第82条では、「社会福祉事業の経営者は、常に、その提供する福祉サービスについて、利用者等からの苦情の適切な解決に努めなければならない」と規定されている。また同法においては、福祉サービスの利用者等からの苦情を適切に解決するため、都道府県社会福祉協議会*4に運営適正化委員会を設置し、苦情解決のための相談や助言、調査等を行い、苦情解決のあっせんを行うことができると規定している（第83〜85条）。さらに、福祉サービスの利用者に対して不当な行為が行われているおそれがある場合は、運営適正化委員会から都道府県知事に通知する義務があることが規定されている（第86条）。

これらの規定に基づき、児童福祉施設における苦情への対応については、児童福祉施設の設備及び運営に関する基準第14条の3に規定されている。これによると、児童福祉施設は、入所者等からの苦情に迅速かつ適切に対応するために、苦情を受けつけるための窓口を設置する等の必要な措置を講じる。また、施設が行った援助について都道府県または市町村から指導や助言を受けた場合は、必要な改善を行わなければならず、運営適正化委員会が行う調査にできる限り協力しなければならないと規定されている。

▼第三者評価

社会福祉法第78条において、社会福祉事業の経営者は自らが提供する福祉サービスの質の評価を行うことにより、福祉サービスの質の向上に努めることが求められている。第三者評価の目的は、福祉サービスの質の向上や利用者が福祉サービスの内容を把握することであり、評価は都道府県（社会的養護施設については全国社会福祉協議会）が定める認証要件を満たしている第

*4　社会福祉協議会
地域福祉の推進を担う民間団体であり、市区町村社会福祉協議会、都道府県社会福祉協議会、全国社会福祉協議会がある。

三者評価機関によって行われる。なお、第三者評価は、事業所に対する調査と利用者調査（アンケートや聞き取り）が行われる。

　第三者評価を受けるにあたっては、あらかじめ各施設において自己評価を行う場合が多いため、現状を認識することにより、問題を把握することが可能となる。それにより、第三者評価を受ける前に問題の改善に取り組むことによって、評価を受ける際には、すでに問題が改善されているということがよくある。このように、自己評価により、サービスの質がより向上することは、評価されるべきことである。評価結果は最終的に事業者の同意を得て、インターネット等で公表されるため、利用者は自分のニーズに合った事業者を選択する際の情報として活用することができる。

　子ども家庭福祉における第三者評価について、髙橋利一は児童養護施設における第三者評価を例にあげ、第三者評価を意味のあるものとするためには、評価者が施設や入所児童の現状を事前に理解したうえで、それを調査票の設問内容に反映させることが求められると指摘している。なお、厚生労働省は、2012（平成24）年4月より、児童養護施設をはじめとした社会的養護施設*5に3年に1回以上の第三者評価の受審および施設利用者に対する調査（無記名アンケート）を義務づけている。それに加え、評価においては、評価者と施設の対話を重視することにより、施設における運営の改善につなげることとなった。

　被虐待児の増加や、施設運営の質の向上等といった観点からも、社会的養護施設における第三者評価基準は3年ごとに見直しが行われている。その内容は、原則、全国共通であるが、各都道府県で独自に定めることもできるとされている。

▼さまざまな配慮を必要とする子どもの権利擁護

　発達障がい特性のある子ども、外国籍の子ども、LGBTQ*6の子どもなど、何らかの配慮が必要な子どもたちに対して、正しい理解と適切な支援が行われなければ、学力不振・不登校・いじめ・問題行動などの二次的な問題の発生だけでなく、虐待・非行・精神疾患などの二次的障がいが生まれる可能性も否めない。

　2012（平成24）年、文部科学省中央教育審議会によって「共生社会の形成に向けたインクルーシブ教育システム構築のための特別支援教育の推進（報告）」が出された。本報告では、障害者の権利に関する条約に基づき、障がいのある幼児児童生徒の自立や社会参加に向けた主体的な取り組みを支援するという視点に立ち、その持てる力を高めていけるような適切な指導および必要な支援を行う旨が明記された。

発達障がい特性のある子ども、外国にルーツをもつ子ども、LGBTQの子どもなど、何らかの配慮が必要な子どもの権利を護るための施策については、児童福祉だけでなく、学校教育の視点から考えることも重要である。

2014（平成26）年には、学校教育法施行規則の一部が改正され、小・中学校における外国人児童への日本語指導など、特別な教育課程を編成・実施することができるようになり、2022（令和4）年からは高等学校も追加された。

2015（平成27）年には「性同一性障害に係る児童生徒に対するきめ細かな対応の実施等について」が通知され、「性的マイノリティ」という表現でLGBTQの子どもに関して、支援者がよき理解者となる必要性や具体的な配慮事項等について明記された。

欧米では、LGBTQの子ども向けの学校や、教育現場と連携しLGBTQの子どものサポートを行ったり、学校にLGBTQの知識を広めたりするNPO団体が多くある。わが国において2023（令和5）年に「性的指向及びジェンダーアイデンティティの多様性に関する国民の理解の増進に関する法律」が施行されたが、さらなる理解促進に向けた取り組みが課題とされている。ただし、「特別な配慮」を行うことで、学校や社会の枠組みそのものを問わずした議論が進められているのではないかという指摘もある。

また、2016（平成28）年に施行された「障害を理由とする差別の解消の促進に関する法律」（障害者差別解消法）のなかで「合理的配慮」について示された。

子どもの権利を護る仕組みづくりを考えるうえで、子どものさまざまな特性に合わせた「合理的配慮」を行い、社会全体を見直す機会をつくることが求められている。

まとめてみよう

① 「児童の権利に関する条約」の「子どもの最善の利益」（第3条）を考慮するために、私たちは子どもたちに対してどのようにかかわればよいのでしょうか。「意見表明権」（第12条）と関連づけて、自分の考えをまとめてみよう。

② 「子どもの権利を護る」とは、具体的にどのようなことを意味するのでしょうか。「過干渉」「過保護」「甘やかす」こととの違いも含め、具体例をあげながら話し合い、まとめてみよう。

③ 自分の住んでいる地域において、子どもの権利を擁護するために、どのような取り組みが行われているのかを調べ、まとめてみよう（たとえば、「子どもの権利ノート」の作成等）。

【参考文献】

浅倉恵一・峰島厚編『新・子どもの福祉と施設養護』ミネルヴァ書房　2004年

網野武博『児童福祉学－＜子ども主体＞への学際的アプローチ』中央法規出版　2002年

市川昭午・永井憲一監『子どもの人権大辞典』エムティ出版　2001年

大田堯『国連 子どもの権利条約を読む』岩波書店　1990年

喜多一憲・堀場純矢編『子ども家庭福祉』みらい　2020年

社会福祉士養成講座編集委員会編『新・社会福祉士養成講座3 児童家庭福祉』中央法
　規出版　2021年

新 保育士養成講座編纂委員会編『改訂1版 最新 保育士養成講座 第3巻 子ども家庭福
　祉』全国社会福祉協議会出版部　2022年

高橋重宏・庄司順一編『福祉キーワードシリーズ 子ども虐待』中央法規出版　2002年

髙橋利一「児童福祉における第三者評価を本当に意味のあるものにするために」『月刊
　福祉』第94巻第7号　全国社会福祉協議会　2011年

波多埜英治・辰己隆編『改訂 保育士をめざす人の子ども家庭福祉』みらい　2019年

永井憲一・寺脇隆夫・喜多明人・荒牧重人編『新解説 子どもの権利条約』日本評論社
　2000年

橋本好市・宮田徹編『学ぶ・わかる・みえる シリーズ保育と現代社会 保育と社会福祉
　第3版』みらい　2019年

福田敬「福祉分野における第三者からの評価の必要性」『月刊福祉』第94巻第7号　全
　国社会福祉協議会　2011年

保育福祉小六法編集委員会編『保育福祉小六法 2023年版』みらい　2023年

吉田眞理『生活事例からはじめる 児童家庭福祉』青踏社　2011年

松井剛太『特別な配慮を必要とする子どもが輝くクラス運営－教える保育からともに学
　ぶ保育へ』中央法規出版　2018年

はたちさこ・藤井ひろみ・桂木祥子『LGBTサポートブック－学校・病院で必ず役立つ』
　保育社　2016年

薬師実芳・笹原千奈未・古堂達也・小川奈津己『LGBTってなんだろう？からだの性・
　こころの性・好きになる性』合同出版　2014年

〈参考ホームページ〉

ARC 平野裕二の子どもの権利・国際情報サイト　https://w.atwiki.jp/childrights/（2023
　年7月31日閲覧）

外務省　児童の権利条約（児童の権利に関する条約）　http://www.mofa.go.jp/mofaj/
　gaiko/jido/（平成24年9月4日閲覧）

全国社会福祉協議会　社会的養護施設第三者評価事業　http://shakyo-hyouka.net/
　social4/（平成27年9月30日閲覧）

文部科学省　性同一性障害に係る児童生徒に対するきめ細かな対応の実施等について
　http://www.mext.go.jp/b_menu/houdou/27/04/1357468（平成30年8月1日閲覧）

親と子の教職員の教育相談室　LGBTの子どもたち－「特別な配慮」から「合理的配慮」へ
　http://www.jec.or.jp/soudan/pdf/9201.pdf

内閣府　性的指向・ジェンダーアイデンティティ理解増進　https://www8.cao.go.jp/

rikaizoshin/index.html　（2023年7月31日閲覧）
文部科学省　学校教育法施行規則の一部を改正する省令等について　https://www.
mext.go.jp/a_menu/shotou/clarinet/003/1343206.htm（2023年7月31日閲覧）

コラム
「コルチャック先生」ってどんな人？

　みなさんは、「コルチャック先生」を知っていますか？　ここでは、ユニセフが「子どもの権利条約の精神的な父」と呼んでいる「コルチャック先生」を紹介します。

　「コルチャック先生」の名で知られる彼は、本名をヘンリィック・ゴールドシュミットという。「ヤヌシュ・コルチャック」は、彼のペンネームである。コルチャックは、1878年に当時ロシア領のポーランド王国の首都ワルシャワの裕福な家庭に生まれたユダヤ人であったが、18歳（1896年）のときに父親が亡くなり、家計を支えるために、裕福な子どもたちの家庭教師や新聞・雑誌に掲載する小説やエッセーを書いて収入を得るようになった。その一方で、学業に励み、医師を志してワルシャワ大学医学部に進学し、卒業後は小児科医として働き、また軍医として貢献した時期もあった。

　33歳（1911年）のときにワルシャワ市内に、ユダヤ人のための孤児施設「孤児たちの家（ドム・シュロット）」を、41歳（1919年）のときにはポーランド人のための孤児院「僕たちの家（ナシュ・ドム）」を設立し、孤児救済と子どもの教育に従事する。彼は、子どもの権利に関する先駆的な思想を有しており、その一つとして子どもたちの自治権を認めていた。彼の孤児院には子どもたちの法典があり、「子どもの議会」や「子どもの裁判」が行われた。彼は、子どもを心から愛し、理解しようと努め、子どもを一人の人間として尊重し、自らそれを実践した人物であった。それは、「子どもはだんだんと人間になるのではなく、すでに人間である」という彼の言葉に象徴されている。彼は作家として多くの書物を著しているが、そのなかでも教育書『子どもを愛するには』と『子どもの権利の尊重』は特に有名である。

　コルチャックは、第二次世界大戦時のいかなる苦境においても子どもたちの食料等を調達するために奔走し、子どもたちとともに生きた。そして1942年、孤児院の子どもたち200余名とともにナチス・ドイツのトレブリンカ強制収容所のガス室で最期の時を迎えたといわれている。高名であったコルチャックには、友人等から再三の救いが差しのべられたが、彼は子どもたちを見捨てることはできないという意志を貫いて、最期まで子どもたちに寄り添った。

　子ども虐待や学校におけるいじめ、施設内における暴力等、子どもの人権侵害に関する事件が後を絶たない現代社会において、私たちは「コルチャック先生」が残した「子どもの権利大憲章」を受け止めながら、「子どもの権利」について学び、権利を擁護する者としての自己のあり方を考える必要があるのではないだろうか。

〈子どもの権利大憲章[1]〉

第 1 条　子どもには愛を受ける権利があります。

第 2 条　子どもには尊重される権利があります。

第 3 条　子どもには最適な条件の下で成長発達する権利があります。

第 4 条　子どもには現在を生きる権利があります。

第 5 条　子どもには自分自身である権利があります。

第 6 条　子どもには誤りを犯す権利があります。

第 7 条　子どもには失敗する権利があります。

第 8 条　子どもには真剣に受けとめられる権利があります。

第 9 条　子どもにはあるがままの自分の真価を認められる権利があります。

第10条　子どもには秘密をもつ権利があります。

第11条　子どもには「嘘言」・「欺き」・「盗み」から守られる権利があります。

第12条　子どもには持ち物や小遣いの使い方を尊重される権利があります。

第13条　子どもには教育を受ける権利があります。

第14条　子どもには正義にもとることに抵抗する権利があります。

第15条　子どもには（施設や学校に設けられる）子ども裁判所で仲間を裁いたり、仲間から裁か
　　　　れる権利があります。

第16条　子どもには少年司法制度で弁護人から弁護される権利があります。

第17条　子どもには自分の悲しみを尊重される権利があります。

第18条　子どもには神様と親しく交わる権利があります。

第19条　子どもには未成熟のまま神様の許に召される権利があります。

【引用文献】

1）ヤヌシュ・コルチャック著　サンドラ・ジョウゼフ編（津崎哲雄訳）『コルチャック先生のいのちの言葉―子ど
　　もを愛するあなたへ』明石書店　2001 年　pp.209 － 210

第3章　子ども家庭福祉の歴史

📝 日本の歴史から学ぶこと、他国の歴史から学ぶこと

なつ先生　みらいさんは、「銀も 金も玉も 何せむに 優れる宝 子にしかめやも」（銀も金も宝石も、何の役に立とうか。（それよりも）すぐれた宝である子に及ぶことがあろうか）という万葉歌人の山上憶良の歌を知っていますか。

みらいさん　中学校のときに習ったような気がします。

なつ先生　「瓜食めば 子ども念ほゆ 栗食めばまして偲はゆ いづくより 来りしものそ 眼交に もとなかかりて 安眠し寝さぬ」（（遠い出張先で）瓜を食べれば、子どもが思い出される。栗を食べれば、まして偲ばれる。いずこからやって来たものだろうか、面影がしきりに目の前にちらついて、熟睡できぬ）という、子を思う歌への返歌です。憶良には、宴会を中座する際に詠んだといわれる「憶良らは 今は罷らむ 子泣くらむ そもその母も 吾を待つらむそ」（幼い子やその母が、私を今か今かと待っていますので、ここで中座させていただきたい）という歌もあるのですよ。

みらいさん　とてもほほえましいですね。昔は日本は子どもを大切にする国だったのですね。でも現代は子ども虐待の問題などがあって、必ずしも子どもは幸せではないような気がします。

なつ先生　憶良の時代にも、「子どもは何ものにもかえがたい宝」という思いが存在する一方で、困窮する生活のために、棄てられたり間引き（生後すぐに殺してしまうこと）される子どももいたのですよ。親の子どもへの対応は、親の思いだけではなく、経済的・社会的な状況に左右されてしまうことも多いのです。

みらいさん　確かに、家庭でのことを考えても、「子どもにこうしてあげたい」と思っても、経済的な問題で、してあげられないことなどがありますよね。

なつ先生　そうですね。それは国の施策においても同じです。その時代の子ども観と社会的・経済的状況があいまって、子どもへの処遇を規定していきます。たとえば戦争中は、未来の戦力を産み出す母性や子どもは保護と愛護の対象とされましたが、ハンディキャップのある子どもたちには特につらい時代となりました。同じ過ちを繰り返さず、子どもたちの人権と幸せを護っていくためにはどうあったらいいのかを歴史から学んでいきましょう。

みらいさん　他国の歴史を学ぶのはなぜですか。

なつ先生　今回は、イギリスとアメリカの歴史を学びます。日本は欧米諸国からの影響を強く受けて政策を展開しているため、諸外国がどのような背景のもとに施策を選択し、どのような結果を導いたのかを知ることは、日本の子ども家庭福祉の施策を考えるうえで大切なことなのです。このような視点から、子ども家庭福祉の歴史を学んでいきましょう。

1 イギリスの子ども家庭福祉

① 近代以前の子ども観と共同体による相互扶助

　古代社会では子どもも大人と同等の労働力となることを求められ、病児や障がい児はその存在を認められなかった。子どもは「大人の所有物」とされ、特にローマでは、家父長が家族員に対して絶対的な支配権力を有しており、子どもを殺すのも捨てるのも、奴隷として売るのも家父長の自由であった。

　社会の安定と宗教的な教えの広まりから、10世紀頃には地縁・血縁を基盤にした村落共同体、11世紀末にはギルド*1等による連帯意識のもと、生活困窮者や親のいない子どもに対して相互扶助による保護が行われ、子どもは早くから共同体内の労働力となるように養育された。村落共同体やギルド等の救済対象にならない病児や障がい児には、教区慈善*2や修道院や救治院*3、救貧院*4が対応した。

② 救貧法の成立と子どもの「救済」

　中世封建社会から資本主義社会への移行期、封建家臣団の解体、囲い込み運動*5、疫病の流行、凶作、修道院の解散等により大量の貧民や浮浪者、犯罪者、遺棄され浮浪化した子どもたちが生じた。そのため治安対策と労働力創出という意図から、1601年にエリザベス救貧法が制定された。

　エリザベス救貧法では、貧民を労働可能な者、不能な者、扶養義務者による扶養が保障されない子どもの3種に分類し、労働不能者は救貧院に収容して救済を与え、労働可能者には懲罰を与えワークハウス（労役場）にて強制労働を課し、子どもについても男子は24歳まで、女子は21歳もしくは結婚するまで徒弟*6として強制的に働かせるという、就労促進に重点を置いたものであった。当時は、貧乏人の子どもは生まれつき怠惰で無能力であるとする思想の影響を受け、3～5歳頃から12時間以上の労働に就かせることも行われていた。この救貧法は、1834年の新救貧法の成立まで200年以上にわたり継続する。

③ 労働力としての子どもと工場法の成立

　18世紀後半から19世紀初頭にかけての産業革命では、生産力が飛躍的に向上した一方、成人男子熟練工を失業させ、安価で従順な女性・子どもの労働

*1　ギルド
中世から近世の西欧諸都市において、商工業者の間で結成された同業者組合のこと。

*2　教区慈善
教会が教区内の貧者、寡婦、高齢者、病者などの救済を行うこと。組織的に行われていたことが特徴で、キリスト教の教区が行政機能をもっていたことが、貧民救済の国家的政策への転換を円滑にしたとされる。

*3　救治院
医療救済的機能を担っていた住居。

*4　救貧院
孤児、高齢者、病人などの保護機能を担っていた住居。

*5　囲い込み運動
毛織物工業の繁栄で羊毛の需要が増大したため、牧羊目的で農地を囲い込み、農民を追い出して農民の職を奪った。

*6　徒弟
親方のもとに住み込み衣食住は保障されるが、技能習得を目的に、ほぼ無給で働く制度。

力需要を高めた。5〜6歳の頃から大人と同じ条件で酷使された子どもたちの状況は悲惨で、発育不良やけが、非行など心身ともにすさんだ状況となった。

　工場主であったロバート・オーエン（Owen, R.）は、このような実情を目の当たりにし、幼児期によい教育をすればよい人間形成が可能であると考え、1816年に労働者と労働者の子どものために「性格形成学院」をつくった。そこでは労働時間を減らしてその時間を教育にあてる一方、工場内に協同組合をつくるなど、労働者の福利厚生や労働環境の改善を図った。また、1819年には性格形成学院以外に「幼児学校」という名称で保育所を設け、「子どもは叩いて教える」という当時の常識に反し、叱らない、罰を与えないという方針で愛情豊かな保育を実践した。

　オーエンは労働者を守るための工場法の成立にも尽力し、1819年に9歳以下の雇用禁止と16歳以下の12時間労働、夜勤禁止を規定した紡績工場法の成立を導いたが、教育条項や監督官制度の導入については1833年の一般工場法の成立まで待たなければならなかった。

④　新救貧法の成立と民間の慈善活動の活発化

　18世紀の失業者の増加に対し、ギルバート法（1782年）[*7]やスピーナムランド制度（1795年）[*8]によって院外救済が認められるようになった。しかし、その結果、救貧税が膨張し、福祉費用の削減を目的とした新救貧法が1834年に成立した。新救貧法は、院外救済を廃止して院内救助のみ、救済は最下級の労働者以下の基準で行うこととし、収容施設は最悪の環境となった。

　この時代貧民の生活改善に取り組んだのは、慈善組織協会（COS）[*9]をはじめとする民間団体であり、特に子ども家庭福祉分野で著名なのは、トーマス・バーナード（Barnardo, T. J.）である。バーナードは、大規模施設の弊害を防止するために、1876年に13の小舎（ホーム）からなるバーナード・ホームを設立した。バーナード・ホームでは積極的に里親への委託を行い、里子に出された子どもは12〜13歳になるとホームに戻り職業訓練を受ける。子どもが雇用された後も、ホームの職員が雇用先を巡回訪問するなど先駆的な実践を行った。その後、イギリスではバーナード・ホームを模範にした小舎制ホームが各地に広がり、1890年以降は里親委託が普及していった。

　しかしその一方で、働く母親の子どもを預かる「職業的」里親や実親、雇用主等による子どもへの虐待が社会問題となり、1889年には「児童虐待防止及び保護法」、1908年には児童に対する国家の責任を明確化した「児童法」が成立した。

[*7　ギルバート法]
ワークハウスは高齢者や病人のみを収容することとし、働く能力のある貧民には自宅で仕事を与えるという院外救助を認めた法律。

[*8　スピーナムランド制度]
賃金補助制度。パンの価格を基に基本生活費を算出し、収入がそれより下回る家庭にその差額分を補てんした。

[*9　慈善組織協会]
地域の慈善団体の連絡調整を目的に結成され、適切な救済や情報提供のために貧困者宅への個別訪問（友愛訪問）を行った。

*10 貧困観の転換
知識階層が貧しい人々と生活をともにしながら支援するセツルメント運動やチャールズ・ブース（Booth, C.）やシーボーム・ラウントリー（Rowntree, B.）らの社会調査を通して、貧困の原因は個人にあるのではなく、社会の構造にあることが明らかにされた。

*11 ベヴァリッジ報告
「ゆりかごから墓場まで」の包括的なサービスの実施にあたっては、「家族手当」「国民保健サービス」「完全雇用」が前提条件として必要であるとした。

*12 カーティス報告
カーティス委員会の報告書。カーティス委員会は、1944年に里子であったデニス・オニールが虐待死した事件を契機に設けられ、要保護児童への公的な指導と責任を拡大することについて報告している。

*13 シーボーム報告
フレデリック・シーボーム（Seebohm, F.）を委員長とする「地方当局並びに関連対人社会サービス委員会」の報告書（1968年）。誰もがコミュニティを基盤とした健全な家族志向サービスを受けられるよう、地方自治体において別々に運営されていた対人福祉サービス部門を単一の部局に統合することを勧告した。

*14 イギリスにおける子ども虐待事件の調査報告書
田澤あけみは、1950年代以降の約50年間で70件以上の公的調査のレビューが実施され、特に80年代にその数は増加したとしている。報告書は、ケースの経緯、専門職・機関の対応への批判的検証、事件の反復を阻止するための制度上の勧告から構成される。

⑤ 子どもの権利思想とコミュニティを基盤とする子ども・家族への支援

　第一次世界大戦後の1922年、イギリスの児童救済基金団体によって「世界児童憲章」が発表され、1924年、国際連盟が「児童の権利に関するジュネーヴ宣言」を採択した。19世紀後半の貧困観の転換*10や子ども観の変化等から、20世紀初頭に社会立法が相次いで制定され、子ども家庭福祉の制度も第二次世界大戦前にその体系がほぼ完成した。大戦後はベヴァリッジ報告（1942年）*11に基づき1945年に家族手当法が制定された。1946年のカーティス報告*12では、要保護児童への地方自治体の責任の拡大と予防的アプローチの重要性が述べられ、1948年の「児童法」に反映された。1970年にはシーボーム報告*13を受けて地方自治体社会サービス法が成立し、子ども家庭福祉サービスはパーソナル・ソーシャルサービス（対人関係をもとに提供されるサービス）のなかに発展的に解消された。1989年には、児童の権利に関する条約の採択を意識した児童法が制定された。子どもに対する教育、監護、保護と、子どもと家族に対するソーシャルサービスを体系的に整理するとともに、親の権利に代わって「親の責任」という概念が打ち出された。1998年の省庁再編では、就学前の児童サービスが教育・雇用省の所管に統合され幼保一元化が図られた。

⑥ 子ども虐待事件への対応

　第二次世界大戦後、イギリスは「福祉国家」のモデルとされたが、戦後の植民地支配体制の弱体化、国際収支危機、福祉政策による財政圧迫等から「小さな政府」への方向転換を図った。そのようななか、1970年代半ばからイギリスでは子ども虐待事件が相次いで表面化し、調査報告書の作成*14、それらを反映した法律の改定等が行われた*15。相次ぐ子ども虐待事件はソーシャルワークへの信用失墜とマスコミによる批判を招き、ソーシャルワーカーは、ソーシャルワーク介入よりマニュアルの遵守を優先する組織防衛的傾向を強めた。この時期のイギリスの子ども家庭福祉は、子ども虐待事件に牽引された児童保護中心モデルとされる*16。

⑦ 「子どもの最善の利益」をめざす横断的支援

　児童保護の対象に貧困家庭、ひとり親家庭、マイノリティグループや移民等いわゆる「社会的排除」との重なりがみられたことから、1997年に成立した労働党政権は、シュア・スタート*17をはじめ多様な家族を対象とする支

援*18を推進することとした。2003年のグリーンペーパー*19「すべての児童にかかわること」を反映して、2004年の児童法では、教育、保育、家庭支援、保健等を地方自治体で一元的に提供できる仕組みが保障された。シュア・スタートに代表されるように、この時期の労働党政権は乳幼児期の教育とケア（ECEC：Early Childhood Education and Care）の機会の拡充を推進した*20。2009年には特別委員会「Social Work Task Force」によるソーシャルワーカーの質の改善への勧告、2011年には家族と子どもへの早期支援を主張するムンロー調査報告が提出され、2018年にはムンロー（Munro, E.）の提言を受けて他機関との協働を理念にした、児童虐待対応のガイドライン「Working Together to Safeguard Children」が改定された。2010年には子ども貧困法が制定されたが、同年の保守党政権成立で緊縮財政政策がとられると子どもの貧困率は再び上昇に転じた。2020年の「底上げ白書（Levelling Up White Paper）」では、引き続き貧困対策・地方格差是正の課題に取り組むとされている。

❷　アメリカの子ども家庭福祉

①　植民地時代、独立期の子どもの状況

　15世紀から18世紀の植民地時代のアメリカでは、本国イギリスのエリザベス救貧法を模倣した救貧制度が行われていた。当時のアメリカは広大な未開の地を背景に常に労働力が不足していたため、救貧は労働不能者への院内救助のみに限られ、子どもも幼いときから徒弟あるいは農家委託として強制的に労働に従事させ、働く習慣をつけさせた。

　18世紀になると徒弟制度への社会的批判から、公立の救貧院や慈善団体による孤児院*21において衣食住の提供と宗教教育や基礎教育が行われるようになるが、そこでも勤労・節約の精神をもつ未来の労働力を育てることが直接の目的とされた。1776年の「独立宣言」後も、「誰でも働けば豊かになれる」との考えから、公的な貧民救済は最小限にとどめられたが、19世紀初頭から始まった産業革命は、失業、貧困、傷病、家族崩壊、浮浪、犯罪などの社会問題を拡大させ、各地に公立救貧院が設立された。救貧院は大人も子どもも混合収容され、不衛生な環境のもと、食事も不十分で教育も与えられず悲惨な状況であった。在宅の子どもも、貧困や親の不在などにより、正常な家庭生活を奪われ、少年非行、少年犯罪も多発した。

*15　イギリスにおける子ども虐待事件と児童法
例えばデニス・オニール事件（1945年）は1948年の児童法、マリア・コーウェル事件（1973年）は1975年の児童法、グリーンブランド事件（1987年）は1989年の児童法、ヴィクトリア・クリンビエ事件（2000年）は2004年の児童法に反映された。ベビーP事件（2007年）のムンロー報告は、2011年からの児童保護制度改革を導いた。

*16　児童保護中心モデルと家族福祉サービスモデル
ウェルボーン（Welbourne, P.）とデキソン（Dixon, J.）らは、子ども虐待と政策との関連について、ハイリスク児童の保護を中心とするモデルと、より多くの児童・家族を対象に養育のための経済的支援や予防的戦略を提供するモデルに区分した。前者にはイギリス、アメリカが、後者にはスウェーデン、中欧諸国が該当する。

*17　シュア・スタート
シュア・スタートは1999年に貧困地域を対象とした地域プログラム（SSLP：Sure Start Local Programme）として始まったが、2003年に、シュア・スタート・子どもセンター（SSCC：Sure Start Children's Centre）を全国的に拡大し、5歳以下の子どもとその家族に普遍的なサービスを提供する包括的戦略と位置づけられた。

*18 2000年前後
の労働党政権による子
ども・家族を対象とす
る支援施策
1997年に全国保育
戦略の発表、母子世帯
の自立支援、1999年
に最低賃金の導入、
シュア・スタートの開
始、就労家族税額控除
の導入、2000年に
ワーク・ライフ・バラ
ンスの向上キャンペー
ン、2002年に子育て
期の休業保障と柔軟な
働き方の申請権の確立
等、新しい施策が打ち
出された。

*19 グリーンペー
パー
議論のたたき台として
政府が提出する提案
書。

*20 乳幼児期の教
育とケア（ECEC）の
推進
この時期ECEC改革が
進行したのはイギリス
だけではない。経済開
発を主眼とするOECD
が『人生の始まりこ
そ力強く（Starting
Strong 1）』（2001）
を出版して乳幼児期の
教育とケアを社会的投
資と位置づけた影響は
非常に大きく、各国は
乳幼児期への取り組み
の強化を図った。

*21
1729年にニューオ
リンズに設置されたの
がアメリカで最初の孤
児院とされる。

*22 貧窮予防協会
1810年代に活動を
開始し、民間慈善事業
の先駆けといわれる。
活動内容は慈善組織協
会と類似しており、の
ちに慈善組織協会に合
併・吸収された。

*23 児童救護協会
1853年にプロテス
タントの牧師がニュー
ヨークで創立した。

*24 セツルメント
運動
社会改良の立場から、
知識人がスラム街に定
住し、住民との交流を
通して住民の市民とし
ての自覚を促すととも
に地域の福祉の向上を
図る事業。

② 民間慈善事業と第1回ホワイトハウス会議

　このような状況に、貧窮予防協会[22]、児童救護協会[23]など民間慈善事業が活発化し、対応した。孤児院も1850年には75施設となり、1874年にはニューヨーク児童虐待防止協会が設立された。19世紀後半にはイギリスから移入された慈善組織協会やセツルメント運動[24]が各地に広がった。ジェーン・アダムス（Addams, J.）らがシカゴで開設したハル・ハウスは、少年少女のためのクラブ活動や貧しい子どもへの保育事業などを展開した。アダムスは、住宅改良や児童労働禁止法、工場安全法の制定などにも尽力した。1899年にはシカゴ市に少年裁判所が設置され、成人の裁判と区別されるようになった。

　「社会改良の時代」と呼ばれる1900年代初期、児童保護事業も大きく進展し、各州で母子扶助制度[25]が開始された。1909年にはセオドア・ルーズベルト大統領により第1回ホワイトハウス会議が招集された。この会議の結果、子どもが家庭で養育されることの重要性、連邦政府による子どもの保護と教育の公的実施、民間団体への指導の実施が勧告され、その後のアメリカの子ども家庭福祉の方向性が定まった。1912年に連邦政府に児童局が設けられ、1930年の第3回会議では、人種や出生地、境遇を問わずすべての子どもの権利を謳った「アメリカ児童憲章」が採択された。

③ 社会保障法と子ども家庭福祉

　1929年の世界大恐慌により大量の失業者と貧困者が出現し、要保護児童も増加した。社会不安が募るなか、フランクリン・ルーズベルト大統領はこれまでの自由放任主義から、政府が国民生活と経済活動に積極的に介入するニューディール政策を展開し、大規模な公共事業による雇用の確保や社会保障法の制定等を行った。

　1935年に制定された社会保障法は、①老齢年金保険と失業保険からなる社会保険制度、②高齢者、障がい者、要扶養児童への公的扶助[26]、③母子保健サービス・肢体不自由児サービス、児童福祉サービス等の社会福祉サービスの3部門からなり、子ども家庭福祉は社会保障政策の一環に組み込まれた。社会保障法の成立によって、従来、貧困児童に限定されてきた子ども家庭福祉サービスは、経済的要件にかかわりなくニーズの認定のみでサービスを行う方式へと拡大し、その内容も事後救済的なものから、治療的・予防的・育成的なものへと急速に拡大した。

④　「新しい貧困」とヘッドスタート計画

　その後、経済的繁栄を誇ったアメリカだが、1960年代に入ると貧困問題が特定の集団に集中し、「貧困の再生産」が生じていることに対する政策が必要となり、貧困対策の手段として教育が注目された。

　連邦政府の貧困児教育は、①ヘッドスタート計画[27]に代表される就学前教育、②初等・高等学校の貧困児教育の質の向上のための資金援助、③NYC計画[28]やUB計画[29]など学校教育の継続や進学の援助に分類される。なかでも、幼児期の適切な教育が貧困階級やマイノリティの人種・民族にある子どもたちの学業成績、認識力、要求水準における劣性を矯正するとの考えからヘッドスタート計画は最も人気が高かった。貧困の原因を教育に求めることへの批判やその有効性に対する批判もあるが、不利な状態にある貧困層児童の教育改善に人々の関心を向けたことは評価される。

⑤　新保守主義の台頭と自立援助型の子ども家庭福祉施策の推進

　第二次世界大戦後のアメリカは、女性の社会進出、家庭崩壊の増加、貧困の再発見、人種差別撤廃運動等激動する社会状況のもと、離婚や再婚を繰り返す複雑な家族関係や非行・犯罪など問題行動をあらわす子どもの増加、ひとり親家庭の増加とその貧困、子ども虐待の増加など極めて現代的な子どもと家族にかかわる問題が深刻化した。

　1970年代のベトナム戦争敗北後、アメリカはかつての「強いアメリカ」への回帰をめざし、徐々に保守へ移行した。1981年に大統領に就任したロナルド・レーガンは減税と福祉抑制政策に転じ、新保守主義[30]の影響が色濃い施策を展開した。レーガンは要扶養児童家庭扶助（AFDC）の受給要件を厳しくする一方、1988年制定の家族支援法により、同扶助制度受給者に原則として就労機会と基礎的スキル獲得のためのプログラムへの参加を義務づけた。

　また、1996年には個人責任・就労機会調停法の成立により、連邦政府が行っていた要扶養児童家庭扶助（AFDC）は廃止され、各州が独自の基準で貧困家庭への扶助を行うこととなった。要扶養児童家庭扶助（AFDC）は一定の要件を満たせば権利として支給されていたが、個人責任・就労機会調停法では、どんなに貧困の状態にあっても、勤労・職業訓練に参加しなければ給付金は受けられず、勤労義務を拒否した場合は給付金額の減額などの制裁が行われる。また扶助受給期間も生涯を通して5年と限定された。

　1974年成立の連邦法「児童虐待予防対策法（CAPTA）」においては、公

*25　母子扶助制度
母子家庭に対する、子どもの養育への経済的援助。

*26　要扶養児童への公的扶助
子どもを養育中の家庭に対する扶助制度（要扶養児童家庭扶助）は、「AFDC(Aid to Families with Dependent Children)」という。

*27　ヘッドスタート計画
「ヘッドスタート」とは「順調な出発」を意味し、低所得層の子どもたちが教育面において社会的ハンディキャップを負うことのないようにする、連邦政府が行っている就学援助のプログラムのこと。

*28　NYC (the Neighborhood Youth Corps) 計画
16～18歳の青年を対象に学期中にパートタイムの仕事を提供したり、夏季休業中に青少年を路上にいさせないようにする計画。

*29　UB (Upward Bound) 計画
知的能力も成績もよくないが、教師の指導によって知的能力を開花させる可能性のある青年に進学の援助を行う計画。

*30　新保守主義
寛容な福祉サービスが社会の道徳規範を失わせたととらえ、個人の自助努力を強調し、小さな政府と市場原理を重視する考え方。

的立場の児童保護司（CPS）を位置づけ、1990年代には実践的な法として改正が重ねられた。「子どもの保護と家族の安全2003年法」による改正では虐待問題の医療化が図られ、虐待の原因としての貧困問題をみえにくくしたともされている。

3 日本の子ども家庭福祉

① 明治期前の児童救済

*31 四箇院
聖徳太子が四天王寺に設けた救済施設。施薬院、療病院、敬田院、悲田院からなる。

わが国の最初の児童救済は、593年に聖徳太子が仏教思想を背景に設けた四箇院*31のうちの悲田院で、孤児、捨て子の収容保護を行ったこととされる。奈良時代における児童救済としては、光明皇后による孤児や貧困児童に対する救済事業、京中の孤児に衣糧を与えて養育し、80名以上の子らを養子にして自らの姓を与えた和気広虫による棄児養育などが知られている。

鎌倉、室町、戦国時代になると、子どもは親に対して絶対服従という忠孝思想が強くなる一方、相次ぐ戦乱で庶民の生活は貧しさを極め、堕胎、間引き、子女の身売りなどが後を絶たなかった。このような状況に対し、積極的な公的な救済は行われず、フランシスコ・ザビエル（Francisco de Xavier）やルイス・デ・アルメイダ（Luís de Almeida）といったキリシタン宣教師が設立した育児院などで孤児や捨て子の救済が行われていた。

江戸時代は、幕府と藩による二重支配と二重の搾取、度重なる天災、飢饉により、民衆、特に農民の生活はさらに厳しくなり、堕胎、間引き、棄児による産児制限や借金による子女の人身売買が日常的に行われた。このことは人口、ひいては労働力の減少へと通じたため、幕府は1690年に棄児禁止の布令、1767年に間引き禁止令を出している。一方、江戸の町では、社会統制や治安対策を目的とした五人組制度に相互扶助と連帯責任の機能をもたせることや、町会所ごとに節減した町入用金の七分を積み立てさせ、それを棄児教育や母子扶助、高齢者の世話や子どもの養育等にあてる七分積金制度などの施策が行われた。

② 明治期の児童救済

▼公的救済事業と民間慈善事業

明治期初頭は急激な封建制解体による浮浪貧民者の増大、後半は産業革命による女性や子どもの16〜17時間に及ぶ長時間・低賃金労働、労働者全体の

窮乏化、社会不安の増大など、さまざまな社会問題が深刻化した。そのような状況下、子どもに関しては、1868（明治元）年に「堕胎禁止令」、1871（同4）年に「棄児養育米給与方」*32、1873（同6）年に「三子出産の貧困者へ養育料給与方」が制定された。

　一般貧困者の救済には1874（明治7）年に「恤救規則」が制定されたが、救済の対象は独身で廃疾*33、70歳以上、重病で極貧の者、13歳以下の孤児で「無告の窮民」*34に限定するなど極めて制限的で貧弱なものであった。そのため、都市への人口流入によるスラム街の形成、棄児、物乞い、非行児の増加に対し、公的救済の不備を補う形で、人道的立場から民間慈善事業がこれらの問題に取り組み、現在の子ども家庭福祉につながる先駆的実践を行った。また、日清戦争以降の労働運動の高まりのなか、1911（同44）年には12歳未満児の就業禁止、女子・15歳未満児の深夜労働の禁止、15歳未満児の12時間労働の禁止を規定した工場法が制定された。

▼孤児・棄児のための施設

　1869（明治2）年に日田県（現 大分県）の県令（現在の県知事）であった松方正義による日田養育館、1872（同5）年にカトリック教会修道女ラクロットによる横浜慈仁堂、1874（同7）年に岩永マキによる浦上養育院、1877（同10）年にフランス修道女会神戸女子教育院、1879（同12）年に仏教関係者による福田会育児院、1887（同20）年に石井十次の岡山孤児院、1890（同23）年に小橋勝之助による大阪博愛社が設立された。

　特に、石井十次は大舎制の弊害を排し施設運営、養護方法を近代化したことで知られる。石井は、イギリスのバーナード・ホームの方法を取り入れ、小舎制による家庭的養護を行った。石井は「岡山孤児院十二則」を定め、家族主義*35、委託主義*36、満腹主義*37、非体罰主義などを唱え、具体的な養育方法を「教育」とした。また石井は「無制限収容主義」をとり、東北地方の飢饉による貧困児童や孤児救済の要請に応じて子どもを受け入れたため、一時期子どもの数は1,200人を超えたとされる。当時は国からの経済的補助はほとんどなく、多くの施設では子どもに労働させて収入の一部としていたが、石井は倉敷紡績社長大原孫三郎をはじめとした多くの実業家や一般後援者からの賛同、資金援助を得て施設の運営を行ったことも特徴的である。

▼非行・犯罪少年のための施設

　この時期、少年犯罪、不良化対策が注目され、1884（明治17）年に大阪で池上雪枝による池上感化院、1885（同18）年には高瀬真卿による東京感化院、1899（同32）年には留岡幸助による家庭学校が東京に設立された。

　留岡は、北海道でのキリスト教教誨師の経験から、犯罪の要因は家庭環境

「棄児」とは捨てられた子のことで、実子でない15歳以下の子どもを養育する者に、年7斗の米を給与した。

*33　廃疾
身体に障がいをもっていること。

*34　無告の窮民
身寄りがなく、また近隣住民による保護も受けられない貧困者のこと。

*35　家族主義
一人の「主婦」（女性職員）が10人ほどの子どもを担当し、家庭的養護を行う。

*36　委託主義
5〜6歳の子どもについては養育費を払って農家に養育を委託した。

*37　満腹主義
心の安定を図るには満ち足りた食事の提供が重要と考えた。

や少年期の育ちにあること、そのため不良少年にはよい環境と教育を与える感化教育こそが重要と考えた。夫婦職員が住み込む小舎制の形態は、今日の児童自立支援施設に引き継がれている。

　留岡らの尽力によって、1900（明治33）年には刑罰ではなく教育によって非行児童の社会復帰を促進するための感化法が制定され、各都道府県に公立の感化院が設置された。1914（大正3）年には家庭学校の分校として北海道家庭学校が設立され、現在に至っている。

▼保育事業

　乳児を抱えて学校に来る子守り学童のために、赤沢鍾美（あつとみ）が1890（明治23）年に開設した新潟静修学校付設託児所がわが国で最初の託児所とされる。また、1894（同27）年には東京紡績の工場付設託児所が開設された。1900（同33）年には、野口幽香と森島峰（美根）が二葉幼稚園を東京麹町に開設した。二人は華族幼稚園の教師であったが、貧民街の道端に放任されている貧しい労働者家庭の子どもたちの姿から、彼らに対する保育の必要性を強く感じ、所属していたキリスト教会の宣教師であったミス・デントンの支援を得て二葉幼稚園（1916［大正5］年に二葉保育園に改称）を開設するに至った。二葉幼稚園は、日本の保育史に大きな足跡を残している。

▼視覚障がい、聴覚障がい、知的障がいがある子どものための施設

　1878（明治11）年に京都盲唖院[*38]、1880（同13）年には楽善会訓盲院[*39]が設立されている。1897（同30）年には石井亮一が、日本ではじめての知的障害児施設である滝乃川学園を設立した。石井は、1891（同24）年の濃尾地震の際に孤女を引き取り聖三一孤女学院を開設したが、そのなかに知的障がいのある子どもがいたことから、知的障害児施設（現　障害児入所施設）である滝乃川学園を創立した。石井は臨床心理学の知見に基づく科学的処遇の実践をめざし、日本の知的障がい児教育の父と呼ばれている。

---

③　大正期から第二次世界大戦までの児童救済

▼大正デモクラシーと近代児童保護事業のはじまり

　大正期はいわゆる大正デモクラシー[*40]の時代であり、子どもの領域でも生江孝之（なまえ）が子どもの権利性[*41]を論じたり、児童文芸雑誌「赤い鳥」やデューイ（Dewey, J.）[*42]の影響による児童中心主義の新しい教育運動が展開されたりした。また、欧米のセツルメント活動の影響により児童図書館運動、母子相談、診療、少年少女クラブなど、子どもの健全育成のための地域活動も広がった。

＊38　京都盲唖院
その後官立となり、現在の京都府立盲学校および京都府立聾学校となっている。

＊39　楽善会訓盲院
1887（明治20）年に官立の東京盲唖学校となり、現在の筑波大学附属聴覚特別支援学校および筑波大学附属視覚特別支援学校となっている。

＊40　大正デモクラシー
1910〜1920年代にかけて起こった、普選運動（普通選挙の実現を求めた運動）や言論・集会・結社の自由に関する運動、自由教育の獲得、男女平等、部落差別解放運動、団結権やストライキ権の獲得運動など、民主主義、自由主義的な運動、風潮、思潮の総称。

＊41　子どもの権利
生江孝之は子どもには「立派に生んでもらう権利、立派に養育してもらう権利、立派に教育してもらう権利」があると提起した。

＊42　デューイ
アメリカの教育学者。人間の自発性を重視し、人間の自発的な成長を促すための環境を整えるのが教育の役割であると考えた。

　大正後期から昭和初期には、第一次世界大戦後の戦後不況や関東大震災、世界恐慌等が起こり、貧困ゆえの子どもの虐待・酷使、不良化、親子心中、身売り等が社会問題化した。人々は社会連帯の考えから、行政に貧困や社会問題の解決を迫り、大正時代半ばには公立保育施設が誕生するなど、公共団体による公立施設・事業が創設され、児童保護行政が拡充していく。

　1929（昭和4）年に制定された救護法では以前より多くの貧困児童が救済対象となり、育児施設は救護施設として認可され、救護委託費が支給されるようになった。1933（同8）年には、児童労働による酷使等を背景に児童虐待防止法が、1937（同12）年には、母子心中の増加を背景に母子保護法が制定された。しかし、1931（同6）年の満州事変後、日本は戦時体制を強化していき、児童保護の思想は、国力増強・人的資源確保のための母子保護、児童愛護にすり替えられていった。

▼肢体不自由児のための施設

　1921（大正10）年に柏倉松蔵がクリュッペルハイム柏学園を、高木憲次が1932（昭和7）年に光明学校（光明学園）、1942（同17）年に整肢療護園を開設した。東京帝国大学の整形外科教授であった高木は、「疾患部位の治療とともに教育を授けて自活の道を探ることが重要」と考えて、治療と教育をあわせた「療育」という言葉を生み出した。世間体などから家内に閉じ込められていた肢体不自由児も多かった時代に、巡回診療相談や社会啓発運動に情熱的に取り組んだ。

④　戦後の緊急保護対策と児童福祉法の成立

　第二次世界大戦直後の国民生活は混乱と窮乏を極め、なかでも子どもたちの状態は悲惨であった。1948（昭和23）年の当時の厚生省による「全国孤児一斉調査」では、孤児数は12万3,511人と報告されている。彼らには社会的養護が必要であったが、体制の不備から靴磨きで収入を得る子どもや非行に走らざるを得ない子どもたちが多かった。浮浪児対策は戦後最も緊急を要する国の仕事の一つであり、1945（同20）年9月には「戦災孤児等保護対策要綱」、1946（同21）年に「浮浪児その他の児童保護等の応急措置実施に関する件」が通知された。GHQ（連合国軍総司令部）は公私分離の原則から施設への公費支出に否定的だったため、この時期、ララ[43]による救援物資により多くの子どもたちが助けられた。

*43　ララ（LARA）
Licensed Agencies for Relief in Asia（アジア救援公認団体）。

　1946（昭和21）年に制定された日本国憲法の精神を子ども家庭福祉の分野で具現化するものとして、1947（同22）年に児童福祉法が制定された。児童

福祉法は、子どもの権利と子どもを養育する公的責任を規定し、法の適用範囲をすべての子どもとするなど画期的なものであったが、実際には要保護児童の対応に終始し、法の理念を生かすことは困難であった。1948（同23）年には施設運営の質を一定の水準に整え、子どもたちに一定の生活環境を保障するための児童福祉施設最低基準（現 児童福祉施設の設備及び運営に関する基準）が制定され、1951（同26）年には子どもの人権の尊重と福祉の推進を広く国民に呼びかけるために児童憲章が制定された。

⑤ ホスピタリズム論と重症心身障がい児の療育

戦後の混乱期が過ぎ、人々の生活が落ち着きを取り戻し始めると、収容施設の子どもへの弊害を訴え施設養護理論構築の必要を論じた堀文次の論文を契機に、社会的養護の場において子どもの権利と子どもの養育への公的責任が十分に果たされているかが論じられるようになった。

1951年にボウルヴィ（Bowlby, J.）がWHO（世界保健機関）に提出した調査研究 "Maternal Care and Mental Health" によって、ホスピタリズム[*44]は施設の栄養状態や衛生状況とは関係なく、母性的養育の欠如によって生じることを明らかにしたこともあり、施設処遇の積極的意義や問題の克服についての議論が展開された。

また、1960年前後から重度の障がいのある子どもたちの療育に目が向けられ、1958（昭和33）年に草野熊吉による秋津療育園、1961（同36）年に小林提樹による島田療育園、1963（同38）年には糸賀一雄によりびわこ学園が開設された。糸賀は「この子らを世の光に」という言葉を残したことで知られている。1967（同42）年には重症心身障害児施設（現 障害児入所施設）が児童福祉法の法定施設として位置づけられ、1974（同49）年には障がい児保育が実施されるなど、心身障がい児への施策が推進された。

⑥ 児童福祉法等の改正と少子化対策

1973（昭和48）年のオイルショック以降、福祉見直し論が台頭した。1978（同53）年の『厚生白書』では、家族を「福祉における含み資産」ととらえ、翌年の「新経済社会7ヵ年計画」では「日本型福祉社会」[*45]が提唱された。

そのような中、1989（平成元）年に「1.57ショック」[*46]が起き、その翌年には「健やかに子供を生み育てる環境づくりに関する関係省庁連絡会議」が設置され、その後現在に至るまで矢継ぎ早に少子化対策のための取り組みが

*44 ホスピタリズム
施設や病院で長期間生活することで起こる言語発達の遅れ、感情鈍麻、情緒不安定、依存性などの傾向のことで、施設病ともいう。

*45 日本型福祉社会
「効率の良い政府による適正な公的福祉」と「個人の自立心、家庭の安定、近隣社会等を中心とした連帯の輪」を組み合わせ、家庭機能の重視、家庭保育の重要性が強調された。家庭機能の重視、家庭保育の重要性については、1963（昭和38）年、中央児童福祉審議会家庭対策特別部会の「家庭対策に関する中間報告」においても強調されている。

*46 1.57ショック
第1章p.22参照。

打ち出されている*47。日本では、子育て支援施策は少子化対策として始まったといえよう。

　児童福祉法は制定から50年を経て現状に合わなくなってきたことや、社会福祉基礎構造改革*48に沿った内容に変えていく必要から、1997（平成9）年に改正が行われた。その内容は、保育所入所の措置から選択利用方式への変更、施設の名称の変更等である。また、2000（同12）年には保育所の設置主体の制限が撤廃され、保育所の設置経営が株式会社やNPO、学校法人等にも認められた*49。

　2002（平成14）年には母子及び寡婦福祉法、児童扶養手当等の改正がなされ、「児童扶養手当中心の支援」から「就業・自立に向けた総合的な支援」への転換が図られている。

まとめてみよう

① イギリスの子ども観がどのように変化してきたか、まとめてみよう。
② アメリカの子ども家庭福祉の特徴についてまとめてみよう。
③ イギリスの子ども家庭福祉と日本の子ども家庭福祉、それぞれの歴史の共通点と異なる点について考えてみよう。

*47　少子化対策
第6章参照。

*48　社会福祉基礎構造改革
増大、多様化する国民の福祉需要に対応するための改革で、1998（平成10）年「社会福祉基礎構造改革について（中間まとめ）」により提言された。提言の内容は、①サービスの利用者と提供者の対等な関係の確立、②個人の多様な需要への地域での総合的な支援、③幅広い需要に応える多様な主体の参入促進、④信頼と納得が得られるサービスの質と効率性の向上、⑤情報公開等による事業運営の透明性の確保、⑥増大する費用の公平かつ公正な負担、⑦住民の積極的な参加による福祉の文化の創造の基本理念、福祉サービスの利用制度など。

*49
児童福祉法は1997（平成9）年の改正以降、毎年のように改正が行われているが、詳しい内容については第4章参照のこと。

【参考文献】
一番ヶ瀬康子『アメリカ社会福祉発達史』光生館　1963年
右田紀久恵・高澤武司・古川孝順編『社会福祉の歴史－政策と運動の展開 新版』有斐閣　2001年
北川清一・小林理編『子どもと家庭の支援と社会福祉－子ども家庭福祉入門』ミネルヴァ書房　2008年
金子光一『社会福祉のあゆみ－社会福祉思想の軌跡』有斐閣　2005年
高島進『イギリス社会福祉発達史論』ミネルヴァ書房　1979年
高山武志「アメリカの貧困児教育」北海道大學教育學部『北海道大學教育學部紀要38』1981年　pp.73－82
田澤あけみ「イギリス福祉政策にみる『児童保護』制度の軌跡と課題」『社会保障研究』第2巻第2・3号　2017年　pp.202－215
田澤あけみ「国際比較研究にみる児童福祉政策の類型化」『立正大学社会福祉研究所年報』第19号　2017年　pp.209-229
増沢高・田中恵子『平成30年度研究報告書　イギリスの児童福祉制度視察報告書』子どもの虹情報研修センター　2019年
古川孝順・田澤あけみ編『現代の児童福祉』有斐閣　2008年
常森裕介「貧困児童をめぐるアメリカの育児支援制度」『比較法学』第43巻第3号　早稲田大学比較法研究所　2010年　pp.33－62

コラム
ヤングケアラーとは

　ヤングケアラーとは「本来おとなが担うと想定されているような家事や家族の世話などを日常的に行なっている子ども」のことをいう。

　国が 2021（令和 3）年に中学生・高校生、翌年に小学生と大学生を対象に行った実態調査[1][2] によると、ケアをしている家族が「いる」と回答したのは、小学 6 年生で 6.5%、中学 2 年生で 5.7%、全日制高校 2 年生で 4.1%、定時制高校 2 年生で 8.5%、通信制高校生（学年不問）で 11.0%、大学生 3 年生で 6.2%（「現在はいないが過去にいた」人は 4.0%）である。小学生・中学生を対象とした調査では、ケアを行っている対象者は「きょうだい」が 72.6% と最も高く、次いで「母親」が 46.9% となっている。ひとり親では「母親」が他に比べて多く、半数を超えている。三世代では「父親」「祖母」が多くなっている。ケア対象者の状況は「きょうだい」では「幼い」（60.6%）が最も多いが、「発達障害」「知的障害」もそれぞれ 10% 強を占めている。「母親」では「精神障害」が 51.8%、「父親」では「依存症」が 21.2% と多くなっている。

　ケアの内容は家事、食事や入浴、トイレの介助、見守り、感情面のケア、通院の付き添い、幼いきょうだいの世話などの他、日本語の苦手な家族の通訳や聴覚障害のある家族のための通訳など多岐にわたり、平日 1 日あたりでケアにあたる時間は小学生で 2.9 時間、中学生で 4.0 時間、全日制高校生で 3.8 時間である。長時間のケアは「身体的にきつい」「精神的にきつい」「時間的余裕がない」など、子どもの健康状態や負担感にも大きく影響し、学校生活においても欠席、遅刻や早退が多くなったり、忘れ物が多い、書類の提出が遅れることが多い、宿題や課題ができていないことが多い、学校でひとりで過ごすことが多いなど、何らかの支障が生じる傾向にある。子どもが本来もっている学びや遊びの権利が妨げられているといえよう。特にひとり親家庭では、家族のなかに家族を支えられる人が少なく、子どもへの負担が大きくなっている。

　『厚生白書』に、家族は「福祉における含み資産」と記されたのは 1978（昭和 53）年であった。半世紀近く経った現代でも「家族のことは家族で」という家族主義の考え方は根強い。一方で、子どもが家族のケアのために自分のやりたいことを諦めたり、不利な状況に置かれていることは、子どもの権利が護られているかという視点から考える必要がある。ケアは社会基盤である。ヤングケアラーの問題は、家族の形の変化に対応しきれていない制度や社会の課題を浮き彫りにしている。

【引用文献】
1）三菱 UFJ リサーチ＆コンサルティング「ヤングケアラーの実態に関する調査研究報告書（令和 2 年度子ども・子育て支援推進調査研究事業）」2021 年
2）日本総合研究所コンサルティング「ヤングケアラーの実態に関する調査研究報告書（令和 3 年度子ども・子育て支援推進調査研究事業）」2022 年

第4章　子ども家庭福祉の制度と法体系

✎ なぜ法律を学ぶの？

みらいさん　なつ先生、どうして保育士をめざす私たちが「法律」を学ばないといけないんですか？　子どもとかかわるとき、法律は必要ないと思うのですが。

なつ先生　そうかな。先生はすごく大切な学習だと思うんだけど。

みらいさん　実習に行ったときも、子どもとかかわる際に法律が必要だとは感じなかったですし、そんなことを考えるよりも指導案や教材づくり、ピアノの練習とかいろいろ大変だったので、特にそう思うのです。

なつ先生　なるほど。そうしたら、先生からみらいさんに質問していいかな？

みらいさん　はい。でも答えられるかな……

なつ先生　保育所はどこが運営しているかわかりますか？

みらいさん　私の実習した保育所は○○市立の保育所でした。ほかの友だちが実習していたのは、社会福祉法人とか宗教法人とかいろいろありました。

なつ先生　そうですね。それではもう一つ質問です。みらいさんが実習した保育所には何人の先生が働いていましたか？

みらいさん　10人ぐらいでした。園長先生が「うちは子どもの数が少ない方だからこのぐらいだけど、子どもの数が多いところや、乳児保育をしているところはもっと先生の数が多いのですよ」とおっしゃっていました。

なつ先生　そうですね。子どもの年齢によっても先生の数は違います。部屋の大きさも決められていますし、準備をしないといけないものもあります。それに、みらいさんがめざしている保育士についても、その責任や役割、保育士になるために勉強しなければならないことも決められているのですよ。

みらいさん　そうなんですか。それはどこで決められているのですか。

なつ先生　それが「法律」によって決められているのです。子ども家庭福祉に限らず、公的責任において行われる社会福祉活動は、すべて法律に裏づけられています。つまり、個人が勝手に行っていることではないのです。だからこそ法律を学ぶことが大切になってきますし、私たちは、子どもが子どもらしく生活できるために、保育士として法律を勉強するのです。

みらいさん　でも、法律の勉強は難しそうだなぁ……

なつ先生　大丈夫！　先生がわかりやすく説明するから安心して！

みらいさん　よろしくお願いします。

1 こども基本法と児童福祉法

① こども基本法

　わが国における子どもを取り巻く環境は大きく変化している。子どもの数の減少（少子化）や子ども虐待、子どもの貧困問題、いじめ、不登校の問題の深刻化など大きな社会問題となっている。子どもは、「ひとりの人間としての存在意義や価値」を有しており、子どもが自分らしく成長し、生活できる「社会の仕組みづくり」が重要である。そのためのこども施策を社会全体で総合的かつ強力に推進していくための包括的な基本法として、2022（令和4）年6月に「こども基本法」が制定され、2023（同5）年4月より施行されることとなった。

　また、子どもに関する政策が厚生労働省や文部科学省など、各省庁において縦割りに実施されることを解消するために、こども基本法施行と同時に「こども家庭庁」が発足した。

② 児童福祉法制定の経緯

　子ども家庭福祉に関する法律は、第二次世界大戦後の新たな国家体制づくりに大きな影響を与えることとなった。敗戦国となった日本は、GHQ（連合国軍総司令部）による間接統治を受け、さらに、戦時中の空襲で主要都市は焼け野原となり、深刻な食料難、経済の混乱によるインフレや失業者の増大、内地や外地からの引き揚げ者の増加など社会混乱状態にあった。このような状況下で最も大きな被害者となったのは、戦災孤児（戦争などの原因により両親や親戚を亡くした子ども）や浮浪児（両親や親戚などから養育・保護されず、物乞いや浮浪、非行に足をふみ入れた子ども）であった。戦災孤児・浮浪児たちは、駅の構内やヤミ市など町の片隅で寝食をし、靴磨きなどをして賃金を得て（児童就労）生活していた。時には万引きや窃盗団を形成し、子どもの非行問題が大きく取りざたされた[*1]。

　戦後混乱期のなか、これからの日本の将来を担っていく子どもに対する支援が国家として緊急性の高い項目として位置づけられた。当時、政府はGHQから児童保護対策強化を迫られていたことを受け、児童保護法案の作成に着手し、1946（昭和21）年12月に開催された戦後初の中央社会事業委員会で検討された。中央社会事業委員会では、児童保護ではなく児童の福祉を

＊1
当時、戦災孤児・浮浪児の状況と児童の「更生」の様子がNHKによるラジオドラマ「鐘の鳴る丘」として放送され、主題歌である「とんがり帽子」は多くの子どもたちに愛唱された。また、「ガード下の靴磨き」などの歌謡曲を通して当時の状況を知ることができる。第3章p.61も参照のこと。

積極的に助長するための児童福祉法の制定の必要性が提言されたため、厚生省はその提言を受け、児童福祉法案を国会に提出した。そして、1947（同22）年11月に成立し、同年12月12日に公布された。

③　児童福祉法の具体的内容

▼子ども家庭福祉の理念と責務

　子ども家庭福祉の理念は、すべての子どもの健やかな育ちの保障であり（児童福祉法第1条）、その責任は国・地方公共団体・子どもの保護者にあり（同法第2条）、第3条で原理の尊重を規定している[2]。

▼児童等の定義

　第4条では、児童の定義として「満18歳に満たない者」としている。ここで注意すべき点は、「児童の対象年齢」が各法律によって異なる点である。母子及び父子並びに寡婦福祉法では「20歳に満たない者」、児童手当法では「18歳に達する日以後の最初の3月31日までの間にある者」、児童扶養手当法では「18歳に達する日以後の最初の3月31日までの間にある者又は20歳未満で政令で定める程度の障害の状態にある者」、労働基準法では「満15歳に達した日以後の最初の3月31日が終了するまで」と規定しているなど多様な定義がある。

　さらに、児童福祉法における児童に関する定義をより詳しく分類すると以下のようになる。「障害児」については、2012（平成24）年4月より「精神に障害のある児童」が追加されることとなった。

　乳　児…満1歳に満たない者
　幼　児…満1歳から、小学校就学の始期に達するまでの者
　少　年…小学校就学の始期から、満18歳に達するまでの者
　障害児…身体に障害のある児童、知的障害のある児童、精神に障害のある児童（発達障害児を含む）、治療方法が確立していない疾病その他の特殊の疾患により、一定の障害がある児童[3]
　妊産婦…妊娠中または出産後1年以内の女子
　保護者…親権を行う者、未成年後見人その他の者で、児童を現に監護する者

④　児童福祉法の改正

　児童福祉法は、1947（昭和22）年の制定から子どもの置かれる社会情勢に合わせ改正されてきた。主な改正について見ていくことにする。

*2
第2章p.41も参照のこと。

*3
一般的には難病児という。2012（平成24）年の障害者自立支援法（本章p.74参照）の改正にともない、「児童」の定義に加えられた。障害者総合支援制度下のサービス対象となる難病の範囲は政省令で定められる。

▼1997（平成９）年

・保育所への入所が措置制度から利用制度へ移行。

・母子寮は「母子生活支援施設」、養護施設は「児童養護施設」、教護院は「児童自立支援施設」に名称変更し、虚弱児施設は「児童養護施設」に統合。

▼2001（平成13）年

・保育士資格が法定化され、「国家資格」となる。

・保育士の責務に「児童の保護者に関する保育に関する指導」を規定。

▼2008（平成20）年

・乳児家庭全戸訪問事業（こんにちは赤ちゃん事業）、養育支援訪問事業、地域子育て支援拠点事業、一時預かり事業が、新たに子育て支援事業として法定化。

・養子縁組を前提とした里親と養育里親を区別するなど、里親制度の見直し。

・小規模住居型児童養育事業（ファミリーホーム事業）の創設。

・施設等における被措置児童等虐待（施設内虐待）の防止について規定。

▼2010（平成22）年

・障害児施設が「障害児入所施設」と「児童発達支援センター」として一元化。

▼2012（平成24）年

・子ども・子育て支援法*4の成立にともない、地域型保育事業、病児保育事業等を規定。

▼2014（平成26）年

・難病の患者に対する医療等に関する法律の成立にともない、「小児慢性特定疾病」*5の用語を定義。

・難病児（小児慢性特定疾病児童等）やその家族に対する医療費助成制度が改められたほか、社会的支援に係る事業等を規定。

▼2016（平成28）年

・子ども家庭福祉を保障するための原理を明確化するために、児童福祉法第１条〜第３条について全面的改正。

・児童相談所が特別区においても設置可能。

・児童相談所による一時保護の目的の明確化。

・情緒障害児短期治療施設を「児童心理治療施設」に名称変更。

▼2019（令和元）年

・親権者による体罰禁止規定。

・児童相談所の体制の強化と弁護士の配置。

▼2022（令和４）年

・こども家庭センターの設置（努力義務）。

*4
子ども・子育て支援法は本章p.70、規定された事業は第５章pp.86−88、第６章pp.99−101、p.103参照。

*5　小児慢性特定疾病
第６条の２に「児童又は児童以外の満20歳に満たない者が当該疾病にかかつていることにより、長期にわたり療養を必要とし、及びその生命に危険が及ぶおそれがあるものであつて、療養のために多額の費用を要するものとして厚生労働大臣が社会保障審議会の意見を聴いて定める疾病をいう」と規定された。小児慢性特定疾病対策は第７章p.112参照。

・児童発達支援の類型の一元化。
・新たな子育て支援の創設。
・児童をわいせつ行為から守る環境の整備。
・子ども虐待における児童福祉法条文から「懲戒」の文言削除。
・こども家庭ソーシャルワーカー資格の創設。
・「里親支援センター」を児童福祉施設として位置づけ。

2 子ども家庭福祉に関係する法律

① 子育て支援にかかわる法律

▼児童手当法（1971［昭和46］年制定）

　子どもに対する経済的支援は1926年にニュージーランドにおいて行われた支援が始まりであり、1950年代頃には、先進諸国において子どもやその家庭に対する経済的支援が開始されている。日本においては、1971（昭和46）年に児童手当法が成立し、1972（同47）年より支給が開始された。

　児童手当法は「児童を養育している者に児童手当を支給することにより、家庭等における生活の安定に寄与するとともに、次代の社会を担う児童の健やかな成長に資すること」（第1条）を目的としているが、制定当時はすべての児童に対して支給されていたわけではない。当時は第2次ベビーブーム期*⁶であり、多子世帯における生活困窮に対応するため、第3子以降を対象に支給された。なお、児童手当は子ども・子育て支援法に規定される「子どものための現金給付」として位置づけられている。

*6　第2次ベビーブーム期
第1章p.22、図1－1（p.23）参照。

▼次世代育成支援対策推進法（2003［平成15］年制定）

　1970年代以降の出生数の減少にともなう急激な少子高齢対策としてさまざまな制度・施策が実施されているが、そのなかでも少子化対策は極めて重要な課題であるため、次世代育成支援対策を迅速かつ重点的に推進し、次代の社会を担う子どもが健やかに生まれ、かつ、育成される社会の形成に資することを目的に制定された。

　この法律において次世代育成支援対策とは、子どもを育成する家庭に対する支援、子どもが健やかに生まれ、育成される環境整備のために国や地方公共団体が講ずる施策、事業主が行う雇用環境の整備等のことである。

▼少子化社会対策基本法（2003［平成15］年制定）

　次世代育成支援対策推進法同様、わが国の急激な少子高齢社会における

「少子化」対策を中心とした法律であり、少子化社会において講ぜられる施策の基本理念を明らかにし、少子化に的確に対処するための施策を総合的に推進するために制定されたものである。

▼子ども・子育て支援法（2012［平成24］年制定）

子ども・子育て支援法は、急速な少子化の進行並びに家庭および地域を取り巻く環境の変化に鑑み、児童福祉法等の子どもに関する法律に基づく施策とともに、子ども・子育て支援給付等の必要な支援を行うことにより「子どもが健やかに成長することができる社会」の実現を目的に制定され、2015（平成27）年4月に施行された。

子ども・子育ての理念として、第2条第1項では「父母その他の保護者が子育てについての第一義的責任を有するという基本的認識の下に、家庭、学校、地域、職域その他の社会のあらゆる分野における全ての構成員が、各々の役割を果たすとともに、相互に協力して行われなければならない」とされている。

また、同条第2項で「子ども・子育て支援給付その他の子ども・子育て支援の内容及び水準は、全ての子どもが健やかに成長するように支援するものであって、良質かつ適切なものであり、かつ、子どもの保護者の経済的負担の軽減について適切に配慮されたものでなければならない」とされ、第3項では「子ども・子育て支援給付その他の子ども・子育て支援は、地域の実情に応じて、総合的かつ効率的に提供されるよう配慮して行われなければならない」とされている。

② 母子保健施策・ひとり親家庭にかかわる法律

▼児童扶養手当法（1961［昭和36］年制定）

児童扶養手当とは、さまざまな理由により、父または母と生計を同じくしていない子どもを養育している家庭の生活安定と自立促進、子どもの福祉の増進を図ることを目的として支給される経済的支援である。

児童扶養手当を受給することのできる「児童」は、18歳に達する日以後の最初の3月31日までの間にある者、「障害児」の場合には20歳未満で政令に定める程度の障害の状態にある者である[7]。

▼母子及び父子並びに寡婦福祉法（1964［昭和39］年制定）

母子及び父子並びに寡婦福祉法は、1964（昭和39）年に母子家庭の福祉増進を図ることを目的として制定された母子福祉法が、1981（同56）年に母子家庭に加えて寡婦[8]に対する福祉増進を図ることを目的に母子及び寡婦福祉法に改称、改正された。さらに、2002（平成14）年の改正では、父子家庭

*7
第11章p.174も参照
のこと。

*8 寡婦
現在、配偶者のない女
子で、かつて母子家庭
の母であった人。

の子どもや父親に対する支援も規定されたが、さらなる支援を図ること等を目的に2014（同26）年に改正され、現名称となった。

法の基本理念は、「全て母子家庭等には、児童が、その置かれている環境にかかわらず、心身ともに健やかに育成されるために必要な諸条件と、その母子家庭の母及び父子家庭の父の健康で文化的な生活とが保障されるものとする。寡婦には、母子家庭の母及び父子家庭の父に準じて健康で文化的な生活が保障されるものとする」（第2条）と定められている。

▼母子保健法（1965［昭和40］年制定）

母子保健法は、「母性並びに乳児及び幼児の健康の保持及び増進を図るため、母子保健に関する原理を明らかにするとともに、母性並びに乳児及び幼児に対する保健指導、健康診査、医療その他の措置を講じ、もつて国民保健の向上に寄与することを目的」（第1条）として制定されている。

▼子どもの貧困対策の推進に関する法律（2013［平成25］年制定）

子どもの貧困問題は、テレビなどのマスメディアにおいて積極的に取り上げられており、子どもの9人のうちの1人、ひとり親世帯の子どもにおいては2人に1人が貧困に苦しんでいる状況である（第1章参照）。このような状況のなか、子どもの現在および将来がその生まれ育った環境によって左右されることなく、すべての子どもが健やかに育成される環境を整備し、教育の機会均等を図るなど、子どもの貧困対策を総合的に推進することを目的に「子どもの貧困対策の推進に関する法律」が制定され、2014（平成26）年1月より施行された。

子どもの貧困対策の基本理念としては、下記の4点があげられる。

① 社会のあらゆる分野において、子どもの年齢および発達の程度に応じて、その意見が尊重され、その最善の利益が優先して考慮され、子どもが心身ともに健やかに育成されることを旨として、推進されなければならない。

② 子ども等に対する教育の支援、生活の安定に資するための支援、職業生活の安定と向上に資するための就労の支援、経済的支援等の施策を、子どもの現在および将来がその生まれ育った環境によって左右されることのない社会を実現することを旨として、子ども等の生活および取り巻く環境の状況に応じて包括的かつ早期に講ずることにより、推進されなければならない。

③ 子どもの貧困の背景にさまざまな社会的な要因があることをふまえ、推進されなければならない。

④ 国および地方公共団体の関係機関相互の密接な連携の下に、関連分野における総合的な取り組みとして行われなければならない。

③　子ども虐待・DVにかかわる法律

▼児童買春禁止法（1999［平成11］年制定）

　児童買春禁止法の正式名称は「児童買春、児童ポルノに係る行為等の規制及び処罰並びに児童の保護等に関する法律」である*9。

　開発途上国における「児童買春」の問題は、子どもの人権を脅かす社会的国際問題であり、マスコミにおいても「児童買春」の問題が取り上げられている。しかし、この問題は開発途上国だけの問題ではない。わが国においても「児童買春」*10や「児童ポルノ」*11といった、子どもの人権を犯す行為によって多数の逮捕者が出ている。

　児童買春禁止法は、性的搾取や性的虐待などから子どもを守り、国際的動向をふまえ、児童買春や児童ポルノに係る行為等を規制、これらの行為等を処罰することと、これらの行為等により心身に有害な影響を受けた子どもの保護のための措置等を行い、子どもの権利を擁護することを目的に制定された。児童買春、児童買春周旋、児童買春勧誘、児童ポルノの提供など、処分の対象となる行為や量刑を規定している。

▼児童虐待の防止等に関する法律（2000［平成12］年制定）*12

　子ども虐待によって子どもが死亡や重傷を負う事件、育児放棄（ネグレクト）による餓死など、子どもの健全な成長や発達に支障をきたす事件が大きな社会問題となっていることをふまえ、子どもに対する虐待の禁止、子ども虐待の予防および早期発見、子ども虐待の防止に関する国および地方公共団体の責務、子ども虐待を受けた子どもの保護および自立の支援のための措置等を定めている*13。

　なお、第14条において子どものしつけに対して「児童の親権*14を行う者は、児童のしつけに際して、児童の人格を尊重するとともに、その年齢及び発達の程度に配慮しなければならず、かつ、体罰その他の児童の心身の健全な発達に有害な影響を及ぼす言動をしてはならない」とし、さらに同条第2項において「児童の親権を行う者は、児童虐待に係る暴行罪、傷害罪その他の犯罪について、当該児童の親権を行う者であることを理由として、その責めを免れることはない」とされている。

▼DV防止法（2001［平成13］年制定）

　DV防止法の正式名称は「配偶者からの暴力の防止及び被害者の保護等に関する法律」である*15。

　「配偶者」とは、婚姻の届出をしていないいわゆる「事実婚」を含み、男性、女性の別を問わないこととなっている。また、配偶者からの身体に対する暴

*9
2014（平成26）年の改正により「児童買春、児童ポルノに係る行為等の処罰及び児童の保護等に関する法律」から現題名に改称。

*10　児童買春
児童買春禁止法第2条第2項において「児童に対し、性交等（性交若しくは性交類似行為をし、又は自己の性的好奇心を満たす目的で、児童の性器等（性器、肛門又は乳首をいう。）を触り、若しくは児童に自己の性器等を触らせることをいう。）をすること」と定義している。

*11　児童ポルノ
児童買春禁止法第2条第3項において、児童を相手方とするまたは児童による性交や性交類似行為など、児童の姿態を視覚により認識することができる方法（写真や電磁的記録［CDやDVDなど］）により描写したものをいうと定義されている。

*12
1933（昭和8）年に、子どもの身売り、欠食児童や母子心中などの社会問題を背景として、14歳未満の子どもに対する虐待を防止し、これを保護・救済することを目的とした「児童虐待防止法」が制定されたが、この法律は、1947（同22）年の児童福祉法制定にともない、内容が統合され、廃止された。

*13
第9章pp.134-136も参照のこと。

力等を受けた後に、その者が離婚をし、またはその婚姻が取り消された場合にあっては、当該配偶者であった者から引き続き受ける身体に対する暴力等を含むこととなっている。「暴力」についても、身体に対する暴力またはこれに準ずる心身に有害な影響を及ぼす言動と規定されている。配偶者による暴力は、夫婦一人ひとりの「人間の尊厳」「人権」の問題であり、子どものいる家庭での暴力は、直接子どもへの暴力行為がなくても、子どもへの虐待（心理的虐待）であり、子どもの成長・発達への影響も大きいことを理解しておく必要がある。

*14　親権
民法818条から837条に規定されている。父母による親権の行使が困難または不適当であり子どもの利益を害する場合は、親権停止の審判を申し立てることができるとされている（834条の2）。2022（令和4）年の民法改正では、「懲戒権」が子ども虐待を正当化するとの指摘から、該当の条文が削除された。

*15
2013（平成25）年の改正により「配偶者からの暴力の防止及び被害者の保護に関する法律」から現題名に改称。

④　障がいのある子どもにかかわる法律

▼特別児童扶養手当等の支給に関する法律（1964［昭和39］年制定）

　障害児や障害者、それらを監護する父母や養育者に対して経済的支援を行うことを定めた法律である。法では、精神または身体に障害を有する児童を養育する者に「特別児童扶養手当」、精神または身体に重度の障害を有する児童に「障害児福祉手当」、精神または身体に著しく重度の障害を有する者に「特別障害者手当」を支給することが定められている。

①特別児童扶養手当

　障害児の父もしくは母がその障害児を監護するときや、当該障害児の父母以外の者がその障害児を養育するときに、特別児童扶養手当が支給される。ここでの「障害児」の定義については、20歳未満であって、一定の障害の状態にある者とされている。児童の障害の程度に応じた支給額となっており、児童扶養手当と同様に所得制限が設けられている。

②障害児福祉手当

　障害児のうち、重度の障害の状態にあるため、日常生活において常時の介護を必要とする者（重度障害児）に支給される。所得制限と支給制限があり、児童福祉法に規定する障害児入所施設その他これに類する施設で厚生労働省令の定めるものに収容されている場合には支給されない。

③特別障害者手当

　20歳以上であって、著しく重度の障害の状態にあるため、日常生活において常時特別の介護を必要とする者（特別障害者）に支給される。障害児福祉手当と同様に所得制限と支給制限が設けられており、障害者総合支援法に規定する障害者支援施設に入所し「生活介護」を受けている場合や、障害者支援施設に類する施設で厚生労働省令で定めるものに入所して「生活介護」を受けている場合、病院または診療所に継続して3か月を超えて入院するに

至った場合には、支給されない。

▼障害者総合支援法（2005［平成17］年制定）

　障害者総合支援法の正式名称は「障害者の日常生活及び社会生活を総合的に支援するための法律」である。

　障害者総合支援法は、障害児（者）が自立した生活または社会生活を営むことができるよう、必要な障害福祉サービスにかかる給付その他の支援を行い、障害児（者）の福祉の増進を図ることを目的に2005（平成17）年に成立した障害者自立支援法が改称された法律である（2012［同24］年に改正）。なお、障害者自立支援法では、これまで身体障害、知的障害、精神障害（発達障害を含む）といった障害種別ごとに行われていた福祉サービスが一元化されたことが大きな特徴であり、同法で構築されたサービス体系や提供の仕組みは、障害者総合支援法においても原則的に引き継がれている[*16]。

*16
第12章p.186参照。

🔍 まとめてみよう

> ①　児童福祉法における「子ども家庭福祉の理念と国・地方自治体の責務」について、第2章も参考にまとめてみよう。
> ②　子どもやその保護者に対する経済的支援の種類とその内容について、まとめてみよう。
> ③　諸外国における子どもへのさまざまな経済的支援について調べ、今後の日本における子どもへの経済的支援のあり方について考えてみよう。

【参考文献】
保育福祉小六法編集委員会編『保育福祉小六法 2023年版』みらい　2023年
千葉喜久也『児童・家庭福祉論 第3版』みらい　2015年
松井圭三・小倉毅編『児童家庭福祉』大学教育出版　2010年
松本園子・堀口美智子・森和子『児童福祉を学ぶ－子どもと家庭に対する支援』ななみ書房　2009年

コラム
「心が動く」経験を

　私の父は、長崎県の離島にある児童養護施設で育った。最近、施設実習の実習指導でその施設を訪ね、父のことをかわいがって育ててくれた当時の職員から、当時の児童養護施設は、男子と女子が分かれていたことや、この児童養護施設は男子の施設がなかったので、小学校に入る時期になるときょうだいが別れて別々の施設で生活しなければならなかったこと、親とも別れ、兄弟姉妹とも別れ、自分が育った家（施設）からも別れなければならず、船に乗り、島を離れていく子どもの姿を思い出すと今でもつらいことなど、いろいろと話を聞くことができた。

　昔は、児童養護施設への入所は、親に捨てられた子どもや戦災孤児、父がアメリカ人で母が日本人の子どもなどが中心であったが、現在は、親がいても生活をともにできない子どもや、心に何らかの思いを抱えている子どもなどさまざまである。その子どもたちとかかわる職員の方の話を聞き、「子どもが好き」という思いだけでこの仕事を続けていくことはとても難しいことであると考えさせられた。「子どもが好き」であることは前提条件であり、一人ひとりの子どもの「尊厳」をどのように保持すべきかを常に考えなければならない。

　私たちは、児童養護施設で生活している子どもは、「親がいなくてかわいそう」「両親に捨てられた子ども」「何か悪さをした子ども」などと、自分自身の価値に基づきさまざまな判断をする。しかし、私たちは福祉・保育の仕事を通して、自分の価値観の未熟さに気づかされる。この気づきこそが人間として成長するために必要なのではないだろうか。私は、児童養護施設の子どもたちの姿を目の当たりにしたとき、「施設にいる子どもは不幸ではない。この子どもをみて「不幸」と感じる人間が不幸なのである」と「心が動いた」のであった。

　施設訪問時に出会ったAさんは、施設で生活するなかで「食の大切さ」を感じ、将来子どもたちへそのことを伝えたいとの思いから、島の高校を卒業して、九州の短期大学に進学し「栄養士」の資格を取得したいと話してくれた。しかし、親からの経済的支援を受けることが難しく、何らかの支援が必要な状態であるため、施設の職員が何とかAさんを支えたい、進学させたいとの思いから、どのように支援すべきか考えているとのことであった。

　このような事例は、多くの児童養護施設での課題になっているのではないだろうか。子どもは親を選んで生まれてくることはできない。しかし、生まれてきた子どもは「一人の人として平等」でなければならない。さまざまな「権利」が奪われてはならない。そう考えると、私自身の心が大きく動かされた。子どもにかかわる仕事をめざす読者に、このような話を当事者から聞く機会をもち、さまざまな本を読むなどして「心が動く」経験をしてほしい。

第5章　子ども家庭福祉行財政と実施機関

✏ **子ども家庭福祉を担う行政機関とはどのようなものなのでしょうか？**

みらいさん　子どもや子育て家庭への福祉の取り組みが、児童福祉法を中心とした各法に規定されていることはわかったのですが、実際にはどのような機関がどういった取り組みをしているのですか？

なつ先生　みらいさんは「行政機関」ってわかりますか？

みらいさん　行政機関ですか？　市役所とかそういったところのことですか？　昔社会か何かの科目ででてきたような……。

なつ先生　市役所も入りますが、それだけではないんですよ。国、都道府県、市区町村等それぞれのレベルに応じて、子ども家庭福祉の業務を行っているんです。

みらいさん　それぞれ役割が違うんですか？

なつ先生　そう、それぞれ役割が違います。それに、国、都道府県、市区町村によって設置するべき機関が異なっていたりもするんですよ。

みらいさん　あっ、先生！　この間、テレビで「こども家庭庁」に関するニュースを見たのですが、それも行政機関の一つになりますか？

なつ先生　よく知っていましたね。子どもや子育て支援等に関する子ども家庭福祉についての業務を行う国の機関が、こども家庭庁です。こども家庭庁では、「こどもまんなか」をスローガンに、こども・若者がぶつかるさまざまな課題を解決し、大人が中心になってつくってきた社会を「こどもまんなか」社会へとつくり変えていくための司令塔となることを目指しているんです。

みらいさん　子どもも大人もいろんな人が住みやすい社会になるといいですね。

なつ先生　そうですね。それではまず、今現在どのような機関が子ども家庭福祉を実施しているのか学んでいきましょう。

1 子ども家庭福祉の行財政

① 子ども家庭福祉の行政機関と審議機関

▼国および地方公共団体の責務

　わが国の子ども家庭福祉行政のなかで重要な役割を担っているのが国や地方公共団体（都道府県・政令指定都市、市区町村等）等の行政機関と審議機関である（表5-1）。子ども養育の基本的責任は保護者であるが、児童福祉法第2条第3項に「国及び地方公共団体は、児童の保護者とともに、児童を心身ともに健やかに育成する責任を負う」とあるように、国や地方公共団体も子どもを育成する責務を負っている。

▼国の役割

　福祉行政を担う国の行政機関は厚生労働省であるが、それまで厚生労働省の子ども家庭局が担っていた子ども・子育て支援等の子ども家庭福祉に関しては、2023（令和5）年4月よりこども家庭庁に移管された。

表5-1　子ども家庭福祉にかかわる公的機関

	行政機関	審議機関
国	こども家庭庁（内閣府の外局）	社会保障審議会[*1]
都道府県・政令指定都市・中核都市	子ども家庭福祉の担当部局 【主な設置機関】 ・児童相談所（都道府県・政令指定都市は設置義務、中核都市・その他の市、特別区は政令で指定されれば設置される） ・福祉事務所（設置義務） ・保健所（設置義務） ・女性相談支援センター ・児童家庭支援センター	都道府県児童福祉審議会・政令指定都市児童福祉審議会（地方福祉審議会と兼任可能）（設置義務）
市町村・特別区	子ども家庭福祉の担当課 【主な設置機関】 ・福祉事務所（市・特別区は設置義務、町村は任意設置） ・児童家庭支援センター ・市町村保健センター ・こども家庭センター（設置努力義務）	市町村児童福祉審議会（任意）

注：*1　厚生労働大臣の諮問機関（行政官庁の意見の求めに応じて意見を述べる機関）である。
　　　　厚生労働省設置法に基づき、社会保障制度全般について審議・調査して答申する。

表5-2　こども家庭庁の主な組織構成

長官官房（企画立案・総合調整部門）

・こどもの視点、子育て当事者の視点に立った政策の企画立案・総合調整（こども大綱の策定、少子化対策、こどもの意見聴取と政策への反映等）
・必要な支援を必要な人に届けるための情報発信や広報等
・データ・統計を活用したエビデンスに基づく政策立案と実践、評価、改善　など

成育局

・妊娠・出産の支援、母子保健、成育医療等基本方針の策定
・就学前の全てのこどもの育ちの保障（就学前指針（仮称）の策定）、認定こども園教育保育要領、保育所保育指針の双方を文部科学省とともに策定
・相談対応や情報提供の充実、全てのこどもの居場所づくり
・こどもの安全　など

支援局

・様々な困難を抱えるこどもや家庭に対する年齢や制度の壁を克服した切れ目ない包括的支援
・児童虐待防止対策の強化、社会的養護の充実及び自立支援
・こどもの貧困対策、ひとり親家庭の支援
・障害児支援
・いじめ防止を担い文部科学省と連携して施策を推進　など

出典：こども家庭庁「組織体制の概要」を基に作成

　こども家庭庁は、「こども家庭庁設置法」に基づき、「心身の発達の過程にある者（以下「こども」という。）が自立した個人としてひとしく健やかに成長することのできる社会の実現に向け、子育てにおける家庭の役割の重要性を踏まえつつ、こどもの年齢及び発達の程度に応じ、その意見を尊重し、その最善の利益を優先して考慮することを基本とし、こども及びこどものある家庭の福祉の増進及び保健の向上その他のこどもの健やかな成長及びこどものある家庭における子育てに対する支援並びにこどもの権利利益の擁護に関する事務を行うことを任務」（第3条第1項）とし、内閣府の外局として設置された。こども家庭庁の主な組織構成は、長官官房、成育局、支援局である。それぞれの役割は表5-2の通りである。

▼都道府県、政令指定都市、中核市の役割

　都道府県は、市町村を包括する地方公共団体として広域にわたる事務、市町村間の統一的処理を必要とする事務、市町村における連絡調整等を行う。子ども家庭福祉については、福祉事務所、児童相談所、保健所、女性相談支援センター、児童家庭支援センター等を設置運営するとともに、専門的な相談援助、児童福祉施設の認可や指導監督、市町村が実施する子ども家庭に関する相談についての業務の市町村相互間の連絡調整、研修その他必要な援助等、広域的な視点からの実情の把握を行っている。政令指定都市*1も都道府県とほぼ同じ業務を行うほか、中核市*2も子ども家庭福祉の一定の事務を行っている。

▼市町村・特別区*3の役割

　基礎的な地方公共団体として住民に密着した行政を実施する。子ども家庭福祉については、保育の実施、乳幼児健康診査、各種の子育て支援事業の実

*1　政令指定都市
人口50万以上の市のうち政令で指定された市のこと。知事の承認、許可、認可等の関与を要している事務について、その関与をなくし、または知事の関与に代えて直接各大臣の関与を要することができる。政令指定都市は市長の権限に属する事務を分掌する行政区を設置することができる（地方自治法252条の20）。2023（令和5）年現在、全国で20市ある。

*2　中核市
人口20万以上の市の申出に基づき政令で指定された市のこと。福祉に関する事務に限って政令指定都市と同様に関与の特例が設けられている。2023（令和5）年現在、全国で62市ある。

*3　特別区
東京23区のこと。一般的な市町村と同じように、基礎的な自治体として位置づけられ、区民にとって最も身近な行政を担っている。政令指定都市の区（行政区）との違いは、区長公選制、区議会、条例制定権、課税権などをもって運営されている。

施等を行っている。2004（平成16）年の児童福祉法改正により児童相談所に代わり市町村が子ども家庭相談の第一義的窓口として位置づけられ、児童および妊産婦の福祉に関する必要な実情の把握や情報提供、その他の相談に応じ、必要な調査および指導等も行うことになっている。2024（令和6）年4月からは、児童福祉法と母子保健法の改正に伴い、こども家庭センターの設置が努力義務となった。

② 子ども家庭福祉の財政と費用負担

▼国の財政*4

　子ども家庭福祉サービスの経費は、国や地方公共団体が公的負担として一定割合を負担する。公的負担の財源は税金である。国の子ども家庭福祉関係費の主な支出項目は、児童保護措置費、社会福祉施設等施設整備費等となっている。

▼地方公共団体の財政

　地方公共団体の財源は、地方税、地方交付税、国庫支出金、地方債等である。地方公共団体における子ども家庭福祉関係費の主な支出項目は、社会福祉全体に係る費目である民生費のうち児童福祉費となっている。

▼児童福祉施設等の措置費

　乳児院や児童養護施設等への入所、里親等への委託といった行政機関の決定を「措置」という。「措置費」は、児童福祉法の規定に基づく措置に伴う経費であり、児童養護施設等に入所措置をとった場合、または里親等への委託措置をとった場合の経費のことをいう。措置費は施設を利用する子どもの生活にかかる費用等に充てられる「事業費」と職員の人件費等に充てられる「事務費」に分類される。

▼子ども・子育て支援新制度における利用方式と費用負担

　「子ども・子育て支援新制度」*5では、幼稚園、保育所、認定こども園を通じた共通の給付である「施設型給付」と小規模保育等に対する「地域型保育給付」を創設し、市町村の確認を受けた施設・事業の利用にあたって財政支援をしている。給付に対する財政措置は表5-3の通りである。

　また、新制度における幼稚園、保育所、認定こども園の利用手続きは、表5-4の通りである。この利用手続きは、小規模保育等に対する「地域型保育給付」でも共通している。

　なお、「子ども・子育て支援法」が改正され、2019（令和元）年10月から幼児教育・保育の無償化*6がスタートし、幼稚園、保育所、認定こども園

*4　財政
国や地方公共団体がサービスを供給していくうえで必要な財源を調達し、これを管理し、必要な費用を支出していく営みのこと。

*5　子ども・子育て支援新制度
2015（平成27）年4月より幼児期の学校教育や保育、地域の子育て支援の量の拡充や質の向上、仕事・子育て両立支援（2016［同28］年度創設）を進める制度としてスタートした（第6章p.96も参照）。仕組みとしては、消費税率引き上げによる増収分を活用する。市町村は地域の子育て家庭の状況や、子育て支援へのニーズを把握し、5年間を計画期間とする「市町村子ども・子育て支援事業計画」を作成する。都道府県や国は、こうした市町村の取り組みを制度面、財政面から支える。

*6
企業主導型保育施設については、無償の対象となるために、書類の提出を行う必要がある。手続きのうえ、標準的な利用料の金額が無料になる。幼稚園の預かり保育や認可外保育施設等については、居住地である市町村から「保育の必要性の認定」を受ける必要がある。さらに、就学前の障害児の発達支援を利用する3歳から5歳までの子どもたちの利用料は無料となる。

表5－3　国・地方の負担（補助）の割合

		国	都道府県	市町村
施設型給付	私立	1/2	1/4	1/4
	公立	—	—	10/10
地域型保育給付		1/2	1/4	1/4
子育てのための施設等利用給付		1/2	1/4	1/4

出典：厚生労働統計協会編『国民の福祉と介護の動向2023/2024』厚生労働統計協
　　　会　2023年　p.131

表5－4　新制度における利用者手続き

幼稚園	保育所	認定こども園
施設型給付（私立保育所は委託費）		
・市町村が保護者の申請を受けて支給決定を行う。 ・支給決定を受け、施設を利用すると施設型給付が支払われる。 ・施設は、保護者に支払われる施設型給付を法定代理受領する。 ・保護者は、施設に利用者負担額を支払う（私立保育所は市町村で徴収）。		

出典：櫻井奈津子編『保育と子ども家庭福祉』みらい　2019年　p.82

等を利用する3歳から5歳までのすべての子どもたちの利用料が無料、0歳から2歳までの子どもたちについては、住民税非課税世帯を対象として利用料が無料となっている。地域型保育も同様に無料となっている。

❷　子ども家庭福祉の実施機関と施設

①　子ども家庭福祉を支える機関

▼こども家庭センター

　2022（令和4）年の児童福祉法の改正に伴い、2024（同6）年4月より市町村は「こども家庭センター」の設置に努めることとなった。こども家庭センターは、従来の「子育て世代包括支援センター（母子保健）」と「子ども家庭総合支援拠点（児童福祉）」の機能・役割を維持しながら、組織を見直した母子保健と児童福祉の一体的な相談支援を行う機関である。すでに実施している相談支援等の取り組みの他に、支援が必要な子どもとその家庭への支援計画（サポートプラン）の作成や、関係機関との情報共有・調整等の連携を強化することで、支援の充実を図っていくことが求められている。

▼児童相談所

　子育て家庭などからの各種相談に応じ、それぞれのニーズに適した援助活動を行うことが主な目的となっている。都道府県や政令指定都市に設置が義務づけられ*7、2023（令和5）年2月現在で230か所設置されているが、深刻化する子ども虐待等の対応に当たることも含め、人口50万人に最低1か所程度設置する基準が示されている。児童相談所における相談援助活動の一般的流れは、図5-1の通りである。

*7
中核市と政令で定める市（特別区を含む）にも設置することができる。

図5-1　児童相談所業務の相談援助活動

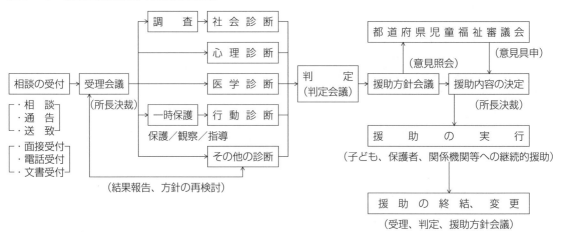

出典：厚生労働省こども家庭局「児童相談所運営指針」を一部改変

▼児童相談所の基本的機能
①相談機能

　子育て家庭などから以下のような相談を受け付け（表5-5）、必要に応じて子どもの家庭・地域状況・生活歴・性格・行動などを専門的な角度から

表5-5　児童相談所の相談内容

障害相談	肢体不自由、視聴覚障害、言語発達障害、重度心身障害、知的障害、自閉症などに関する相談
養護相談	保護者の家出、病気などによる養育困難や虐待などの環境的に問題のある子どもに関する相談、養子縁組に関する相談
育成相談	性格や行動の問題、進学・就職などの適正、しつけ、不登校などの相談
非行相談	盗みなどの触法行為、家出・乱暴などに関する相談
保健相談	低出生体重児、虚弱児、精神疾患などをもつ子どもに関する相談
その他	里親に関する相談など

表5－6　児童相談所における相談の種類別相談対応件数の年次推移

(単位：件)

	平成29年度(2017)	構成割合(%)	30年度('18)	構成割合(%)	令和元年度('19)	構成割合(%)	2年度('20)	構成割合(%)	3年度('21)	構成割合(%)	対前年度 増減数	増減率(%)
総　数	466,880	100.0	504,856	100.0	544,698	100.0	527,272	100.0	571,961	100.0	44,689	8.5
養護相談	195,786	41.9	228,719	45.3	267,955	49.2	280,985	53.3	283,001	49.5	2,016	0.7
障害相談	185,032	39.6	188,702	37.4	189,714	34.8	162,351	30.8	203,619	35.6	41,268	25.4
育成相談	43,446	9.3	43,594	8.6	42,441	7.8	38,908	7.4	41,534	7.3	2,626	6.7
非行相談	14,110	3.0	13,333	2.6	12,410	2.3	10,615	2.0	10,690	1.9	75	0.7
保健相談	1,842	0.4	1,644	0.3	1,435	0.3	1,269	0.2	1,441	0.3	172	13.6
その他の相談	26,664	5.7	28,864	5.7	30,743	5.6	33,144	6.3	31,676	5.5	△1,468	△4.4

出典：厚生労働省「令和3年度福祉行政報告例の概況」p.7

総合的に調査・診断・判定し、それに基づいて決定した処遇方針に従って、一貫した子どもの処遇を行う。種類別相談件数の年次推移は表5－6の通りである。

②一時保護機能

　必要に応じて子どもを家庭から一時離して保護し、行動観察や短期入所指導を行う（表5－7）。原則として2か月を限度として行う。

表5－7　児童相談所の一時保護機能

緊急保護	・適当な保護者や家庭がない場合 ・虐待が著しい場合 ・子どもの行動が自他に危害を及ぼした場合、そのおそれがある場合
行動観察	・適切で具体的な処遇方針を定めるために時間が必要な場合
短期入所指導	・短期間の心理療法。カウンセリングが有効な場合 ・児童の性格、環境条件により他の処遇が難しい場合

③措置機能

　子どもまたはその保護者を児童福祉司・児童委員・児童家庭支援センターなどに指導させたり、子どもを児童福祉施設などに入所させる、または里親やファミリーホームに委託するなどの機能がある。

④その他

　調査・判定、在宅指導などがある。

▼福祉事務所（家庭児童相談室）

　社会福祉法に基づき、福祉六法*8に定める援護、育成または更生の措置に関する事務を行う機関で、都道府県・市（特別区含む）に設置義務（町村は任意設置）がある。児童相談所よりも設置件数が多いため、住民に身近な

*8　福祉六法
生活保護法、児童福祉法、母子及び父子並びに寡婦福祉法、老人福祉法、身体障害者福祉法および知的障害者福祉法をいう。

場所で相談できる環境にある。なお、福祉事務所には、家庭における適正な子どもの養育、その他家庭児童福祉の向上を図るため、家庭児童相談室を任意で設置できるとされている。家庭児童相談室では、地域の実情把握、養護相談や育成相談のうち比較的軽易な相談に対応している。

▼保健所・市町村保健センター

地域保健法に基づき、保健所は都道府県と政令指定都市、中核市および特別区に設置され（設置義務）、多くの市町村には市町村保健センターが設置されている。主な業務は、①低出生体重児に対する訪問指導、②身体障害児などに対する療育指導、③正しい衛生知識の普及等の指導、④健康相談・健康診査・保健指導、⑤児童福祉施設に対する栄養改善や衛生に関する助言等であり、③〜⑤に関しては市町村保健センターが実施する。

▼女性相談支援センター

DVや性的暴力等の被害、家庭の状況、地域社会との関係性その他のさまざまな事情により日常生活または社会生活を円滑に営むうえで困難な問題を抱える女性（そのおそれのある女性を含む）を支援するための法律である「困難な問題を抱える女性への支援に関する法律」に基づき、都道府県に設置されている（設置義務）。同センターでは、困難な問題を抱える女性への支援に関して、①女性の立場に立っての相談、②緊急時における安全の確保および一時保護、③心身の健康の回復を図るため、医学的または心理学的な援助その他の必要な援助、④自立して生活することを促進するため、就労の支援等の制度の利用等について、情報の提供、助言、関係機関との連絡調整その他の援助、⑤居住して保護を受けることができる施設の利用について、情報の提供、助言、関係機関との連絡調整その他の援助を行う。

▼地域子育て相談機関

2022（令和4）年の児童福祉法の改正に伴い、2024（同6）年4月より市町村は、地域の住民からの子育てに関する相談に応じ、必要な助言を行うことができる地域子育て相談機関（保育所、認定こども園、地域子育て支援拠点事業を行う場所等であって、的確な相談および助言を行うに足りる体制を有すると市町村が認めるもの）の整備等に努めなければならないとされた。地域子育て相談機関は、能動的な状況確認等を行う相談機関であり、必要に応じこども家庭センターと連絡調整を行うとともに、地域の住民に対し、子育て支援に関する情報提供を行うよう努めなければならない。

▼その他の機関等

①児童委員

児童福祉法に基づき市町村の区域に配置されている民間のボランティアで

あり、子どもや妊産婦についてその生活と取り巻く環境を適切に把握すること、福祉に関する必要な情報提供その他の援助等を行う。なお、区域を担当せず子ども家庭福祉に関する事項を専門的に担当する主任児童委員もいる。主任児童委員は児童委員の活動に対する援助や協力を行う。

②家庭裁判所

家庭裁判所は家庭問題や非行の問題等を取り扱う裁判所で、子ども家庭福祉の分野にも広く関わっている。

②　児童福祉施設および事業

▼児童福祉施設

児童福祉施設は、児童福祉法において児童の福祉に関する事業を担うことが定められた施設の総称である。表5−8は各施設の概要である。

表5−8　児童福祉施設の概要

施設名	施設概要
乳児院 入所施設	乳児（特に必要のある場合には幼児を含む）を養育する。また、退院した子どもに対する相談その他の援助を行う。
母子生活支援施設 入所施設	配偶者のない女子やこれに準ずる事情にある女子とその子どもの保護とともに、自立促進のための生活支援を行う。また、退所した後も相談その他の援助を行う。
児童養護施設 入所施設	保護者のない子ども（特に必要のある場合には、乳児を含む）や虐待されている子ども、その他環境上養護を要する子どもを入所させ、養護する。また、退所した子どもに対する相談やその他の自立のための援助を行う。
障害児入所施設[1] 入所施設	障がい児を入所させて、以下のような支援を行う。 ①福祉型障害児入所施設：保護、日常生活における基本的な動作および独立自活に必要な知識技能の習得のための支援 ②医療型障害児入所施設：保護、日常生活における基本的な動作および独立自活に必要な知識技能の習得のための支援並びに治療
児童心理治療施設 入所・通所施設	軽度の情緒障がいを有する子どもを短期間入所または保護者の下から通わせて治療する。また、退所した子どもに対する相談その他の援助を行う。
児童自立支援施設 入所・通所施設	不良行為をしたり、行うおそれのある子ども、また家庭環境その他の環境上の理由により生活指導等を要する子どもを入所または保護者の下から通わせて、個々の子どもの状況に応じて必要な指導（生活支援、学業支援等）を行い、その自立を支援する。また、退所した者に対する相談その他の援助を行う。

助産施設 入所施設	保健上必要があるにもかかわらず、経済的理由により、入院助産を受けることができない妊産婦を入所させて、助産を受けさせる。
保育所 通所施設	保育を必要とする乳児・幼児を日々保護者の下から通わせて保育を行う。
幼保連携型認定こども園 通所施設	教育と保育を一体に行う施設。保護者が就業している、していないにかかわらず就学前の子どもに幼児教育・保育の提供、地域における子育て支援を行う。認定基準を満たす施設は、都道府県等から認定を受ける。
児童発達支援センター 通所施設	地域の障がい児の健全な発達において中核的な役割を担う機関として、障がい児を日々保護者の下から通わせて、高度の専門的な知識および技術を必要とする児童発達支援を提供し、障がい児の家族等に対し、相談、専門的な助言その他の必要な援助を行う。
児童厚生施設 利用施設	児童遊園、児童館等で子どもに健全な遊びを提供し、それを通して健康の増進や情操を豊かにすることを目的とする。
児童家庭支援センター 利用施設	地域の子どもに関する問題について、子ども、家庭、地域住民その他からの相談に応じ、必要な助言と指導を行う。また、児童相談所等と連絡調整を総合的に行い、地域の子ども、家庭の福祉の向上を図る。
里親支援センター 利用施設 ※2024（令和6）年度より追加	里親支援事業を行うほか、里親および里親に養育される児童並びに里親になろうとする者に対する相談その他の援助（制度普及促進等の活動、里親への研修、里親の選定・委託、里親家庭への訪問等支援、委託児童の自立支援）を行う。

注：＊1　障害児入所施設は18歳までの障がいのある人たちが入所しているが、障害者支援施設等へ移行できない場合、「過齢児」として、引き続き障害児入所施設に入所する場合がある。

▼児童福祉の事業

　児童福祉法では、児童福祉の事業を表5－9のように規定している。

表5－9　児童福祉の事業

事業名	事業概要
児童自立生活援助事業 ※2024（同6）年度より一部変更	20歳未満の義務教育を終えた者、大学等に通っている22歳までの者が共同生活をする住居において、相談その他の日常生活上の援助、生活指導や就業の支援を行う。また、児童自立生活援助の実施を解除された者に対し相談その他の援助を行う事業。「自立援助ホーム」と呼ばれる。 ※満20歳以上の措置解除者等であっても、大学学生であることその他のやむを得ない事情により児童自立生活援助の実施が必要であると都道府県知事が認めた者も対象となった（対象拡充）。
放課後児童健全育成事業	保護者が労働等により昼間家庭にいない小学生を対象に、授業の終了後に児童厚生施設等の施設を利用して適切な遊びや生活の場を提供し、その健全な育成を図る。

子育て短期支援事業 ※2024（同6）年度より事業拡充	保護者の疾病やその他の理由により家庭において養育を受けることが一時的に困難となった子どもを、児童養護施設その他の内閣府令で定める施設に入所させ、または里親、その他の内閣府令で定める者に委託し、必要な保護を行う。 ※保護者の心身の状況、子どもの養育環境その他の状況を勘案し、子どもとともにその保護者に対して支援を行うことが必要である場合は、保護者への支援を行うことができる。
乳児家庭全戸訪問事業（こんにちは赤ちゃん事業）	市町村の区域内における原則としてすべての乳児のいる家庭を訪問し、子育てに関する情報の提供や乳児とその保護者の心身の状況および養育環境の把握を行うほか、養育についての相談に応じ、助言その他の援助を行う。
養育支援訪問事業	要支援児童（保護者への養育支援が特に必要と認められる児童）、保護者に監護させることが不適当であると認められる児童やその保護者、特定妊婦（出産後の養育について出産前において支援を行うことが特に必要と認められる妊婦）を対象に、その養育が適切に行われるよう、対象者の居宅において、養育に関する相談、指導、助言その他必要な支援を行う。
地域子育て支援拠点事業	乳幼児やその保護者が相互の交流を行う場所を開設し、子育てについての相談、情報の提供、助言その他の援助を行う。
一時預かり事業 ※2024（同6）年度より事業拡充	家庭において保育を受けることが一時的に困難となった乳幼児について、保育所、認定こども園、その他の場所において、一時的に預かり、必要な保護を行う。 ※子育てについての保護者の負担を軽減するため、保育所等で一時的に預かることが望ましいと認められる乳幼児をその対象者として含む。
小規模住居型児童養育事業	保護者のない児童または要保護児童（保護者に監護させることが不適当であると認められる児童）の養育に関し相当の経験を有する者等の住居において養育を行う。
家庭的保育事業	家庭的保育者（市町村長が行う研修を修了した保育士等であって、保育を必要とする乳幼児の保育を行う者として市町村長が適当と認める者）の居宅やその他の場所において、家庭的保育者による保育を行う。
小規模保育事業	保育を必要とする乳幼児を保育することを目的とする施設（利用定員が6人以上19人以下であるものに限る）において保育を行う。
居宅訪問型保育事業	保育を必要とする乳幼児の居宅において家庭的保育者による保育を行う。
事業所内保育事業	事業所がその事業所の従業員の子どもを対象に開設した保育所において、地域の保育を必要とする子どもの保育を行う。
病児保育事業	病気にかかっている保育を必要とする乳幼児または保護者の労働もしくは疾病その他の事由により家庭において保育を受けることが困難となった小学校に就学している子どもを対象に、保育所、認定こども園、病院、診療所その他内閣府令で定める施設において保育を行う。

子育て援助活動支援事業（ファミリー・サポート・センター事業）	子どもを一時的に預かって必要な保護（宿泊を伴って行うものを含む）を行ってほしい人、または子どもが円滑に外出することができるように移動の支援をしてほしい人と、援助を行うことを希望する者との連絡および調整、援助希望者への講習の実施その他の必要な支援を行う。
親子再統合支援事業 ※2024（令和6）年度より創設	親子の再統合を図ることが必要と認められる子どもとその保護者に対して、子ども虐待の防止に資する情報の提供、相談および助言その他の必要な支援を行う。
社会的養護自立支援拠点事業 ※2024（令和6）年度より創設	措置解除者等（施設を退所した者等）またはこれに類する者が相互の交流を行う場所を開設し、これらの者に対する情報の提供、相談および助言やこれらの者の支援に関連する関係機関との連絡調整その他の必要な支援を行う。
意見表明等支援事業 ※2024（令和6）年度より創設	施設入所の措置や一時保護等の措置に関して、その子どもの意見や意向等を子ども家庭福祉に関する知識や経験がある者が聴き取り把握する。また、これら子どもの意見・意向を児童相談所や都道府県その他の関係機関に伝える等、連絡調整その他の必要な支援を行う。
妊産婦等生活援助事業 ※2024（令和6）年度より創設	家庭生活に支障が生じている特定妊婦やその他これに類する者およびその者の監護すべき子どもを、生活すべき住居に入居またはこの事業を行う事業所その他の場所に通わせ、食事の提供その他日常生活を営むのに必要な援助、子どもの養育に関する相談および助言、母子生活支援施設その他の関係機関との連絡調整、特別養子縁組に係る情報の提供その他の必要な支援を行う。
子育て世帯訪問支援事業 ※2024（令和6）年度より創設	要支援児童の保護者等に対し、その居宅において、子育てに関する情報の提供や家事および養育の援助その他の必要な支援を行う。
児童育成支援拠点事業 ※2024（令和6）年度より創設	養育環境等に課題を抱える、家庭や学校に居場所のない児童等に対して、その児童の居場所となる場を開設し、児童とその家庭が抱える多様な課題に応じて、生活習慣の形成や学習のサポート、進路等の相談支援、食事の提供等を行うとともに、児童および家庭の状況をアセスメントし、関係機関へのつなぎを行う等の個々の児童の状況に応じた支援を包括的に提供する。
親子関係形成支援事業 ※2024（令和6）年度より創設	親子間における適切な関係性の構築を目的として、子どもやその保護者に対し、子どもの心身の発達の状況等に応じた情報の提供、相談および助言その他の必要な支援を行う。

🔍 まとめてみよう

> ①　子ども家庭福祉分野における国および地方公共団体の役割の違いについてまとめてみよう。
>
> ②　児童相談所の果たす役割と課題について考えみよう。
>
> ③　2024（令和6）年4月から施行された児童福祉法において創設されたり拡充されたりした児童福祉の事業について、その創設の背景にある社会的課題を考えてみよう。

【参考文献】

厚生労働省子ども家庭局長、厚生労働省社会・援護局障害保健福祉部長「『児童福祉法等の一部を改正する法律』の公布について（通知）」（子発0615第1号／障発0615第1号）令和4年6月15日　pp.2-4

一般社団法人全国保育士養成協議会監修、宮島清・山縣文治編集『ひと目でわかる　保育者のための子ども家庭福祉データブック2023』中央法規出版　2022年

山縣文治編『よくわかる子ども家庭福祉　第9版』ミネルヴァ書房　2014年

公益財団法人児童育成協会監修『目で見る児童福祉2022』中央法規出版　2022年

公益財団法人児童育成協会監修、新保幸男・小林理編『児童家庭福祉』中央法規出版　2016年

保育福祉小六法編集委員会編『保育福祉小六法 2023年度版』みらい　2023年

〈参考ホームページ〉

こども家庭庁ホームページ　https://www.cfa.go.jp/top/（2023年10月1日閲覧）

コラム
一時保護所について

　2024（令和６）年４月に施行された改正児童福祉法では、児童相談所が一時保護を開始する際に、親権者等が同意した場合等を除き、事前または保護開始から７日以内に裁判官に一時保護状を請求する等の手続きを設けるといったように、一時保護の開始の判断に関して司法審査の導入が図られることになった。併せて、一時保護所の設備・運営基準を策定して、一時保護所の環境改善を図ることも明文化された。

　子ども虐待の増加に伴い、一時保護所の入所率がほぼ100％というところも多い。児童相談所が50万人に１か所の割合での設置を推奨されるなかで、児童相談所を増やすだけでなく、一時保護所を新設する地域もある。そうしたなかで、ケアの困難度が高い子どもの入所という一時保護所の特性をふまえ、国は新たに設備・運営基準を策定し、平均入所率が100％を超えている一時保護所がある自治体は、定員超過解消のための計画を策定するとともに、国が重点的に支援を実施し、施設整備等を進めることにより、一時保護所の環境改善を目指すこと、一時保護所におけるケアの質を外部の視点でチェックし、必要な改善につなげるため、一時保護所が第三者評価を受けることとなった。

　ここで、東京都を例に一時保護所ではどのような生活が行われているのかを見ていく。東京都では、幼児（未就学児）と学齢児（小学生以上）に分かれ、日課に沿って生活しており、日課は以下の通りとなっている。

幼児（未就学児）の日課（例）

時刻	内容
7:00	起床／朝食
	自由遊び
10:00	おやつ
12:00	昼食
	お昼寝
15:00	おやつ
	入浴／自由遊び・グループ活動
18:00	夕食／テレビ・自由遊び
20:00	就寝

学齢児（小学生以上）の日課（例）

時刻	内容
7:00	起床／朝食
	学習または運動
12:00	昼食
	学習または運動
15:00	おやつ
	入浴・そうじ
18:00	夕食
	一日のまとめ
21:30	就寝

　こうした日々の生活の中で、子どもの年齢や成長に応じた生活習慣の獲得や、子どもの学力に合わせた学習指導、健康状態の把握、栄養バランス・アレルギーに配慮した子ども向けメニューでの楽しい食事、運動会、お楽しみ会など、季節に応じた行事等を実施している。衣類をはじめ、生活に必要なものは児童相談所で用意し、食事代を含め、費用はかからないことも明記してある。

　子どもにとっては、保護者と引き離されること、これからどうなるのか等たくさんの不安があるなかでの生活にもなる。そうしたなかで、少しでも、この東京都の例にもあるような暮らしが実施され、子どもたちが安心できる環境が整うことが大切である。

【参考ホームページ】
東京都福祉局東京都児童相談センター・児童相談所「一時保護所のご案内」
https://www.fukushi.metro.tokyo.lg.jp/jicen/ji_annai/annai.html（2023年８月11日閲覧）

2

子ども家庭福祉の取り組み

第6章　子育て支援サービスと子どもの健全育成

🖊 仕事と子育てを両立させるための施策とは？

みらいさん　なつ先生、少子化という言葉をよく聞きますが、私のまわりは2人や3人きょうだいが多く、実感がもてません。本当に日本は少子化なのですか？

なつ先生　はい、そうです。結婚している夫婦の間に生まれる子どもは平均2人ぐらいですが、平均初婚年齢が以前と比べて高くなっていることや、生涯結婚しない人の割合が増えています。ですから、一人の女性が一生の間に産む子どもの数（合計特殊出生率）が、2022（令和4）年現在で1.26と、世界のなかでも少なく、少子社会といわれるのです。

みらいさん　結婚しない人が増えているというのは、何か理由があるのですか？　結婚したくない人が増えているのですか？

なつ先生　いいえ。独身者の多くは結婚を望んでいるのです。ところが、経済的理由から結婚をしていない人が多いと言われます。

みらいさん　そもそも出会いの場がないことが問題です。私はよい人とめぐり会って結婚し、保育の仕事を続けていきたいと思っています。でも、保育士って朝早くから出勤し帰りも遅いと聞きますし、とても仕事と子育ての両立は難しそうです。結婚する相手が育児や家事に協力してくれることが必要ですね。

なつ先生　そうですね。それには男性も働き方を変えることが大切で、「働き方改革関連法」という法律もできました。仕事と家庭生活をうまく調和させることが必要で「ワーク・ライフ・バランス」といって、今職場でも見直されており、育児休業をとる男性も増えてきました。

みらいさん　そうですか。でも、夫婦で協力しても育児は大変というイメージがあります。

なつ先生　そのために、さまざまな子育て支援サービスが用意されています。具体的にどんな子育て支援サービスがあるのかをこの章で学んでいきましょう。

みらいさん　なるほど。自分のことと思うと大変興味があります。それに、子どもが少なくなれば保育の仕事を続けるのも難しくなりますから。

なつ先生　そのとおりです。みらいさんのような若い世代の方が、子育て支援サービスを利用して、子育てと仕事を両立するようにがんばっていただきたいと思います。

1 少子化対策の必要性と子育て支援サービス

　子育て支援サービスは、良好な親子関係を基本に、すべての子どもが健やかに成長するための環境を整えることを目的とするサービスであるが、近年では、少子化対策の一つとして考えられるようになってきた。その背景には、少子化社会の到来を告げた1989（平成元）年の「1.57ショック」[*1]以来、30年以上少子化対策に取り組んできたが、その効果が上がらず、想定以上に少子化が進行しているという現実がある。合計特殊出生率は、2005（同17）年には過去最低の1.26にまで落ち込み、少し上向いたが、2022（令和4）年には再び1.26となり、回復する見通しはない。同年の出生数は77万747人で、初めて80万人を切った。

＊1　1.57ショック
第1章p.22参照。

　少子化の直接の要因には、未婚率の上昇、晩婚化が考えられるが、その背景には経済的な不安定さや出会いの機会の減少、仕事と子育ての両立の難しさ、子育てに関する経済的・身体的・心理的負担感などがあげられる。2020（同2）年の国勢調査によると、30〜34歳の未婚率は、男性がおよそ2人に1人（51.8%）、女性は3人に1人（38.5%）と上昇している。国立社会保障・人口問題研究所の出生動向基本調査（2022年公表）によると、「いずれ結婚するつもり」と考える18〜34歳の未婚者は減少（男性81.4%、女性84.3%）しており、未婚者の3人に1人は男女交際を望まないという結果であった。未婚女性が描く理想的ライフコースは、出産後も仕事を続ける両立コースが34.0%と最多で、男性がパートナーとなる女性に望むライフコースでも、「両立コース」が39.4%と最多となった。結婚相手の条件として、男性は女性の経済力を、女性は男性の家事・育児能力を重視する傾向が見られた。同調査の夫婦への調査では、知り合ったきっかけは、職場や友人を介した結婚が減り、SNSやマッチングアプリを利用したことによる結婚が13.6%を占めるようになった。夫婦の平均予定子ども数は2.01人であるが、妻の年齢が45〜49歳の夫婦の平均出生子ども数は1.8人で、予定数の子どもを持たない理由として「子育てや教育にお金がかかりすぎるから」を選んでいる夫婦が最多であった。

　こうした人々の意識やライフスタイルの変化に対応する少子化対策を考える必要が出てきたが、夫婦で共に働き共に子育てをする家庭のニーズに合う子育て支援サービスが求められている。これまで、国は仕事と子育ての両立、子育ての負担感等の軽減のため、図6－1のような子育て支援策を実施してきた。

図6－1　少子化対策の経緯

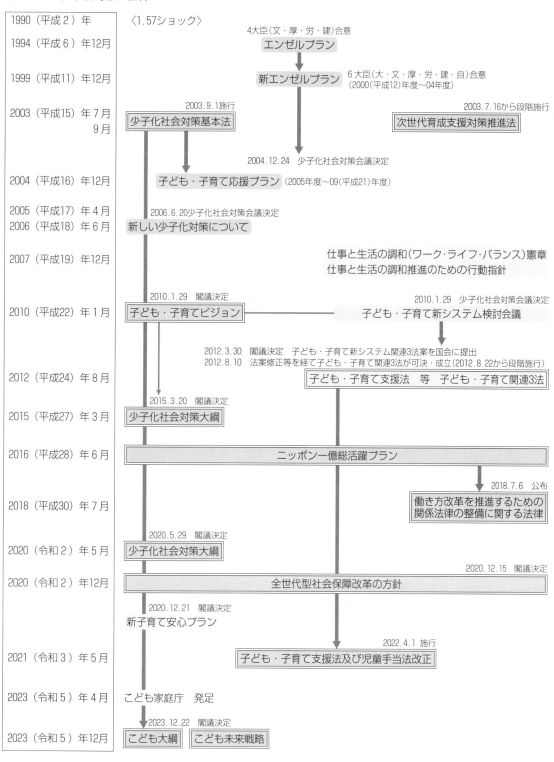

出典：厚生労働省『令和5年版 厚生労働白書』2023年　p.181を一部改変

❷ 子育て支援策の展開

① 育児と仕事の両立からワーク・ライフ・バランスまで

　最初の画期的な子育て支援施策は、仕事と子育ての両立支援を主な目的とした、保育サービスや放課後児童対策の拡充であった。具体的には、1994（平成6）年に制定された「今後の子育て支援のための施策の基本的方向について（エンゼルプラン）」と1999（同11）年の「重点的に推進すべき少子化対策の具体的実施計画について（新エンゼルプラン）」で、推進すべき少子化対策の具体的目標を定めて実施された。

　21世紀に入り、これまでの保育サービス中心の、仕事と子育ての両立支援のみでなく、男性を含めた働き方を見直し、地域における子育て支援などに総合的に取り組む方向性が確認された。そして、2003（平成15）年に「次世代育成支援対策推進法」、「少子化社会対策基本法」が制定された。

　しかしながら、少子化がますます加速し、2005（平成17）年には合計特殊出生率が1.26と過去最低を記録したため、2006（同18）年には「新しい少子化対策について」が決定された。その内容は、それまでの保育サービスに重点を置いた施策から、親が働いている・いないにかかわりなく、すべての子育て家庭を、妊娠・出産から子どもが高校・大学生になるまで切れ目なく社会全体で支援していく施策に転換するものであった。具体的な施策として、2010（同22）年には、「子ども・子育てビジョン」が策定され、子どもから若者への自立支援、妊娠・出産・子育ての支援、子育て力のある地域社会、仕事と生活の調和（ワーク・ライフ・バランス）の実現という4つの政策が提示された。

② 子ども・子育て支援新制度から働き方改革関連法まで

　2010（平成22）年、少子化社会対策会議では「子ども・子育て新システムに関する基本計画」が決定され、2012（同24）年、「子ども・子育て支援法」等の3法案が成立し、2015（同27）年4月1日から「子ども・子育て支援新制度」（以下「新制度」とする）が実施された。新制度の主な取り組みは、①仕事と子育ての両立支援（企業主導型保育事業等）、②小学校就学前の学校教育と保育の充実をめざし給付を行い、保育の量的拡大と教育・保育の質的改善、③地域の実情に応じた子育て支援事業である「地域子ども・子育て

支援事業」を充実していくこと等であった。

2015（平成27）年、少子化社会対策会議において、新しい「少子化社会対策大綱」が決定され、結婚や子どもについての希望を実現できる環境の整備を進めることになった。具体的には、放課後子ども総合プランや待機児童の解消など子育て支援施策の一層の充実、若い年齢での結婚・出産希望の実現、多子世帯へ一層の配慮、男女の働き方の改革などの施策が進められた。

さらに2016（平成28）年、内閣総理大臣を議長とする「一億総活躍国民会議」で、希望出生率1.8の実現などを目標とした「ニッポン一億総活躍プラン」が閣議決定された。希望出生率1.8の実現に向け、若者の雇用安定、待遇安定、多様な保育サービスの充実、働き方改革の推進などの対応策を提案した。働き方改革に関しては、長時間労働の是正、多様で柔軟な働き方の実現、雇用形態にかかわらない公正な待遇の確保などを討議し、2018（同30）年、「働き方改革関連法」が成立した。

③　第４次少子化対策大綱からこども家庭庁発足まで

2020（令和２）年５月に新たな「少子化社会対策大綱」（第４次大綱）が閣議決定された。第４次大綱では、希望出生率1.8を実現するため、「結婚・子育て世代が将来にわたる展望を描ける環境をつくる」「多様化する子育て家庭の様々なニーズに応える」「地域の実情に応じたきめ細かな取組を進める」「結婚、妊娠・出産、子供・子育てに温かい社会をつくる」「科学技術の成果など新たなリソースを積極的に活用する」の５つの基本的考えに基づき、少子化対策を進めていくこととなった。

2020（令和２）年12月には、年金、労働、医療、介護、少子化対策など、社会保障全般にわたる「全世代型社会保障改革の方針」が閣議決定された。少子化対策では、不妊治療への保険適用の早急な実現、待機児童の解消に向けた新たな計画の策定、男性の育児休業の取得促進が示された。

「全世代型社会保障改革の方針」を受けて、2020（令和２）年12月には、厚生労働省は「新子育て安心プラン」（新プラン）を公表した。新プランでは、2021（同３）年から2024（同６）年度末までの４年間で約14万人分の保育の受け皿を整備するほか、①地域の特性に応じた支援、②魅力向上を通じた保育士の確保、③地域のあらゆる子育て資源の活用を柱に、少子化対策を推進することとなった。

2021（令和３）年６月より、子どもの最善の利益を第一に考え、これまで内閣府や厚生労働省等に分散していた子ども政策を一本化し、効果的な少子

化対策を企画・立案・総合調整するため、こども家庭庁創設が検討され、2023年（同5）4月に発足した。これにより、「少子化社会対策大綱」は「こども大綱」と名称が変更になった。

④　これからの子育て支援の施策—こども未来戦略とこども大綱—

　これからの子育て支援の施策は、これまでの保育の量的拡大を中心とした子育て支援から、男女の共働き・共育てによる精神的・経済的にも豊かな家庭生活をめざす子育て支援に方向転換する必要がある。政府は、親が子どもと向き合う喜びを最大限に感じるため、以下の4原則を掲げて、子育て支援の施策を考えることになった。

① 　こどもを生み育てることを経済的理由であきらめない
② 　身近な場所でサポートを受けながらこどもを育てる
③ 　どのような状況でもこどもが健やかに育つという安心感をもてる
④ 　こどもを育てながらキャリアや趣味など人生の幅を狭めることなく夢を
　　 追いかけられるような社会の実現

　具体的には、2023（令和5）年12月に閣議決定された「こども未来戦略」に基づき、2024（同6）年度から3年間の「こども・子育て支援加速化プラン」で集中的に取り組みを進める。次元の異なる少子化対策としては、①構造的賃上げ等と併せて経済的支援（児童手当の拡充、多子世帯を対象にした大学授業料などの無償化、男性育休の取得促進と育児休業給付の給付率の引き上げ等）を充実させ、若い世代の所得を増やすこと、②社会全体の構造や意識を変えること（電車の中でのベビーカーへの対応など子育てに優しい社会へ）、③全てのこども・子育て世帯をライフステージに応じて切れ目なく支援すること（妊娠期からの切れ目ない支援の拡充、幼児教育・保育の質の向上等）の3つを「こども未来戦略」の基本理念として抜本的に政策を強化することになった。

　なお、同時に閣議決定された「こども大綱」では、全てのこども・若者が身体的・精神的・社会的に幸せな状態（ウェルビーイング）で生活を送ることができる、「こどもまんなか社会」の実現を目指している。そのためのこどもの施策に関する基本的な方針として、①こども・若者を権利の主体として認識し、その多様な人格・個性を尊重し、権利を保障し、こども・若者の今とこれからの最善の利益を図る、②こどもや若者、子育て当事者の視点を尊重し、その意見を聴き、対話しながら、ともに進めていく、③こどもや若者、子育て当事者のライフステージに応じて切れ目なく対応し、十分に支援

する、④良好な成育環境を確保し、貧困と格差の解消を図り、全てのこども・若者が幸せな状態で成長できるようにする、⑤若い世代の生活の基盤の安定を図るとともに、多様な価値観・考え方を大前提として若い世代の視点に立って結婚、子育てに関する希望の形成と実現を阻む隘路(あいろ)の打破に取り組む、⑥施策の総合性を確保するとともに、関係省庁、地方公共団体、民間団体等との連携を重視する、という6項目を掲げている。

3 子育て支援施策の実際

　市町村は地域の子育て家庭の状況やニーズを把握し、地域子ども・子育て支援事業の中から、地域に合った事業を選択し、実施していくこととなった。
　以下に、地域子ども・子育て支援事業の代表的な事業を概説する。

① 利用者支援事業[*2]

*2
子ども・子育て支援法
第59条第1号に規定。

　多くの子育てをする親にとって、地域にある子育ての社会資源を探すのは容易ではない。利用者支援事業とは、子育て家庭が個々のニーズに合わせ、保育所・幼稚園などの施設や地域の子育て支援事業の中から、自分にとって最も適切な事業を選択して利用できるようにする相談事業である。相談場所は、行政窓口、市町村保健センター、地域子育て支援拠点で、専任職員（利用者支援専門員）が相談・支援を行う。相談方法は、対面の相談だけでなく、電話相談や子育てひろばで子どもを遊ばせながらの相談も可能である。
　以下に、利用者支援事業の事例を紹介する。

事　例　利用者支援事業

　Aさんは結婚後も仕事を続けていたが、出産を機に引っ越すことになり、仕事を辞めた。今では7か月になる子どもの世話にかかりきりで、仕事のこと等を考える暇もない。子どもが4か月になった頃に自宅を訪問してくれた子育て経験者から、地域の子育て支援拠点B施設のことを聞き、時々子どもを遊ばせに行くようになった。そこで知り合った親たちから、1歳になって保育所に子どもを預けると競争が激しいので、0歳児のうちに申し込んだ方がよいと聞いた。Aさんは、すぐに働くつもりはなかったものの、親たちの話を聞くと心配で、保育所に申し込もうか迷うようになった。
　たまたまB施設のスタッフから利用者支援事業のことを聞き、B施設のC

利用者支援専門員に相談することになった。C専門員はAさんの話をじっくり聞き、Aさんがすぐ働くつもりはないが、1歳を過ぎると保育所に入所するのが難しくなると聞き、焦りを感じていることを把握した。さらに、Aさん自身は幼稚園で楽しく過ごした思い出があり、子どもを保育所でなく幼稚園に通わせたいが、後々には仕事に復帰したいので幼稚園を諦めなくてはならないと思っていることなどを聞き出した。C専門員は、保育所への入園状況は、申し込む保育所により異なることなどをわかりやすく説明した。さらに、Aさんが幼稚園に子どもを通わせたいと希望しているなら、最近幼稚園から認定こども園に変わった園があり、保育所と同じ時間預かってもらい、しかも3歳から幼稚園の教育も受けられること等の情報提供をした。

　Aさんは、認定こども園のことを聞いて少し安心し、子どもが3歳になるくらいまで、ゆっくり子育てを楽しもうと思うようになった。

② 地域子育て支援拠点事業[*3]

＊3
子ども・子育て支援法第59条第9号、児童福祉法第6条の3第6項に規定。第5章p.87も参照のこと。

　地域子育て支援拠点事業とは、家庭で子育てをする就学・就園前の子育て家庭の孤立・育児不安・負担感を軽減する目的で、地域のなかに親子の交流・子育て相談の場を提供する事業である。公共施設・空き店舗・保育所等に常設の地域の子育て拠点を設ける一般型と、児童館といった児童福祉施設などに親子が集う場を設ける連携型に分類される。基本事業は、①子育て親子の交流の場の提供と交流の促進、②子育てなどに関する相談、援助の実施、③地域の子育て関連情報の提供、④子育ておよび子育て支援に関する講習等の実施の4事業である。事業の実施主体は市町村であるが、運営はNPO等多様な主体が行う所も多くみられる。

　以下に、あるNPOの取り組みについて事例を紹介する。

事例　地域子育て支援拠点事業

　首都圏郊外の住宅地にある地域子育て支援拠点Dは、市から委託を受け、母親グループが母体となったNPOが運営している。都心から子育てをきっかけに引っ越してくる家庭が多く、子どもの健診で聞いたD施設を頼ってくる利用者が多い。毎日、平均30組ほどの親子が午前10時から午後4時までの間、自由に子どもと過ごし、子どもを遊ばせながらスタッフに子育て情報を聞いたり、子どもと月齢の近い親と友だちになったりする。お昼を一緒に食べることもでき、子どもは眠くなったら午睡もできる。栄養士、保育士、歯科医師などの専門家への相談もでき、先輩ママのグループ企画の各種講座も

ある。人気のある講座は、「引っ越してきたママ集まれ」「アラフォーママの集い」「幼稚園について」などである。室内遊びが主であるが、毎月近くの公園へ皆で遊びに行く機会もある。

　ここでは妊娠時から切れ目ない子育て支援をめざしており、出産前の「プレパパ・プレママ教室」も市の保健師などと一緒に開催している。また、共働き・共育てを推奨する意味で、育児休業を取っている父親に話をしてもらう企画も行っている。土曜日は、男性が子どもと利用する家庭が多く、父親の親子グループ「パパおいデー」も定期的に開催されている。その他、発達障がいの子どもと親のグループ、外国人の親子のグループなど、多様な親子への支援を続けている。

③　子育て援助活動支援事業（ファミリー・サポート・センター事業)[*4]

*4
子ども・子育て支援法
第59条第12号、児童
福祉法第6条の3第
14項に規定。第5章
p.88も参照のこと。

　子育て援助活動支援事業（ファミリー・サポート・センター事業と呼ばれている）とは、地域での会員制の助け合い活動で、子どもを一時的に預けたい保護者と、援助を行いたい者とを会員として登録し、連絡調整を行い、助け合いの支援を行う事業である。援助活動は、保護者の仕事・通学・病気・用事・リフレッシュなどを理由に、子どもの保育所・幼稚園・学校からの送迎や子どもの自宅や提供会員宅での預かりを行うものである。

　以下に、事例を紹介する。

事例　ファミリー・サポート・センター事業

　Eさんは定年退職後、2人の娘も独立し、夫と2人暮らしで、地域で何かボランティア活動ができないかと探していた。市の広報紙で、ファミリー・サポート・センターという子育て支援活動の援助者になるための講習会を見つけ、さっそく申し込んだ。講習会では、地域子育て支援拠点Dの研修室で6週間にわたり週1度講義や実技を受け、最近の子育て事情や子どもの世話をする技術を学んだ。講習を受けて数か月後、D拠点のコーディネーターから電話があり、近くに住む1歳の子ども（Fちゃん）を持つ母親が、週に1度資格を取るために外出するので、その間子どもを自宅で見てほしいと頼まれ、打ち合わせを行った。

　預かりの当日、Fちゃんは母親の姿が見えなくなると泣き出したが、Eさんに抱っこされ、おもちゃで遊ぶうちに、機嫌もよくなった。Eさんは、母親が帰宅するまでの間、けがをさせないようにFちゃんを見守っていようと思った。数時間後、帰宅した母親に抱きついたFちゃんを見て、Eさんはほっ

と胸をなでおろした。Fちゃんの母親には大いに感謝され、預かりのための謝金も多少はもらえるので、この助け合いシステムは大変良いものだ、と実感している。

4 健全育成施策

「健全育成」とは、特定の子どものみではなく、すべての子どもが健やかに育っていくための社会的支援であり、児童福祉法の第2条に国民の責務として規定されている[*5]。健全育成の目標は、子どもの心身の健康増進を図り、知的・社会的な適応能力を高め、情操を豊かにすることであるが、その具現化には以下に述べるようにいくつかの施策がある。

*5
第2章p.42も参照のこと。

① 児童厚生施設（児童館・児童遊園）

*6
第5章p.86も参照のこと。

児童厚生施設とは、児童福祉法第40条に規定されているすべての児童（18歳未満）を対象とする児童福祉施設である[*6]。児童厚生施設には児童館と児童遊園の2種類があり、児童館では屋内、児童遊園では屋外の遊びを児童に提供している。児童厚生施設には、「児童の遊びを指導する者」（保育士や小学校教諭・幼稚園教諭などの資格を有する者）がおり、遊びを通して児童の心身の健康増進と豊かな情操の育成を図る支援をしている。また乳幼児を抱えた子育て家庭への相談も行っている。

児童館は、2021（令和3）年10月1日現在、4,347か所あるが、その規模や機能から、小型児童館（小地域を対象とし、児童に遊びを与え、健康を増進し情操を豊かにする）、児童センター（小型児童館の機能に加え、運動・遊びを通して体力増進を図る。大型児童センターでは中学生・高校生に対する育成支援も行う）、大型児童館（広域を対象としA型・B型[*7]）の3種類に分かれている。

児童遊園は、幼児や小学校低学年の子どもを対象とし、遊具（ブランコ、砂場、滑り台など）、広場、トイレなどの設備を備えている。

*7
A型は児童センターの機能に加え、都道府県内の小型児童館や児童センター、その他の児童館の指導および連絡調整等をする機能がある。B型は小型児童館の機能に加え、自然のなかで宿泊や野外活動が行える機能がある。

事例 子どもの意見を大切にする児童館「ばあん」

東京の郊外にある子どもセンター「ばあん」は、1999（平成11）年にオープンし、地域の乳幼児とその保護者、小学生、中・高生の居場所として、毎日（火曜を除く）夜9時まで開館している。小学生が帰宅する午後6時から

は、主に中学生が、おやつを食べながら談笑したり、アトリエで工作をしたり、スタジオを借りてエレキギターの演奏をしたり、プレイルームでダンスの練習をしたり、友だちと好きなことをして過ごしている。「ばあん」には小学校3年生から18歳までの25名ほどからなる子ども委員会が設置されており、毎月集まり、年間行事の企画・実施や児童館のルールづくりなどを積極的に行っている。「10年前には小学生だった子どもが、子ども委員会の委員長になり、さらにはOBとして地域のなかで『ばあん』を支えてくれるようになった」と職員は喜んでいる。

「ばあん」のリーフレットには子どもたちが決めた「やくそく」が載っているが、その前文は次のように記されている。

☆ばあんは、大人になるための準備をしていくところです。

☆自分で考えて、自分の責任であそびましょう。

②　放課後児童健全育成事業（放課後児童クラブ）[*8]

放課後児童健全育成事業（放課後児童クラブ）は、日中保護者が就労のため家にいない子ども（小学生）が、放課後や夏休みに小学校の余裕教室、児童館などで過ごすことができる事業で、一般には「学童保育」「学童クラブ」の名称で親しまれている[*9]。

放課後児童クラブは2022（令和4）年には、2万6,683か所で実施され、登録児童数は139万2,158人で、年々増加している。18時を超えて開所している放課後児童クラブが全体の60%以上を占めている。今後、さらなる共働き家庭の児童数の増加が見込まれており、放課後児童クラブについて、2023（同5）年度末までに定員を152万人とする目標を掲げていた。

新制度では、地域子ども・子育て支援事業の一つに位置づけられており、地域のニーズに合わせ設置数を増やしていくとともに、職員や施設・設備について新たな基準を設け、質の向上を図っており、対象児童も小学校6年生までとなった。

③　新・放課後子ども総合プラン（放課後子供教室・放課後児童クラブ）

2007（平成19）年に、文部科学省と厚生労働省が連携・協力して（現在はこども家庭庁）、小学校の校庭や余裕教室、児童館・公民館を活用して、放課後や夏休みなどの期間に、すべての子ども（主に小学生）を対象に、安全・安心な居場所を提供する事業である「放課後子どもプラン」が始まった。

[*8]
子ども・子育て支援法第59条第5号、児童福祉法第6条の3第2項に規定。第5章p.86も参照のこと。

[*9]
放課後児童健全育成事業として法定化される以前から、自治体によって「学童保育」「学童クラブ」等の名称で実践されてきたものである。

2014（同26）年策定の「放課後子ども総合プラン」は、地域の人々の参画を得て、学習や体験交流活動を提供する「放課後子供教室」と、前述の「放課後児童健全育成事業」を連携もしくは一体化した事業の計画的な整備等を進めるものであった。なお、2018（同30）年に「新・放課後子ども総合プラン」が策定され、2023（令和5）年度末までにすべての小学校区で両事業を一体的にまたは連携して実施し、うち小学校内で一体型として1万か所以上で実施することになった。2022（同4）年現在、放課後子供教室が放課後児童クラブと一体型になったのは、5,869か所であった。

④　地域組織活動

　地域ぐるみで子どもの健全育成を図ろうと、子ども対象の組織である「子ども会」や保護者を対象とする「母親クラブ」が地域住民により組織された。「子ども会」は地域の町内会や自治会と連携して、大人が子どもに遊びの場を提供したり、異年齢の子どもが交流するなどの場となっている。「母親クラブ」は、全国地域活動連絡協議会（愛称は「みらい子育てネット」）となり、地域の住民が、遊び場の遊具点検、公園の防犯点検、講演会等を行っている。

⑤　優良な児童福祉文化財の推薦

　こども家庭審議会では、「子どもたちに優れた文化財を提供すること」を目的に、出版物、演劇、映像・メディア等の推薦を行っている（児童福祉法第8条第9項）。

🔍 まとめてみよう

> ①　少子化対策に役立つと思われる施策をあげてみよう。
> ②　自分の住んでいる地域（市区町村）にある地域子育て支援拠点事業について、自治体のホームページや社会資源情報誌などで調べてみよう。
> ③　自分の住んでいる学校区における、「放課後児童健全育成事業」（放課後児童クラブ）「放課後子ども総合プラン」などの放課後児童対策について調べてみよう。

【参考文献】

恩寵財団母子愛育会愛育研究所編『日本子ども資料年鑑2023』KTC中央出版　2023年

大豆生田啓友・太田光洋・森上史朗編『よくわかる子育て支援・家庭支援論』ミネルヴァ
　　書房　2014年

吉田幸恵・山縣文治編『新版よくわかる子ども家庭福祉』ミネルヴァ書房　2018年

〈参考ホームページ〉

内閣府　令和2年少子化社会に関する国際意識調査報告書　https://www8.cao.go.jp/
　　shoushi/shoushika/research/r02/kokusai/pdf_index.html（2023年7月13日閲覧）

厚生労働省　第5回社会保障審議会年金部会　こども未来戦略方針　2023年　https://
　　www.mhlw.go.jp/content/12601000/001112705.pdf（2023年7月13日閲覧）

内閣府　令和4年版　少子化社会対策白書　https://www8.cao.go.jp/shoushi/shoushika/
　　whitepaper/measures/w-2022/r04pdfhonpen/r04honpen.html（2023年7月13日閲覧）

コラム

親子関係形成をめざす伴走型子育て支援の例

　2020（令和2）年4月、新型コロナウィルス感染拡大を受け全国に発令された緊急事態宣言の影響で、学校・幼稚園・公共施設等がおよそ2か月閉鎖された。その直後に、筆者は地域の子育て中の母親数名へインタビュー調査を行った。結果は、「困難点」として、子どもと一日中向き合うことで親がストレスを感じることがあげられた。「子どもと家の中でどのように過ごしたらよいかわからない」「家の中で子どもとできる遊びを教えてほしい」と訴える母親が多かった。コロナ禍で浮き彫りとなった課題は、親が子どもと向き合う親子関係の形成にも、支援が必要であるということであった。

　それでは、どこで誰が親子関係形成の支援をしていくのか具体的に考えてみよう。従来、親子を別々に支援してきたが、親子一緒の支援となると「地域子育て支援拠点」の子育てひろば事業等が考えられる。子育てひろばには、子育て中の仲間を求めて参加する親が多数参加し、ある程度の成果は出ている。しかし、課題は、子育てひろばに行くのが苦手で、相談相手もおらず、子育てに困難を抱えている親が一定数いることである。こうした親へのアウトリーチの支援はあるのだろうか。

　例として、東京近郊のA市で行われているのは、ひとり親や孤立していて育児疲れを抱える家庭を主な対象とするファミリー・サポート・センター事業である。市から委託を受けたNPO法人が運営を行っている。研修を受けた提供会員が家庭訪問して子どもの世話を定期的に行っており、親にしてみると実家の支援を受けているような安心感があり、子育ての悩みなどを相談することもできる。次にこのNPO法人が始めたのは、家にこもっていて出られない親子への支援「ホームスタート」事業である。研修を受けたボランティアのホームビジターが、担当する家庭を週1回訪問し、子育ての悩みに耳を傾け、子どもの世話や遊ばせ方の相談に乗るのである。およそ2か月の予定で、担当する家庭の親子を少しずつ、公園や子育てひろば等に誘うという、まさに伴走型の支援である。こうした親子関係の支援を行うには、優れたボランティア人材の育成が必要となるが、今のところ、支援をする人の数は増えている。背景には、これまでの子育て支援策に何らかの疑問を抱えてきた人たちが動き出したということがあるのではないだろうか。

【引用文献】
1）平田美智子「コロナ禍の幼児を抱えた家庭への支援─母親へのインタビュー調査から」『聖セシリア女子短期大学紀要』第46号　2021年

第7章　母子保健サービス

母と子どもを守るってどういうことだろう？

みらいさん　最近、電車やバス等の車内で、ママと赤ちゃんの笑顔が描かれた「マタニティマーク」を身につけている女性をよく目にするようになりました。

なつ先生　そうですね。各種公共交通機関では、今までも妊産婦への優先席の確保を呼びかけ、おなかの大きな妊婦マークを使用していました。でも、妊娠初期は外見からは妊娠していることがわかりづらいため、厚生労働省が公募して新たに「マタニティマーク」をつくりました。このマークを積極的に活用してもらうことで、妊産婦に対する気遣い、やさしい環境づくりに対する関心を呼びかけています。たとえば、受動喫煙の防止にも役立っているのですよ。

みらいさん　なるほど。では、そのほかにも国が「母親と赤ちゃん」のために行っているサービスって、どのようなものがあるのですか？　子どもを産んだことがないので想像もつきません。

なつ先生　確かに、自分が赤ちゃんだったときにどんなことをしていたかなんて、記憶にないかもしれません。けれども、きっとみらいさんのお母さんは、みらいさんの成長記録が記してある「母子健康手帳」を大切に保管していると思います。

みらいさん　はい、母子健康手帳はみたことがあります。私が2,800gで生まれたこと、小さいころの健康診査や予防接種の記録が細かく書いてあり、大切に育ててもらったと感じました。

なつ先生　そうでしょう。母親としての最初の仕事は、母子健康手帳を交付してもらうことではないでしょうか。妊娠がわかったら、すぐに市区町村の窓口に行って、妊娠の届出をする。そうすると、母子健康手帳とともに妊婦健診を公費の補助で受けられる受診券などももらうことができます。赤ちゃんの成長や母親の健康のためには、妊婦健診の定期的な受診や、母子健康手帳による健康管理がとても大切です。

みらいさん　そういえば以前、通院をしていなくて産気づいてから救急車で運び込まれる「飛び込み出産」の新聞報道を読んだことがあります。そのような妊婦さんは健診も受けていないし、そもそも母子健康手帳をもっていないことがあると書いてありました。

なつ先生　残念ながら、そのような事態が社会問題になっています。それでは、どうして妊婦健診を受診していない、母子健康手帳をもっていないことが問題であるのでしょうか。母子保健の施策の学びを通じて理解していきましょう。

1 母子保健の理念

① 母子保健の理念（目的）

＊1　母性
母子保健法でいう母性という語は、医学、公衆衛生学等の分野の概念であって、倫理的意味の母性とは異なる。

　わが国の母子保健は、母性の尊重と保護、乳幼児の健康保持と増進を図ることを目的としている。この場合の「母性」＊1とは、母としての性質のことである。子どもが健康に生まれ、育てられる基盤となるものであり、母子保健ではそれを尊重し、保護する。そして、乳児や幼児が生まれながらにしてもっている「発達する能力」を支えていくことも、母子保健の大きな目的である。

母子保健法

（目的）
第1条　この法律は、母性並びに乳児及び幼児の健康の保持及び増進を図るため、母子保健に関する原理を明らかにするとともに、母性並びに乳児及び幼児に対する保健指導、健康診査、医療その他の措置を講じ、もつて国民保健の向上に寄与することを目的とする。
（母性の尊重）
第2条　母性は、すべての児童がすこやかに生まれ、かつ、育てられる基盤であることにかんがみ、尊重され、かつ、保護されなければならない。
（乳幼児の健康の保持増進）
第3条　乳児及び幼児は、心身ともに健全な人として成長してゆくために、その健康が保持され、かつ、増進されなければならない。

---

② 母子保健の枠組み

　わが国の母子保健施策は、妊娠前から乳幼児期、思春期、更年期等の、子どもと女性の生涯にわたる一貫したサービス体系である（図7－1）。出生前から乳幼児期に至るまでの健康状態は、成人になってからの健康に大きな影響を及ぼす。そのため、健康診査、保健指導、医療対策などが総合的に進められている。

　母子保健サービスを提供する主な機関として、保健所、市町村保健センター、こども家庭センター、子ども病院や小児医療センター等の乳幼児の総合医療施設、一般病院、診療所等がある。

図7−1　わが国の主な母子保健対策

(2022［令和4］年4月現在)

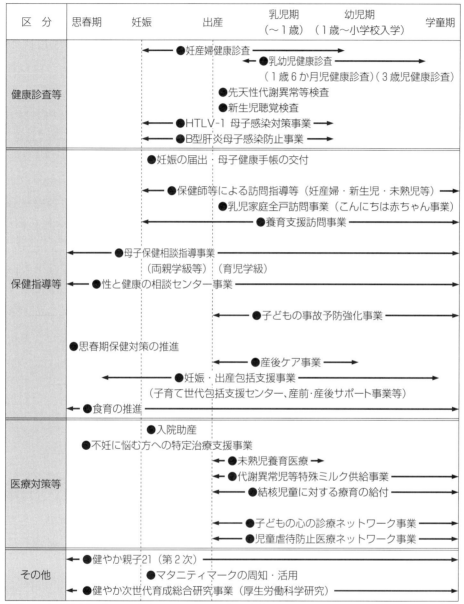

出典：厚生労働省編『令和5年版 厚生労働白書（資料編）』日経印刷　2023年　p.192

③　母子保健のあゆみ

▼母子保健法成立前

　児童福祉法が1947（昭和22）年に制定され、衛生環境や栄養状態の向上、医療の進歩とともに母子保健の内容が充実されてきた。その結果、乳児死亡

率は著しく改善され、妊産婦の死亡率も年々減少し、わが国の母子保健の水準は戦前とは比較にならないほどに向上した。

▼母子保健法成立と改正

児童福祉法で母性一般についての規定をすることが難しいということと、妊産婦死亡率に地域格差が存在し、乳児死亡率も児童福祉法の制定以降に著しく改善されたが、先進国と比べると依然として高かったことから、1965（昭和40）年に単独法として「母子保健法」が制定された。以後、わが国の母子保健行政の基盤となっており、乳児死亡率は世界でも最低率国になった。

少子化、核家族化、都市化、女性の社会進出の増加等、近年の社会環境の変化を受けて、1994（平成6）年に国民にとってより身近な母子保健サービスの提供をめざして、母子保健法が改正された。主な改正点は、母子保健サービスの実施体制における保健所と市町村の役割が見直され、母子保健事業の市町村への一元化が図られたことである。

なお、近年の晩婚化、若年妊娠等により、産前・産後の育児不安やうつ状態が子ども虐待の誘因になることも指摘されている。安心して子育てができるようになるには、周囲の人々の理解と支えが必要となる。母子保健サービスの利用により、産後早期からの不安軽減や子育て家庭が孤立しないような地域の取り組みは、虐待予防にもつながっている。

2 母子保健サービスの実施と体系

① 母子健康手帳（母子保健法第16条）

母子保健法の規定により、妊娠した者は市町村に妊娠の届出をすることになっている（母子保健法第15条）。そして、届出をした者には母子健康手帳が交付される（同法第16条）。

最近では、交付時等に保健師や助産師等が「妊婦面接」を実施する市町村もある*2。

*2
東村山市（東京都）、横浜市（神奈川県）など。

母子健康手帳は、前半部分の記入する項目は全国で共通した内容だが、後半部分は市町村ごとに内容が異なる。記録には、妊娠や分娩の経過、妊婦健康診査などの記録と子どもが生まれ、成長していく過程での健康管理、予防接種の記録がある。そして、妊娠中から子どもが6歳になるまでの注意点や両親学級等の行政サービス情報などがあり、さまざまな市町村の特性が盛り込まれている。2023（令和5）年のリニューアルで、「父親や周囲の方の記録」

のページが増えたことに加え、母子手帳のデジタル化の動きもある[3]。

　この母子健康手帳は、出生通知表も兼ね備えており、母と子の一貫した母子保健指導を行うために重要な基礎資料となるものである。

② 健康診査（母子保健法第12条、13条）

▼妊産婦

　妊娠経過の観察と流産・早産や妊娠中毒症などの予防に重点を置いた助言・指導が、一般病院や市町村保健センターなどで行われている。厚生労働省は、標準的な健診の例として、妊娠満23週までは４週間に１回、妊娠24〜35週は２週間に１回、妊娠満36週以降は１週間に１回が望ましいとしている。

　健診では、問診・診察、検査、計測などを行う。

▼新生児聴覚検査

　聴覚障がいを早期に発見し、早期に適切な処置を講じることを目的に、出生後入院中（おおむね生後３日以内）の新生児に対し聴力検査を実施する。

▼乳児・幼児（１歳６か月児、３歳児）

　乳幼児の心身の発育発達状況、栄養状態、視覚、聴覚、歯、言語障がい等の一般的な問診や診察を行いながら、各種の疾病や発達の遅れなどを見出して、適切な事後指導を行う。

　また、異常を発見するだけではなく、育児支援として、経過観察を行いつつ、子育てに悩む養育者について助言をし、子どもたちの健康レベルを向上させることが目的である。

　健康診査には一般病院での個別健診と、市区町村で行われる集団健診がある。

▼先天性代謝異常等検査（マス・スクリーニング検査）

　フェニールケトン尿症[4]等の先天性代謝異常および先天性甲状腺機能低下症（クレチン症）[5]、先天性副腎過形成症[6]は、早期に発見し早期に治療を行うことで心身障がいを予防することが可能である。そのため、生後５〜７日の新生児を対象に血液による検査が行われ、現在ほぼ100％の新生児が検査を受けている。

　また、近年では、多種類の疾患をスクリーニングできる「タンデムマス法」という新しい検査技術が開発され、小児の障がい発生予防のセーフティネットを広げている。

　異常が発見された患者は、後述する小児慢性特定疾病対策として医療費の公費負担が受けられる。

*3
野村総合研究所「我が国の電子的な母子保健ツールと活用に関する実態調査報告書」（2022［令和４］年）によると、全国914自治体のうち４割が「母子手帳アプリ」のような電子的なツールを導入していた。そのうち75.5％が良い効果があったと答えている。政府もマイナンバーカードを使い、オンラインで行政手続きができる「マイナポータル」で母子健康手帳の項目が見られるようにしていく考えである。

*4　フェニールケトン尿症
フェニールアラニンというアミノ酸が代謝されず、体内にたまり、フェニールケトンという物質が尿に排泄されるようになるので、この病名がついている。この病気を治療しないでいると、メラニンが欠乏し、生後数か月頃から毛髪が赤褐色になり、皮膚が色白になるほか、知能の発育が遅れる。生後１か月以内に治療を開始すれば、こうした障がいを防止できる。

*5　先天性甲状腺機能低下症（クレチン症）
甲状腺の機能が生まれつき低下している病気で、その発症原因はまだ詳しくはわかっていない。胎児や新生児にとって、甲状腺ホルモンは、順調に発育・成長していくために欠かせないホルモンである。それが不足状態にあると、神経系の発育が遅れ、心身の発達も難しくなる。症状としては、黄疸、泣き声がかすれる、汗をかかない、便秘、あまり泣かずによく眠るなどがある。

＊6　先天性副腎過形成症
副腎からのホルモンが不足して体のなかでカリウムやナトリウムなどのバランスが崩れ、死に至ることもある病気。早期に発見し、必要なホルモンを補うなどの治療で発症を抑えることができる。

＊7　新生児
母子保健法において「新生児」とは、出生後28日を経過しない乳児をいう。

＊8　乳児家庭全戸訪問事業（こんにちは赤ちゃん事業）
第5章p.87参照。

＊9
地域主権戦略大綱をふまえ、低体重児の届出受理（母子保健法第18条）や未熟児訪問は市町村へ権限移譲となった。2013（平成25）年4月1日施行。

③　保健指導（母子保健法第10条）

　母子保健事業は、妊娠から出産、育児と一貫した適切な指導と支援が行われることが必要である。それを効果的に進めていくには、健康診査と同様に保健所と市町村の専門職が協力し、連絡調整を図ることが重要である。

▼集団指導

　両親学級（パパママ教室）、育児学級など市町村で実施している。

▼個別指導（訪問指導）

　母子保健法第13条による健康診査の結果に基づき、必要に応じて市町村の医師、助産師、保健師が訪問し、保健指導を行う。「妊産婦訪問指導」と「新生児[7]訪問指導」があり、里帰り出産などのために訪問時期が遅れることなどが問題となっている。

　なお、この訪問指導は、市町村の判断により、乳児家庭全戸訪問事業（こんにちは赤ちゃん事業）[8]と併せて実施できる。

　一方、「未熟児訪問指導」は保健所が行う[9]。2,500ｇ未満（低出生体重児）で誕生したときは、保護者に届出義務が課せられる。養育上必要と認められる場合は、医師、保健師、助産師等による訪問指導が行われている（同法第19条）。

④　医療対策等（母子保健法第20条）

▼養育医療（未熟児養育医療）

　対象は、出生時体重が2,000g以下、あるいは特定の症状にある未熟児で、呼吸障がいやミルクが十分に飲めないなどの問題を抱えることがあり、医学的に継続したケアを必要とすることが多い。そのために必要な入院治療を国または都道府県知事が指定した医療機関において行う場合に、その治療に要する医療費を公費（国や都道府県のお金）により負担する。医療が必要な未熟児に対しては、医療給付の他、未熟児訪問指導が行われる。

▼小児慢性特定疾病対策

　小児がん等の小児慢性疾病はその治療が長期にわたり、これを放置することは、その子どもの健全な育成を阻害することにもなりかねない。また、患者家庭における医療費負担も高額になる。そのため、小児慢性疾病のうち特定疾病について、治療研究事業を行い、その治療の確立と普及を図り、併せて患者家庭の医療費負担の軽減（自己負担分を補助）を目的として実施されている。

　対象年齢は18歳未満（引き続き治療が必要であると認められる場合は、20歳未満）である。給付対象の疾患は、①悪性新生物群、②慢性腎疾患、③慢性呼吸器疾患、④慢性心疾患、⑤内分泌疾患、⑥膠原病、⑦糖尿病、⑧先天性代謝異常、⑨血液疾患、⑩免疫疾患、⑪神経・筋疾患、⑫慢性消化器疾患、⑬染色体又は遺伝子に変化を伴う症候群、⑭皮膚疾患、⑮骨系統疾患、⑯脈管系疾患の16疾患群である。

3　母子保健の取り組み

①　「健やか親子21」の推進

　「健やか親子21」は、2001（平成13）年度から開始された国民運動計画であり、21世紀の母子保健の取り組みの方向性を示したものでる。第1次計画が2001（同13）年から2014（同26）年まで実施されていたが、最終報告では、目標値である74項目中60項目（81.1％）で改善がみられたと報告されている。しかし、10代の自殺率、全出生数中の極低出生体重児・低出生体重児の割合は増加していた。

　その結果と、現状の取り巻く課題などをふまえて、2015（平成27）年度から第2次計画が開始された（図7－2）。2024（令和6）年度まで実施し、10年後にめざす姿を「すべての子どもが健やかに育つ社会」としている。切れ目ない妊産婦・乳幼児への保健対策（基盤課題A）や学童期・思春期からの成人期に向けた保健対策（基盤課題B）、子どもの健やかな成長を見守り育む地域づくり（基盤課題C）について、方向性と目標を示している。各地方公共団体が母子保健に関する計画を策定する際には、「健やか親子21（第2次）」の趣旨をふまえて策定される。

②　成育基本法

　母子保健の医療体制の充実や子育て支援のための社会環境の整備の必要性から、成育医療等の提供に関する従来の施策と今後期待される医療・福祉・教育等の施策を切れ目なく提供するため連携させ、包括的な前進を期するための法律が、2018（平成30）年に制定された。正式名称を「成育過程にある者及びその保護者並びに妊産婦に対し必要な成育医療等を切れ目なく提供するための施策の総合的な推進に関する法律」という。母子保健行政の縦割り

図7−2　健やか親子21（第2次）イメージ図

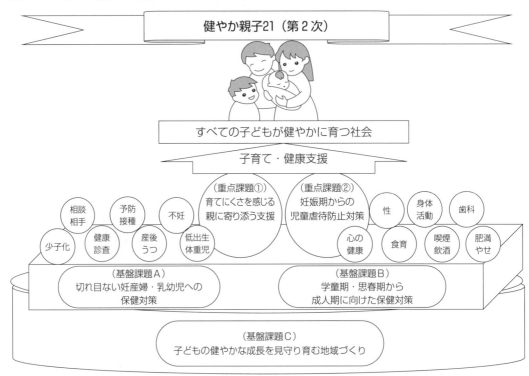

出典：厚生労働統計協会編『国民衛生の動向 2018/2019』厚生労働統計協会　2018年　p.110

を解消し、子育てを孤立させず、成育過程にある者が健やかに育つことが保障される社会環境整備などを推進する。

③　こども家庭センター

　2016（平成28）年の児童福祉法等の改正以降、市町村（特別区を含む。以下同じ）において、児童福祉分野は子ども家庭総合支援拠点、母子保健分野では子育て世代包括支援センターと、それぞれが着実に整備は進んだ*10。一方で、各々の相談機関が把握していた情報が適切に共有されず、深刻な事案が生じていた。そこで、2つの組織を統合し、体制を強化することで、支援が必要な家庭の見落としを防ぎ、双方が一体となって対応していくために、「こども家庭センター」*11が新たに設置されることになった。すべての妊産婦、子育て世帯、子どもへ一体的に相談支援を行う役割をもち、全国の市区町村に設置される（努力義務、2024（令和6）年4月施行）。2023（同5）年4月に内閣府の外局として創設した「こども家庭庁」が所管する。

　こども家庭センターは、子ども・妊産婦等の実情把握、情報提供、相談支

*10
2021（令和3）年4月時点でいずれかが設置されている割合は、全体で概ね9割となった。）厚生労働省によると、子ども家庭総合支援拠点は635自治体、716箇所、子育て世代包括支援センターは1,603自治体、2,451箇所で設置されている。

*11
「こども家庭センター」は法律上の名称であり、各自治体で独自の名称を付すことがある。

援等を行うとともに、支援を要する子ども・妊産婦等へのサポートプラン（支援提供計画）の作成も担う。そのために、児童福祉・母子保健一体のケース会議の開催など情報の共有を行う。また、要保護児童地域対策協議会の調整機関の情報共有・調整や、地域における子育て支援の資源（子ども食堂を行うNPO等）の把握・創出・連携体制の構築も担う。特に、健診未受診の妊婦等、社会から孤立した妊婦に対しては、家庭訪問によるアウトリーチ型の状況把握の取り組みを推進することが重要である。このため、妊婦健診未受診の妊婦等の家庭を訪問し、継続的に妊婦の状況を把握する「妊婦訪問支援事業」が創設されている。

④　産前・産後サポート事業

　従来は母親の実家等で出産する「里帰り出産」が多かったが、近年は核家族化により、自分の親等の親族から距離的に離れたところで妊娠・出産することがまれではなくなっている。さらに、社会心理的背景から親と子の関係にさまざまな事情を抱え、親を頼れない妊産婦が少なからずいる。妊娠・出産・子育てを家庭のみに任せるのではなく、生活地域でのさまざまな関係機関や人が支援し、孤立を防ぐことが重要である。そこで、退院直後の母子に対して心身のケアや育児サポート等をきめ細かく行い、産後も安心して子育てができる支援体制を市町村が主体となって実施している。対象者は、家族等から十分な家事および育児など援助が受けられない褥婦*12および妊産婦並びに多胎、若年妊婦*13、特定妊婦*14、または障がい児、病児を抱える妊産婦等で、社会的に支援が必要な者である。

⑤　出産や子育てに悩む父親に対する支援

　産前・産後サポート事業の一部で、家族との関わり方に対する不安や、男性の育児参加の促進に伴って生じる出産・子育てに関して悩む父親に対する支援である。子育て経験のある父親等による交流会等のピアサポート支援や、急激な環境の変化による父親の産後うつ状態に対応するための相談支援を行っている。

*12　褥婦
出産後間もなく、まだ産褥期（分娩後、分娩後の影響がある）にある女性のこと。

*13　若年妊婦
20歳未満で妊娠・出産する妊婦のこと。

*14　特定妊婦
出産後の養育について出産前において、支援を行うことが特に必要と認められる妊婦のこと。

⑥　妊娠葛藤女性への支援

　こども家庭庁が2023（令和5）年9月に公表した「こども虐待による死亡事例等の検証結果等について（第19次報告）」によると、虐待により死亡した子どもの主たる加害者が実母である割合は40.0％であり、背景には予期しない妊娠（32.0％）や妊婦健診の未受診（28.0％）があることなどが言及されている。子どもの遺棄や殺害事件に関する報道への社会的関心の高まりを背景として、こうした困難な問題を抱える女性たちに対する対応・支援の政策は急務である。

　2020（令和2）年度に子ども・子育て支援推進調査研究事業「予期せぬ妊娠をした女性が出産を選択した場合における母子ともに安心・安全に出産できるための取組と出生した子どもへの支援に関する調査研究」の結果から、「中絶に関する意思決定支援と中絶後の心理的ケアの必要性」や「特別養子縁組における実母支援の不足」が報告されている。また、妊娠期から産後を通じて入所でき、支援を受けられる施設が不足し、妊娠に葛藤を抱える女性はさまざまなニーズを抱えているため、「居場所を軸に据えた支援の場」を増やす必要があると指摘している。

まとめてみよう

　① 　子ども虐待による死亡事例は、乳幼児の子どもが多く占めており、その背景には、母親が妊娠期から一人で悩みを抱えていたり、産前産後の心身の不調や家庭環境の問題がある。では、実際に妊娠・出産・育児期にどのような養育支援が行われているのか調べてみよう。

　② 　「健やか親子21（第2次）」の基本理念である「ヘルスプロモーション」について調べてみよう。

　③ 　特定妊婦は社会的ハイリスクな存在であるが、具体的にどのようなリスクがあるか調べてみよう。

【参考文献】

母子保健推進研究会監修『七訂 母子保健法の解釈と運用』中央法規出版　2019年

天野敦子・小林壽子・白石淑江・谷口アキ・中村喜美子・長井茂明・堀内久美子『子ど
　もの保健－理論と実践』日本小児医事出版社　1997年

滝川一廣・小林隆児・杉山登志郎・青木省三編『そだちの科学 no.10－こころの科学』
　日本評論社　2008年

社会福祉の動向編集委員会編『社会福祉の動向 2018』中央法規出版　2017年

日本子ども家庭総合研究所編『日本子ども資料年鑑 2012』ＫＴＣ中央出版　2012年

社会福祉の動向編集委員会編『社会福祉の動向2023』中央法規出版　2023年

日本子ども家庭総合研究所編『日本子ども資料年鑑2023』ＫＴＣ中央出版　2023年

厚生労働統計協会『図説 国民衛生の動向2022/2023』厚生労働統計協会　2022年

厚生労働省編『令和 5 年版 厚生労働白書』日経印刷　2023年

〈参考ホームページ〉

厚生労働省　http://www.mhlw.go.jp/（2023年 6 月10日閲覧）

こども家庭庁　健やか親子21　https://sukoyaka21.mhlw.go.jp/（2023年 7 月 7 日閲覧）

東京都福祉福祉局　https://www.fukushi.metro.tokyo.lg.jp/（2023年 6 月30日閲覧）

厚生労働省　産前・産後ガイドライン　https://www.mhlw.go.jp/file/06-Seisakujouhou-
　11900000-Koyoukintoujidoukateikyoku/sanzensangogaidorain.pdf（2023年 7 月 9 日閲
　覧）

厚生労働省　令和 5 年母子保健対策関係概算要求の概要　https://www.mhlw.go.jp/
　content/000982863.pdf（2023年 7 月 9 日閲覧）

こども家庭庁こども虐待による死亡事例等の検証結果等について（第19次報告）
　https://www.cfa.go.jp/assets/contents/node/basic_page/field_ref_resources/
　c36a12d5-fb29-481d-861c-a7fea559909d/6735b11d/20230935_councils_shingikai_
　gyakutai_boushihogojirei_19-houkoku_13.pdf（2023年12月 1 日閲覧）

株式会社シード・プランニング　予期せぬ妊娠をした女性が出産を選択した場合におけ
　る母子ともに安心・安全に出産できるための取組と出生した子どもへの支援に関する
　調査研究　https://v2.seedplanning.co.jp/wp-content/uploads/2022/06/ninshin02_
　report.pdf（2023年 7 月 9 日閲覧）

コラム

孤立出産から見えてくるもの

　不安を抱え、支援を必要とする子育て家庭は増加傾向にある。母子保健分野において、妊娠中から家庭環境におけるハイリスクな要因を特定できる妊婦（特定妊婦）の発見・支援と、個々の家庭の抱える養育上の諸問題の解決・軽減を図るための指導・助言のための養育訪問事業は、子ども虐待の予防や早期発見に重要な役割を果たしている。

　また、熊本の慈恵病院が 2007（平成 19）年から親が育てられない赤ちゃんを匿名で預かる「こうのとりのゆりかご（赤ちゃんポスト）」を始めたが、その利用者の多くは妊娠・出産を他人に知られないようにするために、医療機関を利用せず、1人で出産した、いわゆる「孤立出産」である。そして、2019（令和元）年に同病院において、予期せぬ妊娠をして匿名を望む母親が、病院にだけ身元を明かし出産する「内密出産」が日本で初めて実施された。この問題は、望まない妊娠による子どもの生命と子どもの権利の一つである「出自を知る権利」の保障において注目されるが、それは子どもの権利がかつてなく尊重される時代だからこそといえる。

　孤立・内密出産の背景には、他人には知られずに出産せざるを得ない社会的要因がある。未成年や学生、失業や貧困、子の父親や自分の親との関係断絶、精神的疾患、婚姻外での妊娠など、いずれも経済的な不安を抱えていたり、社会的弱者だったり、あるべきとされる家族の規範に当てはまらなかったりするケースである。特に複数の要因が重なり、追い詰められた女性が陥りやすい。では、予期せぬ妊娠をした女性を孤立出産に追い詰めないようにするにはどうしたらいいのか。内密出産の制度整備や相談体制も早急に整えなければならないが、まずは、背景にある経済的な困窮を解消するための生活保障が必要である。また、栗山直子は「わが国も成熟した社会に向けて家族のあり方に対する寛容性と多様性を認め、福祉制度についても一つの家族モデルによらない多様な家族を視野に入れる時期に来ている」[1] と提起している。

　そして、そもそも生む／生まないことについて、女性の自己決定権（リプロダクティブヘルス／ライツ）が尊重される社会にしない限り、孤立出産はなくならない。「孤立出産」の問題は、妊娠・出産によって女性を弱者にし、孤立させる社会のあり方こそが問題なのだと私たちに訴えている。

【引用文献】
1）栗山直子「近代家族イデオロギーと母親規範」『追手門学院大学社会学部紀要』第 10 号　2016 年　pp.17-32

第8章　保育サービス

保育サービスの中心を担う保育所とは、どのようなところなのだろう？

みらいさん　私は幼稚園に通っていましたが、小学生の頃、保育所から入学してきた友だちがいて、保育所の存在を知りました。私は母親と家の近くの公園まで歩き、そこから幼稚園のバスに乗っていましたが、友だちのなかには電車に乗って保育所に通っていた子もいました。

なつ先生　就学前には、幼稚園や保育所に通っていた子どもたちが多いですね。みらいさんの友人は、自宅近くの保育所に入ることができなかったか、保護者の勤務地の都合によって、電車を利用して通っていたのかもしれませんね。

みらいさん　確か友だちは、家の近くの保育所がいっぱいだったから、遠くの保育所に通っていたといっていました。でも友だちのなかには保育所に入れなくて、2歳になるまで、「昼間はおばあちゃんと一緒に過ごしていた」という子もいました。2歳になったら、保育所に入れたみたいです。

なつ先生　みらいさんは待機児童という言葉を聞いたことがありますか。

みらいさん　言葉自体は聞いたことがあるんですけど……

なつ先生　待機児童というのは、保育所に入所したくても保育所の定員がいっぱいで入所できない状態にある子どものことをいいます。

みらいさん　保育所に入所したくても入所できない状態……　そうか、おばあちゃんと過ごしていた私の友だちは、いわゆる待機児童だったんですね。

なつ先生　2歳になったときに、保育所の定員に空きができたのかもしれないですね。

みらいさん　友だちのような家庭の場合、両親が仕事に行かなくてはならない日に、おばあちゃんに急用ができたら、その子はどうしたらよいのでしょう。小学校に入る前の年齢では、とても一人で留守番なんてできません。でもきっと、おばあちゃんだって病院に行ったり、冠婚葬祭などの予定があったと思うのですが。

なつ先生　そうですね。両親が仕事を休むことができない日に、おばあちゃんにも何か予定が入ることもありますよね。保育所の存在もその一つですが、いろいろな保育サービスがあります。子どもを一時的に預かってもらうなど、第6章で学んだ子育て支援の利用もあります。そのなかには保育所等が行っているものもあるのですよ。
　それでは、子育て家庭を支える保育サービスについて学んでいきましょう。

1 保育所と待機児童

① 保育所とは

▼保育所の役割

　保育所は、保育を必要とする子どもの保育を担ってきたという経緯がある。

　子どもにとって「保育を必要とする」状況とは、保護者の就労によるものが大半を占める。子育て家庭にとって、就労は「保育を必要とする」状況を生むことにつながる。さらには、①保護者が子どもと過ごす時間を負担に思い、育児ノイローゼや虐待に発展しかねない場合、②保護者自身の疾病により、十分に家庭での保育が行われない場合などがあげられる。

　保育所は、「養護及び教育を一体的に行うこと」を特性としている。幼稚園が満3歳から入園できるのに対して、保育所は産後8週間を経た、産休明け児の保育を実施しているところもある。「養護」の意味合いは、入所可能年齢と、提供される保育時間の長さ、保育所を利用する理由から「家庭での養育の補完」という意味合いも含まれている。

▼子ども・子育て支援新制度における「保育を必要とする」事由

　2015（平成27）年4月から「子ども・子育て支援新制度」（以下「新制度」）が始まった。保育の場が整備され、待機児童問題も解消されていくと謳われている。新制度では、保護者の要請を受けた市町村が客観的基準に基づき、「保育の必要性」を認定したうえで給付を支給する仕組み[*1]となっている。保育所などでの保育を希望した保護者が、市町村の認定を受けるためには、以下の①～⑩の「保育を必要とする」事由に該当することが必要になる。なお、認定申請の際、利用希望の申し込みも同時に実施できる。

*1　保育所等の利用・給付の仕組み
本章 pp.123-124参照。第5章p.80も参照のこと。

---

①就労（フルタイムのほか、パートタイム、夜間など基本的にすべての就労に対応）
②妊娠、出産
③保護者の疾病、障がい
④同居または長期入院等している親族の介護・看護
⑤災害復旧
⑥求職活動（起業準備を含む）
⑦就学（職業訓練校等における職業訓練を含む）
⑧虐待やＤＶ（ドメスティック・バイオレンス）のおそれがあること
⑨育児休業取得時に、すでに保育を利用している子どもがいて継続利用が必要であること
⑩その他、上記に類する状態として市町村が認める場合

図8－1　保育所定員数、利用児童数および保育所数の推移（2022［令和4］年4月1日現在）

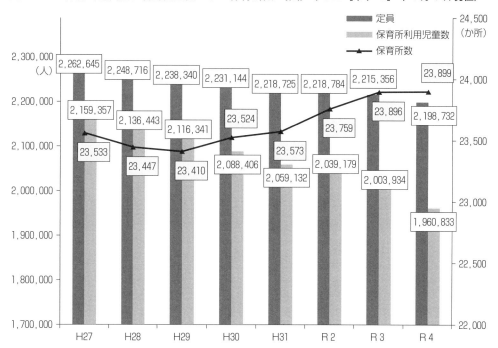

出典：厚生労働省「保育所等関連状況取りまとめ（令和4年4月1日）」公表版p.2を基に作成

▼保育所の数

　保育所、定員、利用児童の数は、図8－1のとおりである。

② 保育所を取り巻く今日的課題

▼待機児童について

　待機児童とは、保育を必要とする児童で、保育所等への入所を希望しているが入所できない状態にある児童のことをいう。待機児童となる理由や状況はさまざまである。たとえば、①保護者が就労を希望している場合、②育児不安等により、保護者が十分に家庭育児を行えない場合などがあげられる。このような理由から、保護者が自宅（または勤務先）近くの保育所を利用したいと希望するものの、保育所の定員がいっぱいで入所できない状況が生じると、子どもは待機児童となる。

▼待機児童の数・年齢

　厚生労働省によると、待機児童数や保育所等利用率の推移は図8－2のとおりである。また、表8－1は年齢区分別の待機児童数を表しているが、0〜2歳児の待機児童が多いことがわかる。

図8-2 保育所等待機児童数および保育所等利用率の推移（2022［令和4］年4月1日現在）

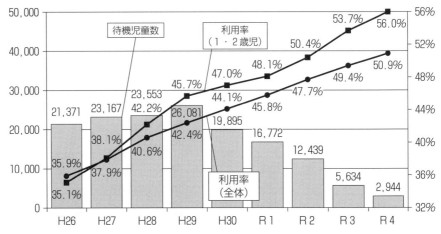

出典：図8-1と同じ　p.3を一部改変

表8-1　年齢区分別の利用児童数・待機児童数（2022［令和4］年4月1日現在）

	利用児童数	待機児童数
3歳未満児（0〜2歳）	1,100,925人（　40.3%）	2,576人（　87.5%）
うち0歳児	144,835人（　　5.3%）	304人（　10.3%）
うち1・2歳児	956,090人（　35.0%）	2,272人（　77.2%）
3歳以上児	1,628,974人（　59.7%）	368人（　12.5%）
全年齢児計	2,729,899人（100.0%）	2,944人（100.0%）

出典：図8-1と同じ　p.6

　なお、都市部の待機児童数をみると、首都圏（埼玉・千葉・東京・神奈川）、近畿圏（京都・大阪・兵庫）の7都府県（指定都市・中核市含む）およびその他の指定都市・中核市の合計は1,858人となり、全待機児童の63.1%を占めている（2022［令和4］年4月1日現在）。

▼待機児童解消加速化プランと新子育て安心プラン

　待機児童解消加速化プランは、社会問題の一つとして取り上げられることの多い待機児童問題を解消するための計画で、2013（平成25）年度からの5年間で約50万人分の保育の受け皿確保を目標に、自治体が行う保育所の整備などの取り組みに対して支援した。その結果、企業主導型保育事業[*2]による保育の受け皿拡大と併せて政府目標を達成したが、2020（令和2）12月公表の「新子育て安心プラン」では、2021（同3）年度から2024（同6）年度までの4年間で、約14万人分の保育の受け皿を整備するとした。また、①地

*2　企業主導型保育事業
2016（平成28）年度に内閣府が開始した企業向けの助成制度。企業が従業員の働き方に応じた柔軟な保育サービスを提供するために設置する保育施設や、地域の企業が共同で設置・利用する保育施設に対し、施設の整備費および運営費の助成を行う。

域の特性に応じた支援、②魅力向上を通じた保育士の確保、③地域のあらゆる子育て資源の活用を支援のポイントとした。

② 保育サービス

① 財政支援の種類

　新制度では、新たに「施設型給付」と「地域型保育給付」が創設された。これに基づき、従来の保育所・幼稚園・認定こども園等のそれぞれに実施されていた財政支援の仕組みが共通化された[*3]。

▼施設型給付

　施設型給付は、保育所利用では保育に要する費用を、幼稚園利用では学校教育に要する費用を、認定こども園利用ではその両方の費用を、それぞれの保護者に給付する[*4]というものである。そのため、教育・保育を利用する子どもによって区分が設けられている（表8-2）。

▼地域型保育給付

　新制度では、教育・保育施設を対象とする施設型給付・委託費に加え、後

*3
2019（令和元）年10月より幼児教育・保育の無償化が行われている。無償化の対象は、3〜5歳児と住民税非課税世帯の0〜2歳児である。

*4
保護者への個人給付としているが、確実に学校教育・保育に要する費用にあてるため、施設・事業者が市町村から法定代理受領する仕組みとなっている。なお、私立保育所の場合はこれまでと同様に委託費が支給されている（第5章p.80も参照のこと）。

表8-2　施設型給付等の支援を受ける子どもの認定区分

認定区分	給付の内容	施設・事業
●教育標準時間（1号）認定子ども 　満3歳以上の小学校就学前の子どもであって、2号認定子ども以外のもの	●教育標準時間	幼稚園
		認定こども園
●保育（2号）認定子ども 　満3歳以上の小学校就学前の子どもであって、保護者の労働または疾病その他の内閣府令で定める事由により家庭において必要な保育を受けることが困難であるもの	●保育短時間 ●保育標準時間	保育所
		認定こども園
●保育（3号）認定子ども 　満3歳未満の小学校就学前の子どもであって、保護者の労働または疾病その他の内閣府令で定める事由により家庭において必要な保育を受けることが困難であるもの	●保育短時間 ●保育標準時間	保育所
		認定こども園
		小規模保育等

注1：それぞれの区分は、子ども・子育て支援法第19条第1項に基づく。
注2：教育標準時間外の利用については、一時預かり事業（幼稚園型）等の対象となる。
注3：この区分に基づき施設型給付等（施設・事業者が代理受領）が行われる。
出典：内閣府『子ども・子育て支援新制度ハンドブック－施設・事業者向け（平成27年7月改訂版）』p.4を一部改変

述する地域型保育事業を地域型保育給付の対象としている。

▼子育てのための施設等利用給付

　2019（令和元）年10月に施行された。これは子育てを行う保護者が、対象施設等（認可外保育施設、病児保育事業、ファミリー・サポート・センターなど）を利用した際の利用料を、一定の範囲内で支給する制度である。

② 保育の場

▼認可保育所

　認可保育所とは、国が定めた施設の広さ、保育士等の職員数、給食設備、防災管理、衛生管理等の設備基準を満たして、都道府県知事に認可された児童福祉法に基づく児童福祉施設で、保育を必要とする状況の子どもを預かって保育をする。

　市区町村立の公立保育所と、社会福祉法人立などの私立保育所があり、公立・私立ともに、児童福祉施設の設備及び運営に関する基準に基づいて、職員数や設備などが整えられている。いずれも小学校就学までの子どもを保育するが、入所年齢については、それぞれの保育所によって違いがある。

▼認可外保育所

　認可保育所以外の保育所はすべて、認可外保育所といえる。具体的には、ベビーホテル、駅型保育所、へき地保育所などがあげられる。認可外保育所のなかには、認可保育所に近い設備を整えた保育所や、少人数保育の特性を生かし、家庭に準じた保育を実践しているところもある。その一方で、保育者の確保や設備的な環境が整っていない施設も含まれる。例としては、ビル内の狭い一室において、乳児から就学前の子どもまで一緒に過ごす施設や、園庭がない、食事内容が子どもの現状に合っていない施設である。立地条件や名称だけでは、保育の現状はわかりにくい。

　自治体によって認可外保育所に独自の基準・名称を設けて、自治体の基準を満たした保育施設に一定の補助を行っている場合もある。東京都の場合は「認証保育所」、神奈川県横浜市の場合は「横浜保育室」などの名称でそれぞれ制度を設け、一定水準を保つことをめざしている。

▼地域型保育

　新制度では、先述した地域型保育給付の対象となる市町村による認可事業（地域型保育事業）が創設された（図8−3）。

　これは、保育所（原則20人以上）より少人数の単位で、主として0〜2歳の子どもを保育する*5もので、次の4類型のなかから利用者が選択できる

＊5
場合によっては3歳以上児を受け入れることができる。

124

図8－3　地域型保育事業の創設

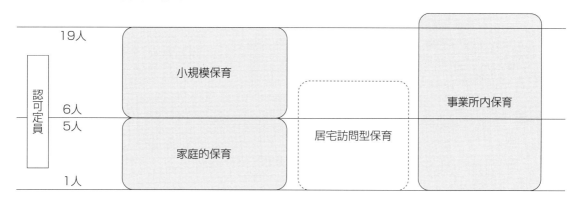

出典：厚生労働省「子ども・子育て支援新制度及び待機児童解消加速化プランについて」（平成27年3月19日）　p.6を基に作成

仕組みとなっている。なお、これらは児童福祉法に位置づけられている。

①家庭的保育（家庭的保育事業）

　家庭的保育者（保育ママ）の居宅において、少人数（定員5人以下）を対象に、家庭的な雰囲気のもとで保育を行う。

②小規模保育（小規模保育事業）

　少人数（定員6〜19人）を対象に、家庭的保育に近い雰囲気のもとで保育を行う。大きく分けて「A型」「B型」「C型」の3つに分類される。A型は保育所分園に近い類型であり、C型は家庭的保育に近い類型、その中間的な類型がB型である。

③居宅訪問型保育（居宅訪問型保育事業）

　障がい・疾患などで個別のケアが必要な場合や、施設がなくなった地域で保育を維持する必要がある場合などに、保護者の自宅で1対1の保育を行う。

④事業所内保育（事業所内保育事業）

　会社の事業所の保育施設などで、従業員の子どもと地域の子どもを対象に保育を行う。定員が19人以下であれば小規模保育と同様の基準であり、20人以上の場合は保育所と同様の基準で保育をする。

　地域型保育の創設により、都市部では、認定こども園等を連携施設として小規模保育等を増やすことで待機児童の解消を図ることができ、また、人口

減少地域では、隣接自治体の認定こども園等と連携し、小規模保育等の拠点で子育て支援機能を維持・確保することが可能になる。地域型保育事業の認可基準は表8－3のとおりである。

表8－3　小規模保育事業の設置基準

事業類型		職員数	職員資格	保育室等	給食
小規模保育事業	A型	保育所の配置基準＋1名	保育士[1]	0・1歳児：1人あたり3.3㎡　2歳児：1人あたり1.98㎡	●自園調理（連携施設等からの搬入可）●調理設備●調理員[3]
	B型	保育所の配置基準＋1名	1/2以上が保育士[1]※保育士以外には研修を実施		
	C型	0～2歳児　3：1（補助者を置く場合、5：2）	家庭的保育者[2]		
家庭的保育事業		0～2歳児　3：1（家庭的保育補助者を置く場合、5：2）	家庭的保育者[2]（＋家庭的保育補助者）	0～2歳児：1人あたり3.3㎡	
事業所内保育事業		定員20名以上…保育所の基準と同様　定員19名以下…小規模保育事業A型、B型の基準と同様			
居宅訪問型保育事業		0～2歳児　1：1	必要な研修を修了し、保育士、保育士と同等以上の知識および経験を有すると市町村長が認める者	―	―

・小規模保育事業については、小規模かつ0～2歳児までの事業であることから、保育内容の支援および卒園後の受け皿の役割を担う連携施設の設定を求められている。
・連携施設や保育従事者の確保等が困難な離島・へき地に関しては、連携施設等について、特例措置を設けている。
・給食、連携施設の確保に関しては、移行にあたっての経過措置を設けている。

（参考）

保育所	0歳児　3：1　1・2歳児　6：1	保育士[1]	0・1歳児　乳児室：1人あたり1.65㎡　ほふく室：1人あたり3.3㎡　2歳児以上　保育室等：1人あたり1.98㎡	●自園調理※公立は外部搬入可（特区）●調理室●調理員

[1] 保健師、看護師または准看護師の特例を設けている（准看護師は平成27年4月1日から対象）。
[2] 市町村長が行う研修を修了した保育士、保育士と同等以上の知識および経験を有すると市町村長が認める者とする。
[3] 家庭的保育事業の調理員については、3名以下の場合、家庭的保育補助者を置き、調理を担当することも認められる。
出典：表8－2と同じ　p.12を一部改変

③　幼稚園および認定こども園

▼幼稚園

幼稚園は学校教育法第1条に、「学校とは、幼稚園、小学校、中学校、義務教育学校、高等学校、中等教育学校、特別支援学校、大学及び高等専門学校とする」とあるように、教育機関の一つである。しかし、その営みは同法第22条に「幼稚園は、義務教育及びその後の教育の基礎を培うものとして、幼児を保育し、幼児の健やかな成長のために適当な環境を与えて、その心身の発達を助長することを目的とする」（下線筆者）とあるように、「保育」をすると明示されている。

待機児童は主に0～2歳児であるという現状もあり、幼稚園を「保育サービス」と関連して考えることは難しいかも知れない。また、新制度においては「学校教育」を行う施設とされているが、先にあげたように、「保育」を行う施設としての幼稚園の役割をとらえておく必要もあるだろう。

▼認定こども園

認定こども園は、幼稚園と保育所の機能を併せもち、地域の子育て支援も行う施設である。施設体系は今までと変わらず、地域や施設の状況により、次の4つの型に分類される。

---

①幼保連携型

　認可幼稚園と認可保育所とが連携して、一体的な運営を行うことにより、認定こども園としての機能を果たすタイプ。

②幼稚園型

　認可幼稚園が、保育を必要とする子どものための保育時間を確保するなど、保育所的な機能を備えて認定こども園としての機能を果たすタイプ。

③保育所型

　認可保育所が、保育を必要とする子ども以外の子どもも受け入れるなど、幼稚園的な機能を備えることで認定こども園としての機能を果たすタイプ。

④地方裁量型

　幼稚園・保育所いずれの認可もない地域の教育・保育施設が、認定こども園として必要な機能を果たすタイプ。

新制度においては、認定こども園の普及を図ることを目的としている。特に幼保連携型認定こども園については、認可・指導監督の一本化と、学校および児童福祉施設として法的に位置づけられた。国、市町村、学校法人、社会福祉法人のみが設置でき、保育所および幼稚園の認可基準が遵守されてい

るため、基準レベルが高いとされている。

④ 保育サービスの実際

　これまで保育所、幼稚園、認定こども園等で実施してきた保育サービスを含め、新制度においては、すべての子育て家庭を対象に、地域のニーズに応じたさまざまな子育て支援の充実を図るとしている[*6]。

▼保育所での保育サービス

　通常の保育時間（1日8時間）以外にも、子どもを預かる体制を整えている保育所は多い。例として、早朝保育、延長保育[*7]、夜間保育、休日保育などがあげられる。ほかにも、一時保育、緊急保育、病後児保育などの機能を整えている保育所もある。

▼幼稚園での保育サービス

　幼稚園は、満3歳から小学校就学までの子どもを対象とし、1日の保育時間の標準は4時間とされている。しかし、保護者のニーズにともない、通常の保育時間を超えた「預かり保育」を実施しているところもある。

> **事例**　一時保育を利用したAさん
>
> 　核家族であるAさん一家は父親の転勤に伴い、引っ越しをすることになった。引っ越し準備の間、母親の実家から祖母が来て、Aさん宅の2歳の子どもの世話をすることになっていた。しかし、祖母が転倒による骨折から、入院しなくてはならなくなった。あてにしていた祖母の助けが借りられなくなったAさんは、近くの認可保育所で実施している、一時保育制度を利用することにした。

⑤ 保育サービスの課題

　2022（令和4）年に認定こども園のバスに園児が置き去りにされて亡くなった事故が起き、同年、各地の保育施設での園児虐待といった不適切保育が発覚した。保育の状況把握の調査が行われ、不適切保育防止の研修が行われるなど、各地で対策を講じようとしている。園児虐待や不適切保育の要因を探るなかで、保育士の配置基準[*8]の見直しが取りざたされるようになった。保育士の配置基準は、1948（昭和23）年から変わっていない。

　子どもを安全に保育することが大前提の保育所等の児童福祉施設において、子どもの命や安全が脅かされることは決してあってはならない。また、

*6
第6章p.99参照。

*7　延長保育
保育認定を受けた子どもについて、通常の利用日および利用時間以外の日および時間において、認定こども園、保育所等において保育を実施する事業。新制度では「延長保育事業」として、地域子ども・子育て支援事業の一つに位置づけられている（子ども・子育て支援法第59条第2号）。

*8　保育士の配置基準
0歳児：3人に1人、1・2歳児：6人に1人、3歳児：20人に1人、4歳以上児：30人に1人。

子どもの命や育ちよりもサービスが優先されることは避けなければならない。そのためには、適切な物的・人的環境のなかで、適切な力量の、適切な人数の保育士による保育が必要不可欠ではないだろうか。

🐛 まとめてみよう

> ①　自分が住んでいる地域には、どれくらい保育所があるだろうか。認可保育所・認可外保育所、それぞれについて調べてみよう。
> ②　自分が住んでいる地域には、どのような保育サービスが展開されているだろうか。ホームページや地域の広報誌などを活用し、調べてみよう。
> ③　自分が住んでいる地域に、待機児童はどれくらいいるのだろうか。調べてみるとともに、待機児童数を減らすためには何ができるか考えてみよう。

【参考文献】
厚生労働省『保育所保育指針（平成29年告示）』フレーベル館　2017年
文部科学省『幼稚園教育要領（平成29年告示）』フレーベル館　2017年
橋本好市・宮田徹編『学ぶ・わかる・みえる シリーズ保育と現代社会 保育と社会福祉』みらい　2012年
中山徹『よくわかる 子ども・子育て新システム－どうなる保育所・幼稚園・学童保育』かもがわ出版　2010年
近藤幹生『保育園と幼稚園がいっしょになるとき－幼保一元化と総合施設構想を考える』岩波書店　2006年
寺見陽子編著『子育ち・子育て支援学』保育出版社　2011年
『切り抜き速報　保育と幼児教育版』Vol.23 No.12　ニホン・ミック　2011年
ケンジ・ステファン・スズキ『消費税25％で世界一幸せな国 デンマークの暮らし』角川SSコミュニケーションズ　2010年
山田敏『北欧福祉諸国の就学前保育』明治図書出版　2007年
千葉忠夫『格差と貧困のないデンマーク－世界一幸福な国の人づくり』PHP研究所　2011年

〈参考ホームページ〉
厚生労働省　https://www.mhlw.go.jp/（令和５年８月30日閲覧）
文部科学省　https://www.mext.go.jp/（令和５年８月30日閲覧）
保育園を考える親の会　https://www.hoikuoyanokai.com/（令和５年８月30日閲覧）
社会福祉法人　日本保育協会　https://www.nippo.or.jp/（令和５年８月30日閲覧）
内閣府　子ども・子育て支援新制度なるほどBOOK（平成28年４月改訂版）　https://warp.da.ndl.go.jp/info:ndljp/pid/12772297/www8.cao.go.jp/shoushi/shinseido/event/publicity/naruhodo_book_2804.html（令和５年８月30日閲覧）
こども家庭庁　子ども・子育て支援新制度ハンドブック－施設・事業者向け（平成27年

7 月改訂版） https://www.cfa.go.jp/policies/kokoseido/jigyousha/#handbook （令和5 年 8 月30日閲覧)

コラム
デンマークにおける子育てについて

　北欧のデンマークと聞いて、何が思い浮かぶだろう。『みにくいアヒルの子』『マッチ売りの少女』『親指姫』『人魚姫』『裸の王様』などは、どれもデンマーク人であるアンデルセン (H.C.Andersen)がつくった童話である。このアンデルセンの故郷デンマークにおける、子育てについてみてみよう。

　現在、厚生労働省によると、日本の合計特殊出生率は 2022（令和４）年に 1.26 と発表されている。デンマークでは、1983 年に 1.38 になった。その後、2021 年に 1.72 にまで回復している。この合計特殊出生率が示すものは、子どもを生み育てやすい社会づくりの成果といえるのではないか。

　では、一体どのような制度が整えられているのか、具体的にみることにする。たとえば妊産婦の健診や出産費用は、デンマークではすべて国庫負担となっている。日本では１回に１万円近くかかる定期健診の費用が 2013（平成 25）年度から無料化されるなどの対応が始まったところである。また、働く女性が妊娠し、産休と育児休業が認められた場合、日本では給与は減額される場合が多い。それに対し、デンマークでは、出産前後に有給休暇が与えられる制度がある。福祉制度としては、医療費が無料であり、また義務教育だけでなく、高校・大学も含めて教育費も無料である。

　就学前は、どのような保育が行われているのだろう。０〜３歳までは保育所や保育ママによる保育が行われ、３歳からは幼稚園で過ごす子どもが多い。先ほど、教育費が無料であることを紹介したが、保育所・幼稚園においては有料である。しかし、費用のうち、約３分の２は市町村が負担し、家庭での負担は約３分の１である。

　デンマークと日本では、子どもを生み育てる環境として、整えられている制度に大きな違いが感じられる。デンマークの高い福祉制度を支えているものとして、日本との消費税率の違いがあげられる。デンマークでは 2022 年現在 25% である。日本人からは、「高い」と感じられる税率であろう。しかし、デンマークに住む人は、25% の税金に対して「高負担」と感じていないという。その背景には、高い税金を納める代わりに、高い福祉制度を支える社会的なシステムがある。

　日本における出生率の回復は、デンマークほどの劇的な制度改革を実施しない限り見込めないのだろうか。まずは現在の制度のなかで、子どもを生み育てやすい社会づくりを考えていく必要があるだろう。

第9章　子ども虐待とDV(ドメスティック・バイオレンス)

🖋 年々増加している子ども虐待や配偶者間の暴力について理解を深めよう

みらいさん　なつ先生、テレビやインターネットで子ども虐待が増えているっていっていたのですが、何だか悲しくなりますね。そういえば、いつも虐待事件が報道されている気がします……

なつ先生　そうですね。虐待のニュースをみると切なくなりますね。ニュースに出てくるような死亡事件でも、児童相談所が早めに動ければ助かったのではないかなと思うようなものも多いですからね。

みらいさん　えっ!?　虐待って警察が対応するのではないのですか?

なつ先生　もちろん警察も虐待に対応するチームの一員としてかかわりますが、子ども虐待の相談や通告を受けて対応するのは児童相談所や市町村なのですよ。

みらいさん　へぇ、そうなのですね。

なつ先生　ニュースにならないような虐待もたくさん起こっていて、実際、児童相談所で対応した虐待件数も年々増加しているのです。チームの一員ってことでいえば、みらいさんがめざしている保育士も重要な役割を果たしているのですよ。

みらいさん　どういうことですか?

なつ先生　一つは、虐待を早く発見し対応するための役割です。子どもたちの様子を毎日直接観察する保育士は、虐待に気づきやすいですからね。

みらいさん　なるほど!

なつ先生　それと、虐待予防のための役割もあるのです。虐待につながりやすい要因の一つに、親の育児に対するストレスが考えられているので、保育所に求められている地域の子育て支援が虐待の予防にもつながることになるのです。

みらいさん　そうなのですね。保育士も虐待についていろいろと知っていないといけないのですね。

なつ先生　そうです。子どもに対する虐待に限らず、高齢者や障がいのある人に対する虐待、最近世間に広く知られるようになってきたDV(ドメスティック・バイオレンス)などは重大な人権侵害だということをしっかり意識したうえで、まずは子ども家庭福祉に関連する子ども虐待とDVについて、それがどのようなものなのか、どのような取り組みがされているのか、ということを学んでいきましょう。

1 子ども虐待

① 子ども虐待の現状

▼子ども虐待の分類

「児童虐待の防止等に関する法律」第2条では、子ども虐待を、身体的虐待、性的虐待、ネグレクト、心理的虐待の4つに分類し定義している。具体的な行為としては、以下のようなものがあげられる。

①身体的虐待

首を絞める、殴る、蹴る、投げ落とす、激しく揺さぶる、熱湯をかける、布団蒸しにする、溺れさせる、逆さ吊りにする、異物を飲ませる、意図的に子どもを病気にさせる、など

②性的虐待

性的行為を強要する、性器や性交をみせる、ポルノグラフィーの被写体などに子どもを強要する、など

③ネグレクト

家に閉じ込める、病院に連れて行かない、乳幼児を家に残したまま度々外出する、乳幼児を車に放置する、食事を与えない、下着など長期間不潔なままにする、同居人等による虐待行為を放置する、などの保護者としての責任を果たさない行為、など

④心理的虐待

言葉による脅かし・脅迫、無視、拒否的な態度、子どもの心を傷つける言動、ほかのきょうだいとは著しく差別的な扱いをする、配偶者やその他の家族などに対し暴力をふるう、など

▼子ども虐待の実態

厚生労働省の「令和3年度福祉行政報告例」によると、児童相談所における児童虐待相談の対応件数は20万7,660件であり、年々増加している。虐待の種類別の内訳は、身体的虐待4万9,241件、性的虐待2,247件、ネグレクト3万1,448件、心理的虐待12万4,724件となっている。また、主な虐待者の割合は、実母47.5%、実父41.5%、実父以外の父親5.4%、実母以外の母親0.5%、その他5.2%である。虐待を受けた子どもを年齢別にみると、3歳が1万4,035件と最も多くなっており、0歳から6歳までの合計が9万1,367件となっている。

▼子ども虐待の社会的背景

　都市化、産業構造の変化、高度情報化などの社会環境の変化は、子育て家庭の生活に大きな変化をもたらしている。社会環境の変化は、核家族化や少子化などの家族の変化や近所付き合いの減少、子どもの遊び場の減少などの地域社会の変化につながっている。そして、親の孤立、子育ての知識や経験の不足、育児情報の氾濫などは、子育て家庭に大きな影響を与えている。それらは子育て家庭が抱えるストレスが増大する要因の一つとなっており、そのような子育てに対するストレスが、虐待につながってしまう場合も少なくない。

　近年では、子どもの貧困率の上昇、つまり相対的貧困の状態にある家庭の増加や、コロナ禍による生活不安といった、社会的な問題と関連した状況も虐待につながってしまう場合があると考えられる。特にコロナ禍において学校等の休業や外出自粛が続いた時期は、子ども虐待のリスクが高まっていたため、厚生労働省は、子ども虐待の早期発見・早期対応につなげ、定期的に見守るため、要保護児童対策地域協議会を中心とした「子どもの見守り強化アクションプラン」の実施を2020（令和２）年に通知した。

▼子ども虐待のリスク要因

　表９－１は、「子ども虐待対応の手引き」による虐待のリスク要因である。ただし、これらの要因が必ず虐待につながるわけではないことに気をつけなければならない。

▼子ども虐待の影響

・身体への影響

　頭部外傷、頭蓋内出血、骨折、火傷、溺水による障がい、妊娠、性器の外傷、性感染症などがあげられる。

・知的発達への影響

　身体的虐待の後遺症や情緒的なかかわりの欠如によって知的障がいが生じたり、ネグレクトによって子どもに必要な社会的刺激を与えないことから、知的発達が妨げられることがある。

・人格形成への影響

　大切に育てられている実感がないため、自尊心が育たず、自己否定的で、自暴自棄になり自傷や自殺未遂などの行動に結びつくことがある。また、ちょっとした注意や叱責でも、虐待された場面がよみがえってパニックになったり、すぐに興奮して暴れたり、うつ状態や無感動・無反応になってしまうなどの精神症状が現れる子どももいる。愛着形成の不全、栄養や感覚刺激の不足などによって発育不全・発達の遅れなどが生じることもある。

表9－1　虐待に至るおそれのある要因（リスク要因）

---

1. 保護者側のリスク要因
   ・妊娠・出産そのものを受容することが困難（望まぬ妊娠・出産、若年の妊娠・出産）
   ・子どもへの愛着形成が十分に行われていない（妊娠中に早産等何らかの問題が発生したことで胎児の受容に影響がある。妊娠中または出産後の子どもの長期入院）
   ・マタニティブルーズや産後うつ病等精神的に不安定な状況
   ・元来性格が攻撃的・衝動的
   ・医療につながっていない精神障害、知的障害、慢性疾患、アルコール依存、薬物依存
   ・被虐待体験
   ・育児に対する不安や日常的な生活ストレス（保護者が未熟等）
   ・体罰容認などの暴力への親和性　　　　　　　　　　　　　　　　　　　　　　　　等

2. 子ども側のリスク要因
   ・乳児期の子ども
   ・未熟児
   ・障がい児
   ・何らかの育てにくさをもっている子ども　　　　　　　　　　　　　　　　　　　等

3. 養育環境のリスク要因
   ・未婚を含むひとり親家庭
   ・内縁者や同居人がいる家庭
   ・子ども連れの再婚家庭
   ・夫婦をはじめ人間関係に問題を抱える家庭
   ・転居を繰り返す家庭
   ・親族や地域社会から孤立した家庭
   ・生計者の失業や転職の繰り返し等で経済不安のある家庭
   ・夫婦の不和、配偶者からの暴力（DV）等不安定な状況にある家庭
   ・妊娠中であれば定期的な妊婦健康診査を受診しない等胎児および自分自身の健康の保持・増進に努力しない、出産後であれば、定期的な乳幼児健康診査を受診しない　　　等

出典：厚生労働省「子ども虐待対応の手引き」を一部改変

・行動面への影響

　不安や孤独、虐待を受けたことへの怒りなどをさまざまな行動で表す。集中力の欠如、落ち着きのなさ、衝動的な行動などが特徴として指摘されている。さらに、家に帰りたがらない、家出を繰り返す、万引きを繰り返すほか、過度に性的な興味や関心を示すなどの非行の背景に虐待がある場合がある。

② 子ども虐待への対応

▼地域における子ども虐待防止のシステム

　子ども虐待への対応は、「児童福祉法」や「児童虐待の防止等に関する法律」に基づいて行われる（図9－1）。子ども虐待防止対策として、①虐待の「発生予防」、②虐待の「早期発見・早期対応」、③虐待を受けた子どもの「保護・自立支援」に至るまでの総合的な支援体制の整備・充実に向けての取り組みが進められてきた。2018（平成30）年7月には「児童虐待防止対策の強化に向けた緊急総合対策」が決定し、同年12月には「児童虐待防止対策体制総合強化プラン」が策定された。その後も「児童虐待防止対策の抜本的強化」

図9－1　地域における子ども虐待防止のシステム

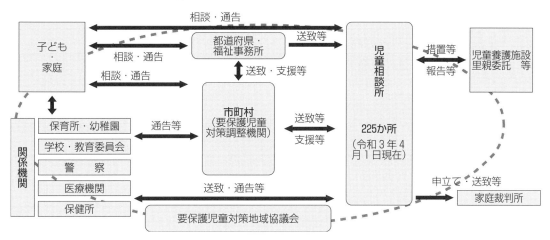

出典：厚生労働省編『令和4年版 厚生労働白書（資料編）』日経印刷　2022年　p.189を一部改変

（2019［同31］年）などが取り組まれてきたが、児童相談所における虐待対応件数は増加する一方である。そのような状況や、2022（令和4）年の児童福祉法の改正やこども家庭庁の創設をふまえ、同年12月には、「新たな児童虐待防止対策体制総合強化プラン」が策定された。2023（同5）年度から2026（同8）年度の間に実施されるこのプランでは、児童相談所の体制強化や専門性強化、市町村の体制強化や専門性強化が取り組まれる予定となっている。児童相談所の体制強化としては、2024（同6）年度までに児童福祉司を1,060人増員すること、2026（同8）年度までに児童心理司を950人増員することなどが目標とされている。

▼**児童相談所**

　児童相談所[*1]は、虐待が疑われるときや発生した際の相談・通告先となっている。通告を受理した児童相談所では、緊急受理会議により対応が開始される。子どもの安全確認、調査（任意調査、立入調査）、判定を経て援助方針が決定される。また、調査の結果、緊急に子どもを保護する必要があると判断された場合は、一時保護が行われる。援助としては、在宅指導、児童福祉施設入所や里親委託[*2]などが行われ、場合によっては、家庭裁判所に対して、親権喪失（停止）の審判の請求を行うことができる。

＊1　児童相談所
第5章p.82参照。

＊2　里親委託
第10章p.150参照。

▼**市町村の役割**

　従来の子ども虐待防止対策は、児童相談所のみで対応する仕組みであったが、2004（平成16）年の「児童虐待の防止等に関する法律」の改正により、市町村も虐待の相談・通告先となった。市町村により名称は異なるが、「家

庭児童相談室」「子ども家庭支援センター」などが対応している。なお、市町村虐待相談対応件数は、2005（同17）年度の4万222件から2021（令和3）年度には18万2,884件となっている。

▼要保護児童対策地域協議会（子どもを守る地域ネットワーク）

　2000（平成12）年度に、市町村域において、保健、医療、福祉、教育、司法、警察などの関係機関や関係団体が子ども虐待を防止するために必要な情報交換を行い、子どもやその保護者などを支援するための「児童虐待防止市町村ネットワーク事業」が創設された。2004（同16）年の児童福祉法改正では、そのネットワークが「要保護児童対策地域協議会」として法定化され、各市町村による設置およびその機能の強化が進められている。

▼虐待を受けた子どもの保護・自立支援

　「児童虐待の防止等に関する法律」により、国と地方公共団体は、居住の場所の確保、進学や就業の支援その他の虐待を受けた子どもの自立に向けた施策を行う。保護・自立支援に対する取り組みとしては、家庭的環境での養護を促進するための里親制度の拡充、児童養護施設等の小規模ケアの推進、年長児の自立支援策の拡充などが進められている。

▼子ども虐待の発生予防の取り組み

　虐待の発生予防の取り組みとしては、2004（平成16）年から毎年11月に行われている「児童虐待防止推進月間」や、民間団体が中心となって実施している「オレンジリボンキャンペーン」などの広報・啓発活動に加え、地域から孤立し、子育てに対するストレスを感じている親に対する子育て支援という観点からの取り組みも重要である。そのための施策としては、「乳児家庭全戸訪問事業（こんにちは赤ちゃん事業）」[3]「養育支援訪問事業」[4]「地域子育て支援拠点事業」[5]の推進が位置づけられている。

③　子ども虐待と児童福祉施設

▼保育所の役割

　保育所は日々の子どもの状態を観察することで、虐待を発見しやすい立場にあり、虐待の早期発見や対応において重要な役割を担う。保育所保育指針にも、不適切な養育や虐待が疑われる場合の関係機関との連携や対応についての記載がされている[6]。

　虐待を受けている子どもや虐待を行っている大人には、不自然な傷やあざ、説明、表情、行動や関係などの不自然さがみられる。表9−2は、虐待の早期発見のためのチェックリストである。

＊3　乳児家庭全戸訪問事業（こんにちは赤ちゃん事業）
第5章p.87参照。

＊4　養育支援訪問事業
第5章p.87参照。

＊5　地域子育て支援拠点事業
第5章p.87、第6章p.100参照。

＊6
保育所保育指針第4章の2（3）

表9-2 早期発見のためのチェックリスト―保育所・幼稚園用

※チェックリストのどれかに該当するからといって、必ず虐待が行われているということではありません。
　チェックリストの複数に該当し、繰り返しているようなら虐待を疑い、SOSのサインが他にもないか、子どもや保護者に対して、これまで以上に十分に注意してかかわる必要があります。

子どもの様子	保護者の様子
●乳児（1歳未満児） □不自然な打撲によるあざや火傷などがよく見られる □特別な病気もないのに、身長の伸びが悪い、体重の増加が悪かったり、次第に低下したりしている □表情や反応が乏しく、語りかけ、あやしにも無表情である □抱かれると異常に離れたがらなかったり、おびえたような様子が見られたりする □お尻がただれていたり、身体、衣類が極端に汚れたまま登園（所）する □母子健康手帳の記入が極端に少ない **●幼児（1歳から就学前）…乳児に見られる特徴の他に、** □原因不明の不自然な傷やあざが多く見られ、手当も十分でない □おびえた泣き方をしたり、かんしゃくが激しい □親が迎えに来ても帰りたがらない □職員を試したり、独占しようとまとわりついて離れない □転んだりけがをしても泣かない、助けを求めない □おやつや給食などをむさぼり食べる、おかわりを何度も要求する □身体、衣類が極端に汚れたままで登園（所）することがよくある □予防接種や健診を受けていない □理由のはっきりしない、または連絡のない遅刻や欠席が多い □ささいなことでカーッとなり、他の子への乱暴な言動がある □小動物に残虐な行為をする □いつもおどおどしていて、何気なく手をあげても身構える □親の前ではおびえた態度になる □年齢不相応な性的な言葉や、性的な行動が見られる □虫歯が多い	□子どもの扱いがハラハラするほど乱暴である □子どもとの関わりが乏しかったり、冷たい態度をとったりする □子どもの要求をくみ取ることができない（要求を予想したり理解したりできない、なぜ泣くのかわからない） □予防接種や健康診断を受けさせない □感情的になったり、イライラしていてよく怒る □子どもが自分の思いどおりにならないとすぐに叩いたり、蹴ったりする □子どもに能力以上のことを無理矢理教えよう（させよう）とする □きょうだいと著しく差別したり、他の子どもと比較ばかりしている □無断で欠席させることが多い □理由がないのに、長時間、保育所や幼稚園におきたがる □保育士や教職員との面談を拒む □夫婦関係や経済状態が悪く、生活上のストレスになっている □母親にも暴力を受けた傷がある* ★緊急性が高い場合　→　早急に児童相談所（警察あるいは医療機関）へ通告する □子ども自身あるいは保護者が保護や救済を求めており、訴える内容が切迫している □確認には至らないものの、性的虐待が強く疑われる □頭部や顔面、腹部のあざや傷が繰り返されている □慢性的にあざや火傷（タバコや線香、熱湯など）がみられる □親が子どもにとって必要な医療処置をとらない（必要な薬を与えない、乳児の下痢を放置するなど） □子どもにすでに重大な結果が生じている（性的虐待、致死的な外傷、栄養失調、衰弱、医療放棄等）

＊DVが疑われる
出典：福島県・福島県教育委員会「保育従事者・教職員のための児童虐待対応の手引き」pp.11-12

▼被措置児童等虐待

　2008（平成20）年度の児童福祉法の改正により、被措置児童（里親に委託された子どもや児童福祉施設に入所する子ども、一時保護施設に保護された子どものことなどを指す）等への虐待の防止に関する事項が盛り込まれ、2009（同21）年には厚生労働省により被措置児童等虐待対応ガイドラインが策定された。それらにより、里親や児童福祉施設職員などによる虐待への対応や、被措置児童の権利擁護の仕組みが制度化された。

❷ DV（ドメスティック・バイオレンス）

① DVの現状

▼DVとは

　DV（ドメスティック・バイオレンス）は、夫婦や恋人などの間で行われる暴力のことを指すことが多い。DVには殴る、蹴るといった身体的暴力だけでなく、心ない言動で相手の心を傷つける精神的暴力や、嫌がっているのに性的行為を強要する、中絶を強要する、避妊に協力しないなどの性的暴力が含まれる。また、経済的暴力（生活費を渡さない、経済的な自由を与えない、外で働くことを禁止するなど）、社会的暴力（人間関係・行動を監視する、実家や友人との付き合いを制限する、電話や手紙を細かくチェックするなど）、子どもを利用した暴力（子どもへの加害をほのめかす、子どもに被害者が悪いと思わせるなど）もDVである。

▼DVの実態および背景

＊7　配偶者暴力相談
支援センター
本章p.139参照。

　2021（令和3）年度の配偶者暴力相談支援センター＊7における相談件数は12万2,478件である。また、同年度の警察における配偶者からの暴力事案等の相談等件数は8万3,042件であり、どちらも増加傾向にある。

　DVの背景には、暴力を容認しがちな社会風潮、女性を男性より低くみる意識、男女の固定的な役割分担意識、経済力の格差などの社会構造による影響がある。

▼DVの影響

＊8　PTSD（心的外傷後ストレス障害）
自然災害や火災、事故、犯罪被害などのショッキングな出来事や死別・別離やいじめ、虐待などのつらい出来事による心の傷（トラウマ）が原因となって心身に支障をきたすストレス障がいのこと。
トラウマとなる出来事が、ふいに思い出されたり、夢に出てくることが繰り返される再体験、その出来事を思い出すような状況や場面を避けたり、感情や感覚の反応性が麻痺する回避、不眠やイライラ、集中困難、過度の警戒心などがみられる過覚醒などの症状が1か月以上続く場合に診断される。

　DVの被害者は、暴力によるケガなどの身体的な影響だけでなく、PTSD（心的外傷後ストレス障害）＊8などの精神的な影響を受けることもある。

　DVの被害者が加害者から逃げない、逃げられない理由としては、日常的な暴力から受ける恐怖感・無力感のほか、「暴力をふるうほどに自分を愛してくれている」「いつか変わってくれる」といった被害者であることを自覚できない複雑な心理、経済的な理由、子どもの就学問題、現住居から逃げることで仕事や地域とのかかわりを失うおそれなどがあげられる。

▼DVによる子どもへの影響

　2004（平成16）年の「児童虐待の防止等に関する法律」の改正により、子どもがDVを目撃することは、心理的虐待にあたることが明確化された。暴力を目撃することで、子どもの心を傷つけ、さまざまな心身の症状が現れることがある。また、暴力を目撃しながら育った子どもは、自分が育った家庭

での人間関係のパターンから、感情表現や問題解決の手段として暴力を用いることを学習する場合がある。DVが行われている家庭では、身体的虐待などの虐待が行われている場合も多い。これについて、内閣府男女共同参画局[1]はいくつかの例を挙げて説明している。

①DV加害者が配偶者へのDVと子どもへの虐待を同時に行っている：DV被害者は、加害者に対する恐怖心から判断力や感情がまひして虐待を制止できない。

②子どもの前でDVが行われる：これは面前DVといい、心理的虐待にあたる。

③DV被害者が加害者に従って子どもを虐待する：継続してDVを受けていると感情がなくなり、加害者に言われるがまま子どもを虐待してしまうことがある。

④子どもがDV加害者と被害者の両方から虐待を受ける：DV被害を受けていると、加害者に対する恐怖心から逆らうことができなくなり、一緒に虐待してしまうことがある。

⑤DV加害者がDV被害者と子どもの関係を壊す：DV加害者が被害者の悪口を言い続けることで、子どもが被害者を軽んじ、被害者と子どもの関係が壊れることがある。

② DVへの対応

▼DV防止法

日本では、「配偶者からの暴力の防止及び被害者の保護等に関する法律」（以下、「DV防止法」）により、配偶者（事実婚や元配偶者も含む）による暴力への対策が整備されている。DV防止法による対応の流れは、図9−2のとおりである。

▼配偶者暴力相談支援センター

DV防止法に基づく機関であり、都道府県が設置する女性相談支援センター*9その他の適切な施設がその機能を果たしている。主に図9−2にある業務を行っている。

▼DV被害者への支援

DVの被害者に対する支援のうち、厚生労働省に関連するものを図9−3に示す。2020（令和2）年1月に発表された「児童養護施設入所児童等調査結果」によると、児童福祉施設の一つである母子生活支援施設への入所理由として、配偶者からの暴力が50.7％と一番多くなっている（2018［平成30］年2月1日現在）。

*9　女性相談支援センター
第5章p.84参照。

図9－2　DV防止法によるDV対応の流れ

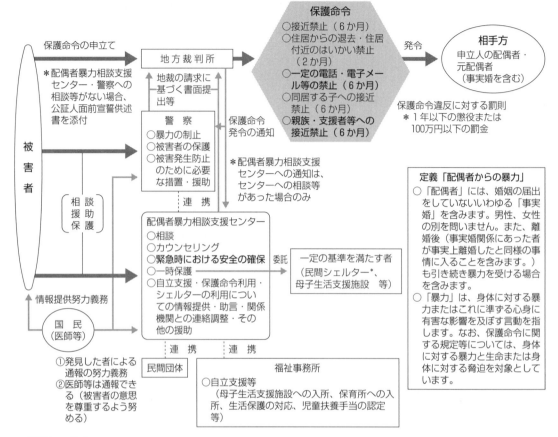

＊民間シェルター
民間団体によって運営されているDVの被害者が緊急一時的に避難することができる施設。被害者の安全の確保のため、所在地は非公開になっている。緊急避難の場所であるが、新しい生活に向けての準備ができるステップハウスとしての機能を備えている場合もある。

出典：内閣府男女共同参画局「配偶者からの暴力の被害者対応の手引－二次的被害を与えないために」2008年
　　　pp.9－10に一部加筆

▼困難な問題を抱える女性への支援に関する法律

　婦人保護事業は、もともとは売春防止法に基づく事業として始まったが、支援ニーズの多様化により、新たな枠組みが求められるようになった。2024（令和6）年4月に施行されたこの法律において、「困難な問題を抱える女性」とは、性的な被害、家庭の状況、地域社会との関係性その他のさまざまな事情により日常生活または社会生活を営むうえで困難な問題を抱える女性を指している。女性の福祉、人権の尊重や養護、男女平等などの視点からの支援の枠組みをめざし、従来の婦人相談所が女性相談支援センターに、婦人相談員が女性相談支援員に、婦人保護施設が女性自立支援施設に、それぞれ名称変更となった。

図9−3　厚生労働行政におけるDV被害者の自立支援の取り組み

婦人保護事業の概要

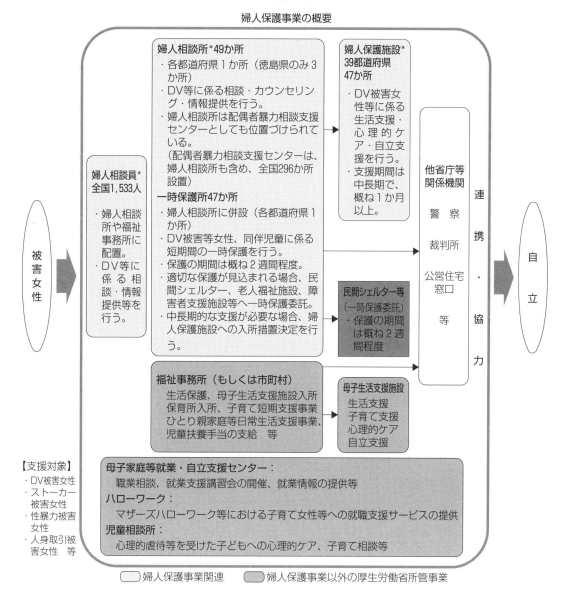

＊婦人相談員、婦人相談所および婦人保護施設の数は2020（令和2）年4月1日現在。配偶者暴力相談支援センターの数は同年11月1日現在。なお、2024（令和6）年4月施行の「困難な問題を抱える女性への支援に関する法律」により、婦人相談所が女性相談支援センターに、婦人相談員が女性相談支援員に、婦人保護施設が女性自立支援施設に、それぞれ名称変更されている。

出典：厚生労働省編『令和5年版 厚生労働白書（資料編）』日経印刷　2023年　p.188に一部加筆

まとめてみよう

① 子ども虐待の種類や影響について整理し、まとめてみよう。

② 自分の住む都道府県や市区町村の虐待やＤＶに関する相談窓口や通告先について、ホームページやパンフレットなどで調べてみよう。

③ 子ども虐待の発生予防、早期発見・早期対応、虐待を受けた子どもの保護・自立支援に関連する機関や施設についてまとめてみよう。

【引用文献】

1）内閣府男女共同参画局「特集　DV（ドメスティック・バイオレンス）と児童虐待－DVは子どもの心を壊すもの」 https://www.gender.go.jp/policy/no_violence/dv-child_abuse/index.html（2023年8月3日閲覧）

【参考文献】

齊藤万比古総編集本間博彰・小野善郎責任編集『子どもの心の診療シリーズ5 子ども虐待と関連する精神障害』中山書店　2008年

社会福祉士養成講座編集委員会編『新・社会福祉士養成講座15 児童や家庭に対する支援と児童・家庭福祉制度 第5版』中央法規出版　2015年

鈴木眞理子・大溝茂編著『改訂 児童や家庭に対する支援と児童・家庭福祉制度』久美　2010年

吉田眞理『児童の福祉を支える　児童家庭福祉』萌文書林　2010年

植木信一編『児童家庭福祉』北大路書房　2011年

伊達悦子・辰巳隆編『改訂 保育士をめざす人の児童家庭福祉』みらい　2015年

桐野由美子編『保育者のための社会福祉援助技術』樹村房　2006年

コラム
デートDVって？

　2008（平成20）年にフジテレビで放映されたドラマ「ラスト・フレンズ」では、長澤まさみさんが演じる主人公の女性が錦戸亮さん演じる恋人からDVを受けるシーンが何度も登場する。このドラマでは、身体的な暴力だけでなく、精神的な暴力や過度の束縛による行動の制限、性的な暴力もDVとして描写され当時話題になった。

　DV防止法が対象としているのは、配偶者の間で起こるDVであるが、結婚していないカップルの間で起こるDVのことを「デートDV」といい、高校生や大学生の間でも起こっている。さいたま市が2019（令和元）年に行った、市内の高校生・大学生を対象とした「若年層における交際相手からの暴力（デートDV）に関する意識・実態調査」によると、男女別では、女性の17.3％、男性の16.1％に、年代別では、大学生の28.0％、高校生の10.2％が何らかのデートDVの被害経験がある。交際相手から受けた暴力としては、「携帯電話の着信・発信履歴やメールのチェックをする」が10.4％、「LINEやFacebookなどのSNSを執拗に監視したり制限する」が7.7％と多く、「常に自分の行動を報告させるように命じる」が4.7％、「人前でバカにしたり、ののしったりする」が3.8％と続いている。このように、高校生・大学生のデートDVでは、精神的暴力、なかでも携帯電話を使った監視や束縛といった行動の制限（社会的暴力）が特徴となっている。しかし、一方でそのような行為をDVと認識していない高校生・大学生も多い。同調査では、身体的暴力や性的暴力、経済的暴力に関する項目は82.4～95.7％と多くの人がDVと認識しているのに対し、「携帯電話の着信・発信履歴やメールのチェックをする」は39.8％、「LINEやFacebookなどのSNSを執拗に監視したり制限する」は59.8％の人しかDVだと思っていない。

　デートDVでは、暴力、支配、束縛などを愛情と勘違いしやすい面がある。相手の束縛、暴力、支配的な言動などを相手の愛情表現だと思って受け入れてしまうこと、相手に束縛されている自分に対して、こんなにも自分は愛されているのだと思い込んでしまうこと、相手の嫌な面も受け入れることが愛だと思うことなどで、相手の行為がDVだということに気づかなくなってしまうことも多い。DVは、相手を自分の思いどおりにしたい、自分だけのものにしたいという「支配」の気持ちが強くなって起こり、DVが起こっているカップルの間には、対等・平等ではない上下・主従関係が生じている。そのような関係に陥らないためにも、デートDVに関する正しい知識をもち、また、交際相手とは、お互いを尊重し、嫌なことは嫌と伝え合えるような対等で平等な関係を築いていくことが大切である。

　DVは、エスカレートすると重大な被害や事件などに発展することもある。最近では、都道府県や市町村、DVに関連する民間団体がデートDVについてのパンフレットなどを作成しているので、人ごとと思わずに一度目を通してみよう。

第10章　社会的養護

🖋 社会的養護とは？

みらいさん：なつ先生、保育者の働く場所は保育施設だけではなく、その他の児童福祉施設もあるのですか？

なつ先生：そうですね、保育者はさまざまな児童福祉施設で活躍しています。そのなかでも「社会的養護」に関連する施設で働いている保育者も多いんですよ。

みらいさん：「社会的養護」という言葉は時々耳にしますが、どういう意味があるのですか？

なつ先生：みらいさんはこれまで子どもに関する勉強をしてきたと思いますが、子どもはそもそも保護者が責任をもって育てるというのが基本ですよね。ただ、保護者だけで子どもを育てることが難しい場合があります。そこで社会全体で子育てに取り組もうといろいろな子育てに関する支援を国や地方公共団体が行っています。そうした公的な取り組みを総称して「社会的養護」といいます。

みらいさん：なるほど。そういえば第5章で子どもを社会全体で育てることや、国や地方公共団体にはその責任があることを学びました。

なつ先生：そうですね。現代社会は子育てを社会全体で行うことを掲げて、さまざまな子育てに関する支援を行っていましたよね。

みらいさん：保育所の保育もその一つですよね。

なつ先生：その通りです。保育所のように家庭養育を補完する役割をもった施設や、児童相談所などのように相談する機関があります。その他でみらいさんが知っている施設はありますか。

みらいさん：児童養護施設は知っています。

なつ先生：そうですね。児童養護施設は、さまざまな理由で家庭での生活ができない子どもたちが生活している施設で、そこでは保育者などの職員が保護者に代わって子どもたちの生活を支えているんですよ。

みらいさん：社会的養護って幅広いんですね。

なつ先生：そうなんです。ただこの章では、「代替的養護」と呼ばれる社会的養護の機能の一つについて取り上げていきます。社会的養護にはその他に「補完的養護」「支援的養護」「治療的養護」という機能がありますが、それは他の科目で詳しく学ぶことになります。また、ここで取り上げる「代替的養護」については、「社会的養護Ⅰ・Ⅱ」でさらに詳しく学びます。それでは「社会的養護」の学びを始めましょう。

1　社会的養護とは

①　社会的養護とは何か

　子どもは本来、家族とともに温かい家庭のなかで育つことが基本であり望ましい。児童福祉法（以下「法」とする）においても、子どもを心身ともに健やかに育成する第一義的責任を保護者が負うことが明記されている（第2条第2項）。このように親または親族が保護者として養育に責任をもち、家庭で養育されることを「家庭養育」という。しかしながら、何らかの理由により家庭養育が困難になってしまう子どもがいる。そうした子どもに対しては、公的責任で社会的に保護し、養育すること、そして要保護児童[*1]の保護者とともに子どもの養育を考え、その家庭への支援を行うことが必要であり、こうした実践を「社会的養護」という。

　社会的養護が必要になる理由は、保護者の死亡・行方不明・離別、虐待、病気、障がい、経済的事情による養育困難、天災などであり、個人的要因から社会的要因までさまざまである。

②　社会的養護の基本理念と原理

▼社会的養護の基本理念

　社会的養護は、「子どもの最善の利益のために」「社会全体で子どもを育む」という理念に基づいて取り組まれている。

　「子どもの最善の利益のために」とは、子どもにとって最も望ましいことは何かという視点を意味し、児童の権利に関する条約に掲げられ、児童福祉法にも明記されている理念である。わが国の子ども家庭福祉では、子どもの最善の利益を最優先に考えた制度やサービスを提供する必要があり、それは社会的養護も例外ではない。

　基本理念の2つ目の「社会全体で子どもを育む」とは、子育ての責任を保護者のみが負うのではなく、法第2条に「全て国民は、児童が（中略）心身ともに健やかに育成されるよう努めなければならない」「国及び地方公共団体は、児童の保護者とともに、児童を心身ともに健やかに育成する責任を負う」とあるように、地域社会における公的支援や私的なつながりのなかで、社会全体で子どもの養育を行っていくということである。

▼社会的養護の原理

　社会的養護は①家庭養育と個別化、②発達の保障と自立支援、③回復をめざした支援、④家族との連携・協働、⑤継続的支援と連携アプローチ、⑥ライフサイクルを見通した支援、という６つの原理に基づいて展開されている。

　「家庭養育と個別化」とは、すべての子どもは、適切な養育環境で、安心して自分をゆだねられる養育者によって養育されるべきという考え方である。そのためには「あたりまえの生活」を保障していくことが重要である。「発達の保障と自立支援」とは、未来の人生をつくり出す基礎となるよう、子ども期の健全な心身の発達の保障を目指すものである。愛着関係や基本的な信頼関係の形成が重要であり、自立した社会生活に必要な基礎的な力を形成していくというものである。「回復をめざした支援」は、虐待や分離体験などによる悪影響からの癒しや回復をめざした専門的ケアや心理的ケアを行い、安心感をもてる場所で、大切にされる体験を積み重ね、信頼関係や自己肯定感（自尊心）を取り戻すことである。「家族との連携・協働」は、親とともに、親を支えながら、あるいは親に代わって、子どもの発達や養育を保障していく取り組みである。「継続的支援と連携アプローチ」は、アフターケアまでの継続した支援と、できる限り特定の養育者による一貫性のある養育であり、さまざまな社会的養護の担い手の連携により、トータルなプロセスを確保するものである。「ライフサイクルを見通した支援」は、入所や委託を終えた後も長くかかわりを持ち続け、虐待や貧困の世代間連鎖を断ち切っていけるような支援を目指すものである。

❷　代替的養護の体系

①　代替的養護の内容

　代替的養護は、施設養護、家庭的養護、家庭養護に分けられる（図10-1）。施設養護は、乳児院や児童養護施設といった入所型の施設において営まれる養護のことである。入所施設には、一つの建物で20人以上の子どもが生活する大舎制、13～19人の子どもが生活する中舎制、12人以下の子どもが生活する小舎制がある。家庭的養護は施設養護のうち、子どもの生活単位を小さくして家庭的な養育環境をめざす養護のことである。具体的には、地域小規模児童養護施設、小規模グループケアなどがこれにあたり、地域小規模児童養護施設の定員は６人、小規模グループケアでは、児童養護施設６人、乳児院

4～6人の定員となっている。家庭養護は、里親やファミリーホームといった養育者の家庭において営まれる養護のことである。

　わが国ではこれまで施設養護が中心であったが、児童の権利に関する条約第20条の「家庭環境を奪われた子どもの養護」を受けて改正された児童福祉法において家庭養護の推進が進められている。児童の権利に関する条約では里親委託等の家庭養護の優先について規定されており、法第3条の2では、家庭での養育が困難な場合は「家庭における養育環境と同様の養育環境」において継続的に養育されるよう必要な措置が講じられることが規定されている。

図10－1　児童養護の体系

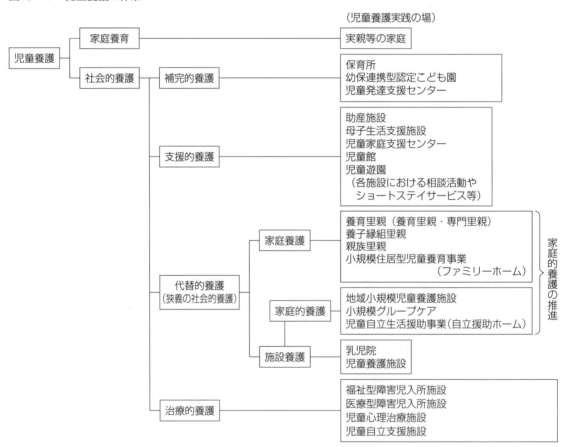

出典：櫻井奈津子編『子どもの未来を拓く　社会的養護の原理』青踏社　2023年　p.74を一部改変

②　施設養護

▼乳児院

　乳児院は、「乳児（保健上、安定した生活環境の確保その他の理由により特に必要のある場合には、幼児を含む。）を入院させて、これを養育し、あわせて退院した者について相談その他の援助を行うことを目的とする施設」である（法第37条）。乳児院は、乳幼児の基本的な養育機能に加え、被虐待児・病児・障害児などに対応できる専門的養育機能をもっている。

　厚生労働省「児童養護施設入所児童等調査の概要（平成30年２月１日現在）」によると、乳児院の入所児童の平均在所期間は1.3年であり、全体の約４割が１年未満の在所期間となっている。短期の利用では家庭養育の危機的状況に対応し、親子再統合を支援するという子育て支援としての役割がある。なお、児童相談所の一時保護所は、乳児への対応ができない場合が多いことから、乳児については乳児院が児童相談所から一時保護委託を受け、アセスメントを含め、実質的に一時保護機能を担っている。また、乳児院は、地域の育児相談や、ショートステイ等の子育て支援機能をもっている。

▼児童養護施設

　児童養護施設は、「保護者のない児童（乳児を除く。ただし、安定した生活環境の確保その他の理由により特に必要のある場合には、乳児を含む。）、虐待されている児童その他環境上養護を要する児童を入所させて、これを養護し、あわせて退所した者に対する相談その他の自立のための援助を行うことを目的とする施設」である（法第41条）。

　厚生労働省「児童養護施設入所児童等調査の概要（平成30年２月１日現在）」によると、児童養護施設では、虐待を受けた子どもが65.6％、何らかの障がいをもつ子どもが36.7％入所しており、専門的なケアの必要性が増している。また、入所児童の平均在所期間は5.2年であるが、10年以上の在所期間の児童が14.5％となっており長期間入所する児童も少なくない。

　児童養護施設においては、できる限り家庭的な環境で、安定した人間関係の下で育てることができるよう、施設のケア単位の小規模化（小規模グループケア）やグループホーム化などを推進している。

③　家庭的養護

▼地域小規模児童養護施設

　地域社会の民間住宅等を活用して近隣住民との適切な関係を保持しつつ、

家庭的な環境の中で養護を実施することによって、子どもの社会的自立の促進に寄与することを目的とした施設である。本体施設である児童養護施設の支援をもとに、都道府県知事等の指定を受けて実施され、定員は6名となっている。

▼小規模グループケア

児童養護施設等の本体施設や地域において、4〜6人の小規模なグループで家庭的養護を行う形態をいう。施設の敷地内で占有スペースを設けて行うもの（ユニット）と、敷地外で行うもの（グループホーム）がある。

▼自立援助ホーム（児童自立生活援助事業）

自立援助ホームは、法第6条の3に児童自立生活援助事業として位置づけられている。児童養護施設等を退所した者またはその他の都道府県知事が必要と認めた者に対し、これらの者が共同生活を営むべき住居（自立援助ホーム）において、相談その他の日常生活上の援助、生活指導、就業の支援等を行う事業である。対象となる児童は、義務教育を終了した満20歳未満の児童等や、大学等に在学中で満22歳になる年度の末日までにある者（満20歳に達する日の前日に自立援助ホームに入居していた者に限る）とされていたが、2024（令和6）年4月より、都道府県知事が認めた時点まで児童自立生活援助の実施が可能となったとともに、教育機関に在学していなければならない等の要件が緩和された。

④　家庭養護

▼里親

里親とは、法第27条第1項第3号の規定に基づき、児童相談所が要保護児童の養育を委託する制度である。里親が公的な制度として定められたのは、児童福祉法が制定された1947（昭和22）年である。

里親は要保護児童の保護措置の一つであるが、これまでは里親制度はほとんど活用されず、施設養護偏重の状態が続いていた。しかし、2010（平成22）年に出された「児童の権利に関する条約　第3回日本政府報告書」に対する子どもの権利委員会の所見等を受けて、ようやく日本政府は里親施策の取り組みに動き出した。

具体的には、里親委託率の向上をめざす取り組みや新生児の里親委託、親族里親、施設入所児童に対する週末里親・季節里親の活用（施設入所児童家庭生活体験事業）などを創設した。また、厚生労働省が示した「里親委託ガイドライン」（2011［平成23］年）では「里親委託優先の原則」が掲げられた。

さらに2016（同28）年の児童福祉法改正において、「家庭における養育環境と同様の養育環境」の推進が明記され、里親制度をはじめとする家庭養護の推進が打ち出された。

　里親になるためには、登録（認定）の要件を満たし、研修を受けることが必要である。基本的な要件は、①要保護児童の養育についての理解および熱意並びに児童に対する豊かな愛情を有していること、②経済的に困窮していないこと（親族里親は除く）、③里親本人またはその同居人が欠格事由に該当しないこと、となっている。

①養育里親

　養育里親は、養子縁組を前提としないで要保護児童の養育を希望するものである。内閣府令で定める研修を修了し、上記の基本的な要件を満たし、養育里親名簿に登録された者が養育里親となる。

②専門里親

　養育里親のうち、虐待を受けた子ども、非行傾向のある子ども、障がいのある子ども等を養育する里親である。養育里親認定要件に加えて、養育里親や児童福祉事業従事者としての一定の養育経験を満たしていること、養育に専念できること、専門里親研修を修了していることが必要になる。

③養子縁組里親

　養子縁組里親は、養子縁組によって養親となることを希望するものである。養育里親の要件を満たし、内閣府令で定める研修を修了し、養子縁組里親名簿に登録された者が養子縁組里親となる。

　養子縁組制度には、「特別養子縁組」と「普通養子縁組」がある。「特別養子縁組」は、実親との法的な親子関係が解消され、戸籍の表記は実の親子とほとんど変わらない。一方、「普通養子縁組」は、実親との法的な親子関係は残り、戸籍上に生みの親の名前も併記され、実親と養子との間で法律上の関係が残る（表10－1）。

④親族里親

　親族里親は、保護者が行方不明、死亡、拘禁、入院などの理由で子どもの養育が期待できない場合に、3親等以内の親族（祖父母、叔父・叔母など）が養育をするものである。「経済的に困窮していないこと」を除いて、養育里親の要件が適用される。

▼ファミリーホーム（小規模住居型児童養育事業）

　ファミリーホームは、養育者の家庭に子どもを迎え入れて養育を行うもので、法第6条の3第8項で小規模住居型児童養育事業と位置づけられている。定員は5～6人で、子ども同士の相互作用を活かしつつ、子どもの自主性を

表10-1 養子縁組制度の概要と里親制度との違い

	養子縁組制度		里親制度
	特別養子縁組	普通養子縁組	
戸籍の表記	長男（長女）	養子（養女）	なし
子どもの年齢	原則として15歳未満	制限なし	原則として18歳まで
迎え入れる親の年齢	原則として25歳以上の夫婦（夫婦の一方が25歳以上であれば、一方は20歳以上で可）	20歳以上	制限なし
縁組の成立	家庭裁判所が決定	育ての親と子どもの親権者の同意	児童相談所からの委託
関係の解消（離縁）	原則として認められない	認められる	子どもの自立／保護者による引取り／施設等への措置変更

尊重し、基本的な生活習慣の確立や豊かな人間性および社会性を養うことができるよう、子どもの自立を支援する。

3 社会的養護の状況

　2021（令和3）年度末現在、社会的養護の対象となる要保護児童は約4万2,000人であり、そのうち、乳児院・児童養護施設入所児童と里親・ファミリーホーム委託児童は約3万3,000人である。里親、乳児院、児童養護施設への措置理由としては虐待が多い（表10-2）。児童養護施設入所児童では、虐待経験のある子どもが6割以上となっている（図10-2）。また、心身の障がいのある子どもの割合も増加しており、児童養護施設では約4割の子どもに何らかの障がいがあるとされている（図10-3）。

　要保護児童と親との関係では、乳児院では97.9%、児童養護施設では93.3%の要保護児童に両親または父か母がおり（表10-3）、入所後も何らかの交流を行っている児童が多い（表10-4）。

　これらの状況から、要保護児童の養育を担う施設保育士には、個々の子どもの状況を正しく理解し、専門性に基づく適切な対応を行うことが求められる。また、入所児童の保護者への支援も重要な役割となっている。

　児童養護施設入所児童や里親・ファミリーホームに委託された子どもたちは、地域の保育施設や幼稚園・学校に通うことになる。虐待の影響や発達の特性から個別対応を要する子どももいるため、社会的養護を担う施設や里親等は、子どもの通園・通学先の理解を求め、連携することが必要である。

表10－2　措置理由別児童数（令和３年度中新規措置児童）（単位：人、％）

区分	里親		乳児院		児童養護施設	
	児童数	割合	児童数	割合	児童数	割合
父母の死亡	134	8.0%	9	0.6%	60	1.5%
父母の行方不明	33	2.0%	9	0.6%	19	0.5%
父母の離婚	13	0.8%	11	0.8%	22	0.5%
父母の不和	13	0.8%	24	1.7%	31	0.8%
父母の拘禁	40	2.4%	40	2.8%	106	2.6%
父母の入院	49	2.9%	50	3.5%	104	2.6%
父母の就労	18	1.1%	23	1.6%	41	1.0%
父母の精神障害	176	10.6%	298	20.7%	325	8.0%
父母の放任怠惰	135	8.1%	190	13.2%	416	10.2%
父母の虐待	408	24.5%	364	25.3%	1,990	48.8%
棄児	5	0.3%	5	0.3%	9	0.2%
父母の養育拒否	273	16.4%	113	7.8%	170	4.2%
破産等の経済的理由	89	5.3%	105	7.3%	81	2.0%
児童の問題による監護困難	69	4.1%	−	−	274	6.7%
その他	213	12.8%	199	13.8%	429	10.5%
計	1,668	100.0%	1,440	100.0%	4,077	100.0%

出典：こども家庭庁「社会的養育の推進に向けて」2023年　p.258

図10－2　被虐待経験の有無（平成30年２月１日現在）

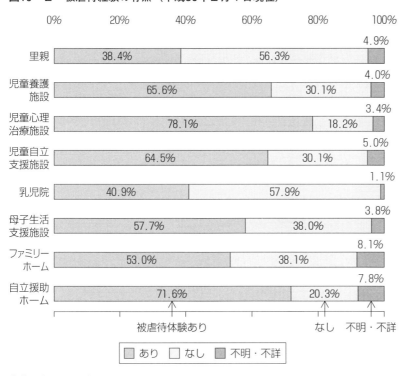

出典：表10－2と同じ　p.5

図10-3 障害等のある児童の割合（平成30年）

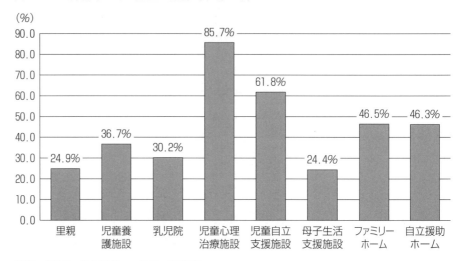

出典：表10-2と同じ　p.9を一部改変

表10-3 措置児童の保護者の状況（平成30年2月1日現在）（単位：人）

区分	乳児院	児童養護施設	里親
両親又は一人親	2,959 （97.9%）	25,223 （93.3%）	4,222 （78.4%）
両親ともいない	53 （1.8%）	1,384 （5.1%）	919 （17.1%）
両親とも不明	8 （0.3%）	359 （1.3%）	222 （4.1%）
不詳	3 （0.1%）	60 （0.2%）	19 （0.4%）
総　　数	3,023 （100.0%）	27,026 （100.0%）	5,382 （100.0%）

出典：表10-2と同じ　p.269

表10-4 家族との交流状況（平成30年2月1日現在）（単位：人）

| | 総数 | 交流あり | | | 交流なし | 不詳 |
		電話・メール・手紙	面会	一時帰宅		
乳児院	3,023	102	1,672	425	651	173
	100.0%	3.4%	55.3%	14.1%	21.5%	5.7%
児童養護施設	27,026	2,438	7,772	9,126	5,391	2,299
	100.0%	9.0%	28.8%	33.8%	19.9%	8.5%
里親	5,382	227	925	359	3,782	89
	100.0%	4.2%	17.2%	6.7%	70.3%	1.7%

出典：表10-2と同じ　p.269を一部改変

4 社会的養護の推進に向けて

① 家庭と同様の環境における養育の推進

　子どもが心身ともに健やかに養育されるよう、より家庭に近い環境での養育の推進を図ることが必要であるが、社会的養護を必要とする子どもの約9割が施設に入所していた現状があった。国は、2008（平成20）年の児童福祉法改正時に、小規模住居型児童養育事業を創設し、里親・ファミリーホームによる家庭養護の推進を図ってきたが、その後も施設入所児童の割合が8割にのぼる状況が続いていた。こうした状況を改善するために、2016（同28）年の児童福祉法改正では、社会的養護を必要とする子どもに対し、里親等による家庭養護を優先して必要な措置をとることを明記した。

　具体的には、国・地方公共団体の責務として、①子どもが家庭において健やかに養育されるよう、保護者を支援し、②家庭における養育が適当でない場合、子どもが「家庭における養育環境と同様の養育環境」（里親またはファミリーホーム）において継続的に養育されるよう、必要な措置がとられる。③②の措置が適当でない場合、子どもが「できる限り良好な家庭的環境」（グループホームなどの小規模の施設）で養育されるよう、必要な措置をとることとなった。特に就学前の子どもについては、②の措置を原則とすること等が通知において明確化された。

　里親等による家庭での要保護児童の養育では、①特定の大人との愛着関係の下で養育され、安心感のなかで自己肯定感を育み、基本的信頼感を獲得できる。②適切な家庭生活を体験する中で、家族のありようを学び、将来、家庭生活を築くうえでのモデルにできる。③家庭生活のなかで人との適切な関係の取り方を学んだり、地域社会のなかで社会性を養うとともに、豊かな生活経験を通じて生活技術を獲得できる。といったことが期待されている。

　こうした里親等による養育を推進するため、国は、2017（平成29）年に里親支援事業、2019（同31）年に里親養育包括支援（フォスタリング）事業を新設し、自治体による里親支援の充実を図ってきた。また、2024（令和6）年度からは、里親支援センターが児童福祉施設として位置づけられることになった。

　後述の「新しい社会的養育ビジョン」で示されている家庭養護の目標値に近づくためには、こうした里親養育への支援は不可欠であると同時に、要保護児童の現状に即した受け皿の確保が必要になる。前述のように、現在乳児

院や児童養護施設に入所している子どものほとんどに、両親あるいは父または母が存在し、入所児童の7割以上の子どもはこうした保護者との交流をもっている。里親がこうした子どもたちをも受入れ、親子再統合を支援しながら、子どもの家庭復帰を促したり、保護者との交流に協力したりできるようになることが求められる。

② 新しい社会的養育ビジョン

2016（平成28）年の児童福祉法改正を受け、その理念を具体化するための取り組み工程が、2011（同23）年の「社会的養護の課題と将来像」を見直した2017（同29）年の「新しい社会的養育ビジョン」である。

具体的には、①市区町村を中心とした支援体制の構築、②児童相談所の機能強化と一時保護改革、③代替養育における「家庭と同様の養育環境」原則に関して乳幼児から段階を追っての徹底、家庭養育が困難な子どもへの施設養育の小規模化・地域分散化・高機能化、④永続的解決（パーマネンシー保障）の徹底、⑤代替養育や集中的在宅ケアを受けた子どもの自立支援の徹底などをはじめとする改革項目について、速やかに2017（平成29）年度から着手し、目標年限を目指し計画的に進めるとされた。

この「新しい社会的養育ビジョン」では、家庭養護の割合を乳幼児については75%以上、学齢児では50%以上とすることを目標値として掲げており、これに基づき各自治体における社会的養育推進計画が策定されている。

③ 自立支援の取り組み

近年、児童養護施設や里親家庭等の社会的養護の下で育った子どもに対する、18歳以降の支援（アフターケア）が大きな課題となっている。2021（令和3）年度末に中学・高校を卒業した子どもの2022（同4）年5月1日現在の進路状況をみると、中学卒業時の高校等への進学率は全国平均とほとんど変わらないが、高校卒業時では、大学等への進学率が全国平均77.1%に対し、児童養護施設入所児童では38.6%、里親委託児童では60.6%と、全国平均を大きく下回る状況にある[2]。

また、2011（平成23）年の「東京都における児童養護施設等退所者へのアンケート調査報告書」からは、雇用形態の不安定さ、低学歴と低収入といった経済的な問題と、相談相手や頼る相手がいないといった精神的な問題が指摘されている。

*2
このことは、生活場所の確保や経済状況に対する支援が十分ではないために、進学という選択ができない子どもが少なからずいるということを示している。

156

　児童福祉法による保護対象は18歳未満（施設入所中や里親等への委託中の子どもについては、18歳を迎えた年度末まで）である。必要があれば満20歳に達するまで保護期間を延長することができるものの、現実的には「高校卒業＝措置解除」となる子どもがほとんどで、施設退所後や委託解除後のアフターケアは、子どもの出身施設や里親に任されている状況であった。

　こうした状況に対し、2016（平成28）年の児童福祉法改正時に、児童自立生活援助事業（自立援助ホーム）の対象に22歳までの大学生等を加え＊3、翌2017（同29）年に国は、「社会的養護自立支援事業実施要綱」を定めて、児童養護施設等の施設を退所した子ども、里親等の家庭から委託解除した子どもを対象とした自立支援事業を行うよう、各自治体に通知している。2022（令和4）年の児童福祉法改正では、「社会的養護自立支援拠点事業」が創設され、2024（同6）年度からの実施となった。これは退所児童等の交流の場を開設して、情報提供、相談および助言、関係機関との連絡調整を行うものである。

＊3
p.150にあるように、2024（令和6）年4月からはさらに要件が緩和されている。

　また、2020（令和2）年には児童養護施設等に「自立支援担当職員」の配置を予算化し、アフターケアの実績に応じて、退所後の子どもへの支援等を担う専門職員の配置を可能とした。

　なお、社会的養護の下で育つ子どもに限らず、子どもの貧困問題が教育機会の格差につながっていることへの対応として、国は2020（令和2）年度から低所得者を対象とした高等教育の就学支援新制度を創設し、授業料の減免、給付型奨学金支給の拡大を行っている。

④　子どもの意見表明への支援

　2022（令和4）年6月に成立し、翌年4月施行の「こども基本法」では、その理念の一つに、「子どもの年齢・発達の状況に応じて意見が尊重されること」を掲げ、第11条には「こども施策に対するこども等の意見の反映」を規定している。これは、「児童の権利に関する条約」第12条の「意見を表明する権利」に基づくものである。

　残念ながら、わが国におけるこれまでの子どもの意見を聴取する取り組みは十分とは言いがたく、「権利の主体としての子ども」よりも、「保護の対象としての子ども」という捉え方がなされてきた。こうした状況に対し、子どもの権利擁護の視点から子どもの意見表明を支援するため、2022（令和4）年の児童福祉法改正時に、法第6条の3に「意見表明等支援事業」が新設され、2024（同6）年度から実施されることになった。これは、子どもの措置

の決定、自立支援計画策定、里親・施設や一時保護所における日常生活の場面、子どもが児童福祉審議会等へ意見申立てを行う場面等において、自治体が適切な団体等に委託して意見表明等支援員を確保し、子どもの意見表明を支援するものである。

🔍 まとめてみよう

① 家庭養護にはどのようなメリットがあるか考えてみましょう。
② 社会的養護の現状について第4節の内容から読み取れることを考えてみましょう。
③ 社会的養護下で暮らす子どもの権利を守るためには、どのようなことが大切になるか考えてみましょう。

【参考文献】
こども家庭庁「社会的養育の推進に向けて」令和5年4月
https://www.cfa.go.jp/assets/contents/node/basic_page/field_ref_resources/8aba23f3-abb8-4f95-8202-f0fd487fbe16/355512cb/20230401_policies_shakaiteki-yougo_68.pdf
（2023年7月31日閲覧）
櫻井奈津子『保育と子ども家庭福祉』みらい　2019年

コラム
子どもの権利ノートについて

　みなさんは「子どもの権利ノート」について知っているだろうか。

　「子どもの権利ノート」は、児童養護施設などの施設や里親宅、ファミリーホーム等で生活する、している子どもに、守られるべき「権利」について伝えるための小冊子である。「子どもの権利に関する条約」に準拠して、生きる権利・育つ権利・守られる権利・参加する権利などを説明した内容になっている。また、施設や里親のもとで生活する子どもたちに、入所から、施設生活、退所に至るまで（アドミッションケア［施設に入所する前後に必要な援助］、インケア［入所中の援助］、リービングケア［社会的自立に必要な社会生活準備の援助］、アフターケア［施設退所後の援助］）の子どもの権利についても説明している。また、万が一権利侵害があった際に、児童福祉司、施設職員、里親、学校の先生、第三者委員などの周りの大人に相談できることや苦情箱を案内しているほか、解決方法等について書かれている。

　1995（平成7）年に大阪府が作成した「権利ノート」から現在では多くの自治体や児童養護施設で作成されている。現在では、ダウンロードできる権利ノートや相談機関などにつながる二次元コードなどが掲載されるなどの工夫がされている。

　例えば鳥取県では、以下のように「乳幼児版」「小学生版」「中高生版」のパターンを用意し、さまざまな年齢の子どもに対応している。

＜乳幼児版＞

＜小学生版＞

＜中高生版＞

第11章 ひとり親家庭への福祉

✎ ひとり親家庭とは、どのような家庭をいうのだろうか？

みらいさん これまで、「母子／父子家庭」や「シングルマザー」という言葉は聞いたことや使ったことがあったのですが、「ひとり親家庭」という言葉はあまり聞いたことがありませんでした。

なつ先生 そうですね。父親あるいは母親のどちらか一方だけで子どもを養い育てている家庭については、「母子／父子家庭」と表現することが多いですね。この「ひとり親家庭」という言葉は比較的新しい言葉で、厚生労働省の白書で「ひとり親家庭」という言葉が使われたのは、平成元年版『厚生白書』からです。

みらいさん 「ひとり親家庭」は、「母子／父子家庭」を総称した言葉なんですね。

なつ先生 そうです。今現在、特に保育や福祉の現場では、「ひとり親家庭」という言葉を使っていますが、かつては両親がそろった家庭を通常の家庭としてとらえ、「母子家庭」や「父子家庭」については「欠損家庭」という用語が使われていたこともあります。この「欠損家庭」という言葉からどんなイメージを受けますか？

みらいさん 何だかよくないイメージというか、普通と違うといわれているみたいな感じですね。

なつ先生 そうです。こうした言葉からは、「両親がそろっているのが当たり前」という前提のうえに、ひとり親の家庭に対する差別的な意味合いを感じますね。しかし、さまざまな家族のあり方や人の生き方が認められるようになってきて、「欠損家庭」という言葉は使われなくなりました。とはいえ、ひとり親家庭では、仕事・子育て・家事といった親として果たす役割を母親あるいは父親が一人で担わなければなりません。

みらいさん 一人ですべてをしなくてはいけないのは、精神的にも身体的にも負担が大きいですし、不安になることもあると思います。

なつ先生 そうですね。保育士をめざす私たちにとってまず大切なことは、「ひとり親家庭」の生活の実態と支援の方法を知ることです。「ひとり親家庭」の親が抱えている子育てや仕事などの不安や心配ごと等、生活していくうえでの問題を軽減し、「ひとり親家庭」を支えるのが社会福祉の役割です。具体的にどのような支援が行われているのかを学んでいきましょう。

父子家庭　母子家庭

1 ひとり親家庭の現状と生活状況

① ひとり親家庭とは

▼ひとり親家庭とは

「ひとり親家庭」についての明確な定義はなされていない。ここでは、まず、法律および各種調査で使用される定義についてみておこう。

母子及び父子並びに寡婦福祉法第6条では、「母子家庭等」を「母子家庭及び父子家庭をいう」と定義し、「児童」を20歳に満たない者と定義している。

国勢調査、国民生活基礎調査および全国ひとり親世帯等調査では、「母子世帯・父子世帯」をそれぞれ定義しているが、その内容は「未婚、死別又は離別の母親又は父親と、未婚の20歳未満の子どもからなる世帯」と整理することができる。また、他の世帯員を含めた世帯も対象としている場合や、母親・父親の年齢を65歳未満としている場合がある。なお、本章では、母親あるいは父親が20歳未満の子どもを養育している家庭を、「ひとり親家庭」「母子家庭」および「父子家庭」と記述するが、各種調査等の結果を示す際には、その調査で使用される「母子世帯」および「父子世帯」という用語を使用する。

▼ひとり親家庭の現状

2020(令和2)年の「国勢調査」によると、日本における母子世帯は64万6,809世帯、父子世帯は7万4,481世帯となり、合計(ひとり親家庭)72万1,290世帯となっている。国民生活基礎調査からみてみると、2022(同4)年のひとり親世帯は、母子世帯56万5,000世帯および父子世帯7万5,000世帯で、合計64万世帯となっている。児童のいる世帯のうち、母子世帯は5.7%、父子世帯は0.8%となっている。ひとり親世帯は全世帯の約1.2%を占めており、その構成割合に近年大きな変化はみられない(表11-1)。

次に「令和3年度全国ひとり親世帯等調査結果報告」を基に、ひとり親家庭になった理由や生活状況についてみていきたい。

▼ひとり親家庭になった理由

表11-2のひとり親家庭になった理由をみると、まず、近年の大きな特徴としてあげられるのが、死別が理由でひとり親家庭になった世帯が減少している点である。当然のことながら、生別によってひとり親家庭になる世帯が増えているのだが、なかでも離婚によってひとり親世帯となるケースが7割以上と多いのが現状である。

表11－1　母子世帯および父子世帯数の推移　　　　　　　　　　　（単位：千世帯）

	世帯総数	児童のいる世帯(a)	母子世帯(b)	b/a	父子世帯(c)	c/a
1975（昭和50）年	32,877	17,427	374	2.1%	65	0.4%
1980（昭和55）年	35,338	17,630	439	2.5%	95	0.5%
1990（平成２）年	40,273	15,573	543	3.5%	102	0.7%
1995（平成７）年	40,770	13,586	483	3.6%	84	0.6%
2000（平成12）年	45,545	13,060	597	4.6%	83	0.6%
2005（平成17）年	47,043	12,366	691	5.6%	79	0.6%
2010（平成22）年	48,638	12,324	708	5.7%	77	0.6%
2015（平成27）年	50,361	11,817	793	6.7%	78	0.7%
2022（令和４）年	54,310	9,917	565	5.7%	75	0.8%

注　：1993（平成7）年の数値は、兵庫県を除いたものである。
出典：「2022（令和４）年国民生活基礎調査」を基に作成

表11－2　ひとり親世帯になった理由の割合（上段：母子世帯　下段：父子世帯）（%）

調査年次	総数	死別	生別						不詳
			総数	離婚	未婚の母/父	遺棄	行方不明	その他	
1983（昭和58）年	100.0	36.1	63.9	49.1	5.3	－	－	9.5	－
		40.0	60.1	54.2	－	－	－	5.8	－
1988（昭和63）年	100.0	29.7	70.3	62.3	3.6	－	－	4.4	－
		35.9	64.1	55.4	－	－	－	8.7	－
1993（平成5）年	100.0	24.6	73.2	64.3	4.7	－	－	4.2	2.2
		32.2	65.6	62.6	－	－	－	2.9	2.2
1998（平成10）年	100.0	18.7	79.9	68.4	7.3	－	－	4.2	1.4
		31.8	64.9	57.1	－	－	－	7.8	3.3
2003（平成15）年	100.0	12.0	87.8	79.9	5.8	0.4	0.6	1.2	0.2
		19.2	80.2	74.2	－	0.5	0.5	4.9	0.6
2006（平成18）年	100.0	9.7	89.6	79.7	6.7	0.1	0.7	2.3	0.7
		22.1	77.4	74.4	－	－	0.5	2.5	0.5
2011（平成23）年	100.0	7.5	92.5	80.8	7.8	0.4	0.4	3.1	－
		16.8	83.2	74.3	1.2	0.5	0.5	6.6	－
2016（平成28）年	100.0	8.0	91.1	79.5	8.7	0.4	0.4	2.0	0.9
		19.0	80.0	75.6	0.5	0.5	0.5	3.0	1.0
2021（令和３）年	100.0	5.3	93.5	79.6	10.6	0.5	0.2	2.6	1.2
		21.1	77.4	70.3	0.9	0.1	1.2	4.8	1.5

出典：厚生労働省「令和３年度全国ひとり親世帯等調査結果報告」を基に作成

表11-3　離婚件数と親権を行わなければならない子の有無

	1960 (昭和35)年	1965 (昭和40)年	1970 (昭和45)年	1980 (昭和55)年	1990 (平成2)年	2000 (平成12)年	2010 (平成22)年	2021 (令和3)年
離婚件数	69,410	77,195	95,937	141,689	157,608	264,246	251,378	184,384
離婚率（人口千対）	0.74	0.79	0.93	1.22	1.28	2.10	1.99	1.50
子どもあり（%）	58.3	58.2	59.1	67.6	62.7	59.5	58.5	57.1
親が離婚した未成年の子の率（20歳未満人口千対）	1.91	2.07	2.67	4.67	5.24	10.43	11.12	9.13

注　：未成年の子とは、20歳未満の未婚の子をいう。
出典：厚生労働省「令和3年人口動態統計」を基に作成

　日本の離婚件数は2021（令和3）年度は18万4,384件で、そのうち未成年の子どもがいる世帯は約6割を占めている。ここで注目しておきたいことは、親が離婚した未成年の子の率が1990年代後半から増加傾向にあることである（表11-3）。子どもの生活は、生活する家庭の影響を直接受けることになる。つまり、ひとり親家庭の子どもは、ひとり親家庭が抱える種々の問題に身を置きながら生活をすることになるため、その生活状況を理解することが適切に支援するために重要となる。

②　ひとり親家庭の生活

▼ひとり親家庭における就業

　私たちの家庭生活の安定は、その家庭の就業状況やその世帯の収入によって大きな影響を受ける。ひとり親家庭の就業状況と収入はどのような状況になっているのだろうか。

　まず母子家庭の就業状況であるが、母子世帯においては、現在就業している母親は86.3%となっているが、依然として「パート・アルバイト等」も多いのが現状である。ひとり親家庭になる前後を比べると、これまで専業主婦として不就業だった母親がひとり親家庭となるという生活の変化により働かざるを得ない状況になっていることがわかる（表11-4）。

　また、父子家庭においてはひとり親家庭になる前後の就業状況に大きな変化はなく、「正規の職員・従業員」が最も多く、職業上の地位としては母子家庭に比べて安定している。

▼ひとり親家庭における収入

　次に収入の状況であるが、2020（令和2）年現在の全世帯の平均収入が564.3万円であるのに対して、母子世帯は375万円、父子世帯は605万円となっ

表11－4　ひとり親世帯の就業状況（令和3年）　　　　　　　　　　　　　　　　　　　　　（%）

| | 就業していた・している | 従業上の地位 | | | | | | | 不就業 | 不詳 |
		正規の職員・従業員	派遣社員	パート・アルバイト等	会社などの役員	自営業	家族従業者	その他		
母子世帯になる前	78.9 100.0	35.2	3.6	50.2	0.7	4.6	2.7	3.0	20.1	1.1
母子世帯になった後	86.3 100.0	49.0	3.6	38.7	1.0	4.8	0.5	2.4	9.2	4.5
父子世帯になる前	96.9 100.0	73.5	1.2	3.3	5.7	14.2	0.6	1.4	2.3	0.8
父子世帯になった後	88.2 100.0	70.5	1.6	4.6	7.1	14.5	0.7	1.0	4.6	7.2

注1：「正規の職員・従業員」とは、会社・団体・官公庁・個人商店などに雇われている者のうち、勤め先で「正規の職員・従業員」と呼ばれている一般職員や正社員などをいう。
注2：「派遣社員」は会社・団体・官公庁・個人商店などに雇われている者のうち、労働者派遣事業者から派遣されている者をいう。
注3：「パート・アルバイト等」とは、会社・団体・官公庁・個人商店などに雇われている者のうち、勤め先で「パート」、「アルバイト」などと呼ばれている者をいう。契約社員・嘱託なども含む。
注4：「会社などの役員」とは、会社の社長・取締役・監査役、団体・公益法人や独立行政法人の理事・幹事などの役員のものをいう。
注5：「自営業」とは、個人経営の商店・工場・農業などの事業主や、開業医・著述家・行商従事者などをいう。
注6：「家族従事者」とは、農家や個人商店などで、農作業や店の仕事などを手伝っている家族の者をいう。
注7：「その他」とは、上記のいずれにも該当しない場合をいう。
出典：表11－2と同じ

表11－5　年間収入の比較（令和2年）

		母子世帯	父子世帯	全世帯
平均世帯人員		3.19人	3.44人	2.37人
平均収入	母または父自身の平均収入	273万円	514万円	564.3万円
	母または父自身の就労収入	236万円	492万円	※子どものいる世帯の収入 813.5万円
世帯の平均収入		375万円	605万円	
世帯人員1人あたりの平均収入額		118万円	176万円	236.3万円

注1：「平均収入」とは、生活保護法に基づく給付、児童扶養手当等の社会保障給付金、就労収入、別れた配偶者からの養育費、親からの仕送り、家賃・地代などを加えたすべての収入の額である。
注2：「自身の収入」とは、母子世帯の母自身又は父子世帯の父自身の収入である。
注3：「世帯の収入」とは、同居親族を含めた世帯全員の収入である。
注4：「平均世帯人員」は、世帯収入が不詳の世帯を除いた値である。
注5：全世帯の「平均世帯人員」は、令和3年6月3日時点の値である。
出典：表11－2と同じ。ただし、全世帯については厚生労働省「2021（令和3）年国民生活基礎調査」を基に作成。

ている（表11－5）。
　子どものいる世帯の平均収入は813.5万円であるが、子どものいる世帯を
100として比較すると、ひとり親世帯の平均収入は母子世帯が46.1％、父子

世帯が74.4％となっている。これらのことから、ひとり親家庭とりわけ母子世帯の生活において経済的な厳しさがうかがえる。

▼ひとり親家庭における子育て

　ひとり親家庭の子どもの数は、母子世帯が平均1.51人、父子世帯が1.55人となっている（令和３年）。どちらの世帯も「保育所」を利用している割合が最も高く、「幼稚園」と「認定こども園」を合わせると７割前後となり、保育施設を利用しながら子育てをしていることがわかる。母子家庭と父子家庭との違いは、本人および家族による保育の状況で、親等との同居率が高い父子家庭では「家族」が保育しているというケースが多く、「家族」との同居率が低い母子家庭では「本人」による保育が多いなどの差がみられる（表11－6）。

▼ひとり親家庭の親が抱える子どもについての悩み

　次に、ひとり親家庭が抱える子どもについての悩みは表11－7のとおりである。母子／父子世帯に共通して多いのが「教育・進学」に関する悩みである。子どもが年少の場合「しつけ」に関する悩みが多く、子どもの年齢が上がるとともに多くなるのが「教育・進学」と「就職」に関する悩みとなっている。母子世帯と父子世帯の子どもについての悩みには全体的に大きな差はみられないが、低年齢の子どもをもつ父親は「健康」「食事・栄養」「衣類・身のまわり」に関する悩みが多く、両世帯に差がみられた。

　さらに、ひとり親家庭の親本人が生活のなかで困難に感じていることの内容については、母子／父子世帯ともに「家計」が最も多くなっている。母子世帯では、次いで「仕事」「自分の健康」「住居」の順であるのに対して、父子世帯においては「自分の健康」「家事」「仕事」の順になっており、生活していくうえでの困難さに母子世帯と父子世帯で差がみられる（表11－8）。

　ちなみに、ひとり親家庭の持ち家率は、父子世帯が66.4％に対して、母子世帯では34.6％と低く、特に離婚等の生別母子世帯では32.8％と持ち家である家庭は少ない。このことが母子世帯の困りごとに「住居」をあげている原因ともいえる。

表11－6　ひとり親家庭における小学校入学前児童の保育状況（令和３年）　　　　（％）

	総数	母・父	家族	親戚	保育所	幼稚園	認定こども園	保育ママ・ベビーシッター	その他	不詳
母子世帯	100.0	16.8	1.5	0.2	49.1	7.6	14.2	0.0	0.3	10.3
父子世帯	100.0	4.9	8.5	0.0	36.6	13.4	12.2	0.0	0.0	24.4

出典：表11－2と同じ

表11－7　ひとり親家庭の親が抱える子どもについての悩みの内訳（令和3年）　　　（%）

		しつけ	教育・進学	就職	非行・交友関係	健康	食事・栄養	衣服・身のまわり	結婚問題	障害	その他
0-4歳	母子世帯	54.5	62.3	5.8	7.9	29.3	39.8	5.2	3.7	8.4	15.2
	父子世帯	68.4	68.4	5.3	5.3	63.2	52.6	15.8	0.0	5.3	5.3
5-9歳	母子世帯	48.4	79.3	9.7	13.3	24.5	24.8	11.3	2.7	15.8	9.0
	父子世帯	59.3	83.0	7.4	14.1	34.1	32.6	15.6	5.2	13.3	5.2
10-14歳	母子世帯	29.5	89.2	16.6	14.7	24.6	19.7	11.2	3.7	13.0	10.7
	父子世帯	37.6	86.7	8.0	14.1	22.8	30.8	17.9	4.6	8.7	5.3
15歳以上	母子世帯	11.4	77.1	41.0	10.5	22.5	14.5	8.3	3.7	10.5	14.2
	父子世帯	21.3	74.8	37.3	9.2	23.9	27.4	14.6	6.1	7.0	7.0

注：複数回答である。
出典：表11－2と同じ

表11－8　ひとり親本人が困っていることの内訳と相談相手の有無　（令和3年）　　　（%）

	住居	仕事	家計	家事	自分の健康	親族の健康・介護	その他	相談相手なし	相談相手が欲しい	相談相手は必要ない
母子世帯	32.5	45.9	70.5	15.5	37.8	21.3	8.0	21.9	58.1	41.9
父子世帯	17.6	33.6	54.4	35.6	35.8	26.9	9.4	45.3	47.6	52.4

注　：複数回答である。
出典：表11－2と同じ

❷　ひとり親家庭への福祉サービスの概要

　第二次世界大戦後のひとり親家庭への福祉的支援は、1964（昭和39）年に母子福祉法が成立したことで始まり、この法律は1981（同56）年に母子及び寡婦福祉法と改正された。この母子及び寡婦福祉法は2002（平成14）年に大きな改正が行われた。この改正でこれまでの児童扶養手当による経済支援から「就業・自立に向けた総合的な支援」へと展開し、現在、①「子育て・生活支援」、②「就業支援」、③「養育費確保支援」、④「経済的支援」という4つの施策の柱でひとり親家庭への支援が進められるようになった（表11－9）。また、母子家庭等施策が総合的かつ計画的に展開されることにより、施策が効果的に機能することをめざして、国が、「母子家庭及び寡婦の生活の安定と向上のための措置に関する基本的な方針」（以下「基本方針」とする）を策定することになった。

　さらに、2014（平成26）年に母子及び寡婦福祉法が改正され「母子及び父

表11－9　ひとり親家庭等の自立支援策の体系

国：**基本方針**を定める 都道府県等：国の基本方針に即し、**自立促進計画**を策定する			
子育て・生活支援	就業支援	養育費確保支援	経済的支援
○母子・父子自立支援員による相談支援 ○ヘルパー派遣、保育所等の優先入所 ○子どもの生活・学習支援事業等による子どもへの支援 ○母子生活支援施設の機能拡充　など	○母子・父子自立支援プログラムの策定やハローワーク等との連携による就業支援の推進 ○母子家庭等就業・自立支援センター事業の推進 ○能力開発等のための給付金の支給　など	○養育費等相談支援センター事業の推進 ○母子家庭等就業・自立支援センター等における養育費相談の推進 ○「養育費の手引き」やリーフレットの配布　など	○児童扶養手当の支給 ○母子父子寡婦福祉資金の貸付 就職のための技能習得や児童の修学など12種類の福祉資金を貸付　など

出典：こども家庭庁支援局家庭福祉課「ひとり親家庭等の支援について」2023年４月を基に作成

図11－１　すくすくサポート・プロジェクト(すべての子どもの安心と希望の実現プロジェクト)

すくすくサポート・プロジェクト

Ⅰ　ひとり親家庭・多子世帯等自立応援プロジェクト

○**就業による自立**に向けた支援を基本にしつつ、子育て・生活支援、学習支援などの総合的な取組を充実
○具体的には、ひとり親家庭が孤立せず**支援につながる**仕組みを整えつつ、**生活、学び、仕事、住まいを支援**するとともに、ひとり親家庭を**社会全体で応援**する仕組みを構築

【主な内容】
◇自治体の窓口のワンストップ化の推進
◇子どもの居場所づくりや学習支援の充実
◇親の資格取得の支援の充実
◇児童扶養手当の機能の充実　など

Ⅱ　児童虐待防止対策強化プロジェクト

○児童虐待について、**発生予防**から**発生時の迅速・的確な対応、自立支援**まで、一連の対策を更に強化。

【主な内容】
◇子育て世代包括支援センターの全国展開
◇児童相談所体制強化プラン（仮称）の策定
◇里親委託等の家庭的養護の推進
◇退所児童等のアフターケア　など

出典：こども家庭庁支援局家庭福祉課「ひとり親家庭等の支援について」2023年　p.103

子並びに寡婦福祉法」＊1となり、ひとり親家庭への支援体制の充実、支援施策の強化、施策の周知の強化、父子家庭への支援の拡大等の見直しが行われた。

2015（平成27）年12月には、「すべての子どもの安心と希望の実現プロジェクト」（愛称：「すくすくサポート・プロジェクト」）がまとめられ、経済的に厳しい状況に置かれたひとり親家庭や多子世帯等の自立支援、児童虐待防止対策の強化が図られることとなった（図11－１）。

2020（令和２）３月の基本方針（同２～６年度）の見直しにおいては、就業支援を中心として、個々の家庭に寄り添ったきめ細かな福祉サービスの推進に主眼を置いて、４本柱の施策を総合的に推進している。

＊１　**母子及び父子並びに寡婦福祉法**
第４章p.70参照。

　なお、2023（令和5）年4月に「こども家庭庁」が発足し、これまで厚生労働省が管轄していたひとり親家庭への福祉に関しては、こども家庭庁に移管された。

① ひとり親家庭に対する子育て・生活のための支援

▼母子・父子自立支援員による相談支援

　母子・父子自立支援員は母子及び父子並びに寡婦福祉法に基づき委嘱され、ひとり親家庭および寡婦に対し、生活一般や就業等についての相談指導や母子父子寡婦福祉資金の貸し付けに関する相談指導を行っている。母子・父子自立支援員は原則として福祉事務所に勤務している。2016（平成28）年の法改正により、母子・父子自立支援員の非常勤規定が削除されたが、2021（令和3）年度末現在、常勤は3割に満たない状況である。

▼ひとり親家庭等日常生活支援事業

　ひとり親家庭が安心して生活することができる環境を整備するため、ひとり親家庭等日常生活支援事業が実施されている。この事業は、1975（昭和50）年度に母子家庭の母が一時的な傷病などのため、日常生活を営むのに支障がある場合に介護人を派遣し、日常生活の世話を行ってきた母子家庭介護員派遣事業としてスタートした。当初は母子家庭を支援する事業として創設されたが、1982（同57）年度には父子家庭の父も対象に加わった。

　この事業は病気や事故、冠婚葬祭や出張などのほか、技能習得のための通学や就職活動などで一時的に支援が必要な場合に、家庭生活支援員が派遣され、生活援助や乳幼児の保育等が提供される。利用料は所得の状況と支援内容、利用時間帯によって異なる。また本事業を実施する自治体は減少傾向にある。

▼ひとり親家庭等生活向上事業

　本事業は、ひとり親家庭が生活のなかで直面するさまざまな問題の解決や児童の精神的な安定を図るため1996（平成8）年に創設されたもので、2021（令和3）年度には897の自治体が実施している。本事業の内容は、ひとり親家庭等が直面するさまざまな課題に対応するために、ひとり親家庭等生活支援事業とこどもの生活・学習支援事業とがあり、2021（同3）年度よりひとり親家庭等生活支援事業に、短期施設利用相談支援事業が加わった。

　また、こどもの生活・学習支援事業の内容は、①基本的な生活習慣の取得支援や生活指導、②学習習慣の定着等の学習支援、③食事の提供がある。こども家庭庁の発足によりこども食堂等への補助事業が本事業に統合され、食事の提供にかかる費用等が補助されるなどの拡充が図られた。

▼母子生活支援施設

　児童福祉法に規定される母子生活支援施設は、経済的理由や住宅事情等で、配偶者のない女子とその監護する子どもを入所させて保護する施設である。この施設は、生活に困窮する母子に住居を提供することを目的とした施設であったが、1997（平成9）年の児童福祉法改正で「入所者の生活支援」が目的として追加され、「母子寮」から現在の名称に変更が行われた。児童福祉施設のなかで唯一母子が一緒に入所し生活する施設であるが、近年の入所理由の傾向として、夫などからの暴力によって入所する親子が約半数と多く、入所する母親や子どもの生活支援だけではなく、心理的ケアなどの支援が求められている。

　近年、母子生活支援施設数および入所世帯数ともに減少傾向にある。しかし、ひとり親家庭等生活支援事業に新たに加えられた短期施設利用相談支援事業は、母子生活支援施設を活用し、短期間の施設利用による子育てや生活に関する相談や助言の実施、各種支援に関する情報提供を行うもので、入所者への支援のほかに地域のひとり親家庭への支援も求められている。

　そのほか、ひとり親家庭の保護者が、安心して子育てをしながら働くことができるように環境を整備することを目的に、短期入所生活援助（ショートステイ）事業および夜間養護等（トワイライトステイ）事業が行われている。

② ひとり親家庭に対する就業のための支援

▼マザーズハローワーク事業

　就職を希望する子育て中の女性等の就職支援サービスを提供する事業で、2023（令和5）年現在、全国21か所に設置されている。仕事と子育てが両立しやすい求人を確保し、個々の具体的な希望に応じた相談、再就職先の紹介や保育関連サービスの提供を行っている。子育て中の母等が利用しやすいように、キッズコーナーやベビーチェアが設置されているなど、子連れでも職業相談等が行えるようになっている。また、就職につながるようにさまざまなセミナーが託児付きで行われている。

　なお、子育て中に自宅でも求職活動ができるように、各種就職支援サービスのオンライン・デジタル化が進められている。

▼母子家庭等就業・自立支援センター事業

　本事業は2003（平成15）年度からスタートしたもので、ひとり親家庭の父

母に対し、就業相談から就業情報の提供まで一貫した就業支援サービスと養育費等に関する専門相談など生活支援サービスを提供する事業である。

　都道府県、指定都市、中核市は母子家庭等就業・自立支援センター事業として、①就業支援事業、②就業支援講習会等事業、③就業情報提供事業、④在宅就業推進事業、⑤養育費等支援事業、⑥親子交流支援事業、⑦相談関係職員研修支援事業、⑧心理カウンセラーの配置、⑨就職環境整備支援事業、⑩広報啓発・広聴、ニーズ把握活動等事業という10の支援メニューを行っている。一般市、福祉事務所[*2]設置町村が行う一般市等就業・自立支援事業は、地域の実情に応じ①〜⑩の支援メニューのなかから選択して実施されている。就職件数が相談件数の１割に満たない現状があり、本サービス事業を利用してどのように就職に結びつけるかが課題といえる。

*2　福祉事務所
第5章p.83参照。

▼母子・父子自立支援プログラム策定等事業

　福祉事務所等に自立支援プログラム策定員を配置し、児童扶養手当受給者に対して、個別に面接を実施し、本人の生活状況、就業意欲、資格取得への取り組み等のアセスメント[*3]を行い、個々のケースに応じた自立支援プログラムを策定し、その後の継続的なフォローを行う事業である。

　本事業の特徴は、福祉事務所等がハローワークと連携した就労支援を行うところにあり、ハローワークには就職支援ナビゲーターを配置し、福祉事務所と連携して、個々の児童扶養手当受給者等の状況、ニーズ等に応じたきめの細かい就労支援を行い、ひとり親家庭の就業による自立をめざしている。

*3　アセスメント
相談援助の一過程で、相談者の生活、抱える問題の状況やその原因等を理解するために行う事前評価をいう。

▼自立支援教育訓練給付金事業

　ひとり親が就職に結びつく可能性が高い教育訓練講座を受講し、修了した場合に受講料の６割相当分を支給し、その主体的な能力開発の取り組みを支援し、自立促進を図ることを目的とした事業である。対象者は、児童扶養手当の支給を受けている、または同等の所得水準にあることと、当該教育訓練が適職に就くために必要と認められる、という条件に該当するひとり親となっている。

▼高等職業訓練促進給付金等事業

　本事業はひとり親家庭の父母の就職を容易にするために必要な資格の取得を促進することを目的としている。養成訓練を受講した場合、養成期間について給付金が支給され、その生活の負担を軽減し、資格取得を支援する事業である。対象となる資格は看護師、保育士や介護福祉士等の経済的自立に効果的な資格で、取得するために１年以上のカリキュラムを修業することが必要となるもので、修業期間中（上限４年）の生活費の負担軽減のために、2023（令和５）年現在、月額10万円（住民税課税世帯７万500円）が支給される。

表11−10　高等職業訓練促進給付金による主な資格の取得の状況（令和３年度）　　（%）

	総数	看護師	准看護師	保育士	美容師
資格取得者数	2,757人 (100.0)	1,133人 (41.1)	854人 (31.0)	171人 (6.2)	129人 (4.7)
就職者数	2,092人 (75.9)	1,002人 (88.4)	468人 (54.8)	148人 (86.5)	100人 (77.5)

注１：上段のかっこ内の数値は、資格取得者数全体におけるその資格の取得者の割合。
注２：下段のかっこ内の数値は、その資格の取得者に対する就職者数の割合。
出典：こども家庭庁支援局家庭福祉課「ひとり親家庭等の支援について」2023年を基に作成

　対象者の要件は児童扶養手当の支給を受けているか、あるいは同様の所得水準にあること、養成機関で１年以上のカリキュラムを修業し資格を取得することが見込まれる者となっている。

　資格取得者の約８割が就職し（表11−10）、そのうち約９割が常勤職であることから、資格取得が安定した就職に結びついていることがわかる。

▼高等学校卒業程度認定試験合格支援事業

　「令和３年度全国ひとり親世帯等調査結果報告」からひとり親家庭の親の就業状況を最終学歴との関係でみると、母子世帯の母親の場合、「正規の職員・従業員」に就いているのが中学校27.5％、高等学校41.5％、短大57.6％、大学・大学院68.0％となっている。父子世帯の父親では、中学校56.4％、高等学校71.4％、短大69.2％、大学・大学院77.0％となっており、最終学歴が就業する際の地位に大きな影響を与えている。

　そこでひとり親の学び直しを支援するために、2015（平成27）年度に高等学校卒業程度認定試験合格支援事業が創設された。高等学校卒業程度認定試験に合格することで、よりよい条件での就職や転職の可能性が広がり、正規雇用を中心とした就業につなげていくことを目的としている。対象は、ひとり親家庭の親または児童であって、ひとり親家庭の親が児童扶養手当の支給を受けているか、または同等の所得水準にあり、高等学校卒業程度認定試験に合格することが適職に就くため必要と認められる者となっており、大学入学資格を有する高校卒業者などは対象外である。ひとり親が講座を受け、これを修了したときおよび合格したときに受講費用の一部が支給される。

③　養育費の確保に関する取り組み

　ひとり親家庭の経済的安定のために、養育費を確保するための取り組みが実施されるようになった。

　ひとり親家庭は子どもの養育費について取り決めをしていないことが多く

（表11−11）、養育費を受けたことがないという世帯は母子世帯で56.6％、父子世帯で85.7％となっている（表11−12）。また、養育費の取り決めをしていても、取り決め通り継続して養育費が支払われていないケースも多い。こうしたことから、ひとり親家庭の生活の安定のために、2002（平成14）年に母子及び寡婦福祉法が改正され、養育費の支払いの責務等が明記された。直接経済的な支援がなされるわけではないが、ひとり親家庭の経済的安定のために養育費を確保するための取り組みが実施されるようになった。

　養育費等の強制執行について、2003（平成15）年の民事執行法の改正で一度の申し立てで将来の分についても給料等の債権を差し押さえることができるようになった。さらに2004（同16）年の改正で、直接強制の方法のほか、間接強制の方法によって行うことができるようになるなど、養育費の履行確保に向けた環境整備が図られた。

　養育費に係る裁判費用については、母子父子寡婦福祉資金の生活資金の12か月分（129万6,000円）を一括して貸付けできるようになった。

　また、2007（平成19）年度に養育費相談支援センターが創設され、養育費に関する情報提供、母子家庭等就業・自立支援センターで受けた困難事例への支援や養育費相談に応じる人材養成のための研修等を行っている。養育費相談支援センターは厚生労働省の委託を受けて社団法人家庭問題情報センターが運営している。

　さらに、2012（平成24）年の民法の改正では、離婚届の書式の変更が行われ、協議離婚の場合には夫婦間で未成年の子の「面会方法」や「養育費の分担」の取り決めがされているかをチェックする欄が設けられた。そのほかに

表11−11　養育費の取り決め状況（令和３年）　　　　　　　　　　　　　　　（％）

	総数	取り決めをしている				取り決めをしていない	不詳
			文書あり	文書なし	不詳		
母子世帯	100.0	46.8	76.6	23.1	0.3	51.0	2.1
父子世帯	100.0	28.2	66.7	29.9	3.4	69.0	2.8

出典：表11−2と同じ

表11−12　養育費の受給状況（令和３年）　　　　　　　　　　　　　　　　（％）

	総数	現在も受けている	受けたことがある	受けたことがない	不詳
母子世帯	100.0	28.1	14.4	56.6	0.8
父子世帯	100.0	8.8	4.7	85.7	0.8

出典：表11−2と同じ

も、養育費の取り決めを促すリーフレットが作成され市町村の窓口で配布されている。

④ ひとり親家庭に対する経済的支援

▼児童扶養手当制度

「正規の職員・従業員としての雇用率が低い」ことや、臨時・パート雇用で「時給が低すぎる」ことが母子家庭の多くが貧困になる理由であるとの指摘があるように、母子家庭にとって経済的な問題は深刻なものであり、経済的支援はとりわけ重要となる。

こうしたひとり親家庭の経済面を支援する施策の一つが児童扶養手当である。1961（昭和36）年に児童扶養手当法が制定され、父と生計を同じくしていない子どもを育成する家庭の生活の安定と自立の促進を目的として、児童扶養手当が母子家庭に支給されるようになった。2010（平成22）年8月より支給対象が父子家庭にも拡大され、2012（同24）年には支給要件に裁判所からDV保護命令を受けた子どもを養育する者も加わった。また、2014（同26）年より公的年金給付等との併給制限の見直しが行われ、手当より低額の公的年金等を受給する場合に、その差額分の手当が支給されるようになった。さらに、2016（同28）年8月からは、第2子および第3子以降の加算額が最大倍増された。

支給対象は18歳に達する以後の最初の3月31日までの間にある児童（障がい児の場合は20歳未満）を監護する母、監護しかつ生計を同じくする父または養育者となっている。支給要件には所得制限があり、また国内に住所を有していない場合や里親に委託されている場合などには支給されない。手当の額は2023（令和5）年度現在、児童1人の場合に4万4,140円（全部支給）で、2人目は1万420円、3人目以降は1人につき6,250円が加算される。

また、2008（平成20）年4月から、離婚後等の生活の変化を一定期間内で緩和し自立を促進するという趣旨から、受給期間が5年を越える場合に、その手当の2分の1が支給停止されることとなった。ただし、3歳未満の子どもを育てている場合は、3歳までの期間は5年の受給期間に含めないこととなっている。また、手当の一部支給停止については、就業や求職活動をしている場合や障がいや疾病等により就業が困難な場合、さらに子どもや親族の介護をする必要がある場合などは適用除外となる。

2019（令和元）年11月より手当の支払い回数が年3回から年6回に見直された。2021（同3）年には、ひとり親の障害年金受給者の併給調整の方法の

見直しが行われた。これまでは、ひとり親家庭で受給している障害基礎年金等の額が児童扶養手当の額を上回る場合は、児童扶養手当を受給できなかったが、児童扶養手当の額が障害年金の子の加算部分の額を上回る場合にはその差額を児童扶養手当として受給できるようになった。受給者の95％が母子家庭となっている。

▼母子父子寡婦福祉資金貸付金制度

　母子父子寡婦福祉資金は、母子及び父子並びに寡婦福祉法に定められており、20歳未満の児童を扶養している配偶者のない女子（母子福祉資金）、20歳未満の児童を扶養している配偶者のない男子（父子福祉資金）および寡婦[*4]（寡婦福祉資金）を対象に、経済的自立の助成と生活意欲の助長を図るために資金を貸付ける制度である。

＊4　寡婦
第4章p.70参照。

　貸付資金の種類は、事業開始資金、事業継続資金、修学資金、技能習得資金、修業資金、就職支度資金、医療介護資金、生活資金、住宅資金、転宅資金、就学支度資金、結婚資金の12種類があり、貸付けの際の利子は無利子または年利1.0％、償還方法は一定の据置期間の後、3年以内から20年以内となっている。

　自立に向けた活動の支援や生活の安定のため、2009（平成21）年6月からは連帯保証人がいない場合にも貸付けが可能となるとともに、貸付利子が引き下げられた。2010（同22）年4月からは、母子家庭の母および寡婦が高等学校等に就学する場合の就学および入学に必要な資金が、技能習得資金の運用により貸付けを受けることが可能となり、公立高校等に係る就学支度資金の貸付限度額が引き上げられた。さらに、2014（同26）年10月より父子家庭も対象となり父子福祉資金が創設され、ひとり親家庭の親と子どもの将来の自立をめざした貸付けがなされるようになったといえる。また、2018（同30）年には、就学資金、就業支度資金の貸付対象に大学院が追加された。

　さらに、ひとり親家庭の子どもが大学等に修学しやすい環境を整えるため、2020（令和2）年4月より、修学資金の対象経費に、部活費などの課外活動費や修学期間中の生活費、保健衛生費等が加えられた。2023（同5）年からは、ひとり親家庭の生活の安定を図るために、家計が急変し児童扶養手当受給相当まで所得が減少した者を対象に、児童扶養手当に準拠した額の生活資金の貸付けを行うこととなった。

　なお、2021（令和3）年度実績で母子父子寡婦福祉資金の貸付件数および金額は、子どもの修学資金関係が9割を占めている。

まとめてみよう

① ひとり親家庭になることによって抱える生活課題について考え、母子家庭と父子家庭の共通点と相違点をあげてみよう。
② 今後求められるひとり親家庭に対する支援について考えてみよう。
③ ひとり親家庭への支援について、保育所で働く保育士が、どのような役割を有しているかを考えてみよう。

【引用文献】
神原文子『子づれシングル－ひとり親家族の自立と社会的支援』明石書店　2010年
　　pp.177－178

【参考文献】
神原文子「母子家庭における経済的課題について」『月刊福祉』全国社会福祉協議会
　　2003年
厚生労働省子ども家庭局「令和3年度全国ひとり親世帯等調査結果報告」2021年
こども家庭庁支援局家庭福祉課「ひとり親家庭等の支援について」2023年
厚生労働省子ども家庭局家庭福祉科母子家庭等自立支援室「令和5年度母子家庭の母及
　　び父子家庭の父の自立支援施策の実施状況」2023年
榊原富士子「母子家庭の養育費をめぐる法的整備の課題について－弁護士 榊原富士子
　　氏に聞く」『月刊福祉』全国社会福祉協議会　2003年
下夷美幸『養育費政策にみる国家と家族－母子世帯の社会学』勁草書房　2008年
新保幸男「ひとり親家庭の生活現状と課題」『月刊福祉』全国社会福祉協議会　2003年
総務省統計局統計調査部「令和2年国勢調査」
中田照子・杉本貴代栄・森田明美編『日米のシングルファーザーたち－父子世帯が抱え
　　るジェンダー問題』ミネルヴァ書房　2001年
湯沢雍彦・宮本みち子『新版　データで読む家族問題』日本放送出版協会　2008年

コラム

保育士から見たひとり親家庭とその支援

　筆者が行った、現在保育所に勤務する保育士8名（保育士歴5～12年）へのインタビューとアンケートからひとり親家庭への支援について考えてみよう。

●ひとり親家庭の生活の様子について

- ・子どもとかかわる時間が少ない。
- ・祖父母など協力的な家族がいれば保護者以外の送迎が頻繁で、逆に協力がなければ保育時間が長くなり保護者以外と過ごす時間が多くなるが、子どもと一緒に過ごす時間を大切にし、子どもの様子を把握している保護者が多くなっていることが連絡帳などから感じられる。
- ・祖父母の協力を得られている家庭もあり、保育園への送迎も祖父母が行っているため、保育所と家庭との連携は祖父母が行っている。
- ・休日保育も行っている園のため、ときには週7日間保育所を利用することもある。
- ・親の生活ペースに子どもが振り回されてしまう家庭もあるように感じる。
- ・特に父子家庭では保育参観などに参加できないことが多い。

●ひとり親家庭の子どもの様子について

- ・ひとり親家庭の子どもが、何か特徴的なところがあるというわけではない。
- ・2歳児クラスではトイレトレーニングが始まり、朝の支度を一人でするなどの生活面での自立の第一歩が始まるが、自宅でもお手伝いをしているせいか、はじめからスムーズにできる子が多く、自分でやろうとする気持ちが強い。
- ・甘えの強い子が比較的多いように感じる。

●ひとり親家庭への支援の難しさについて

- ・父子家庭は仕事が優先されてしまい、子どもとかかわる時間が少ない。
- ・母子家庭は数が多いということもあり、母親同士が相談し助け合ったりする場合があるが、父子家庭では父親同士が仲良くなる機会がないため、一人で抱え込んだり、祖父母に頼りきりになることがある。

　現場の保育士が日々の保育のなかで感じていることから、いくつかの点を確認することができるだろう。まずひとり親家庭の場合、祖父母等の協力を得ながら子育てをしていることが多いため、親だけでなく祖父母等の家族との信頼関係や連携が必要になること。また、家族に協力を得られないこともあるため、その地域で利用できる資源（ファミリー・サポート・センター等）について紹介するなどの役割も求められる。さらに、子育てを助ける立場としてさまざまな相談に乗るなど親に対する支援も重要になる。

　いずれにしても、保育士はひとり親家庭の子どもの育ちと生活の安定にとって重要な存在であることを自覚しなくてはならない。

第**12**章　障がいのある子どもの福祉

✏️「障害」ではなく「障がい」の表記を用いる理由はあるの？

みらいさん　母から、「区役所に行ったら、『障害福祉課』の表記が、『障がい福祉課』となっていた。コミュニティバスにも、優先席の説明に『障がいがある方など』となっていたけど、大学ではどのように教わっているの？」と尋ねられました。私は先生から、「『害』は、『あってはいけないもの、たとえば公害とか災害という場合に用いて、それを人にくっつけるのは好ましくない』と教わっているよ」と答えたのですが、それでも、よく考えてみると、母どころか私自身もその説明だけではしっくりこないのですが……

なつ先生　とても大切なことを考えようとしていますね。しかし、「しっくりこない」点は何かをもっと明確にするといいですよ。

みらいさん　そうですね……　まず、どのような経緯があってそうなったかということ、そして、平仮名にするだけでは、表面的なことは改善されたかのように思えても、本質は変わらないのではないかということでしょうか。

なつ先生　なるほど。経緯については、歴史といってもいいでしょう。「障害者」の表記は、本来「障碍者」（「碍」は「礙」の俗字で「障」とほぼ同じ意味です）とされていたものが、「碍」は現在も常用漢字ではないため「障害」の表記が使われるようになりました。つまり、「障害」（障碍）とは「生活のしづらさ」のことで「障」も「碍」も「生きるうえでのハードルがある」という意味です。しかし、「害」は「あってはいけないもの」という価値観と直接つながり、「障害者」「障害児」という表現は、「障がい」があることで全人格やその人自身を否定する表現となる可能性があるため「障がい」と表記されるように

なってきました。また、表現を変えるだけでは、本質的な課題は解決されないということについては、そのとおりで、日本だけでなく諸外国でもその言葉の歴史を理解し、より適切な言葉を用いるような努力がなされてきました。

みらいさん　先生、「障がい」や病気などに関しては、似たような用語問題がありそうですね。

なつ先生　そうですね。言葉には力があって、差別や偏見につながるような「負の力」を及ぼして、私たちの考え方や生き方まで左右することもあります。その意味で、用語問題は単なる表面的なことではなく、本質的な課題を解決していく大きな一歩となるはずですよ。

1 新たな福祉観と「障がい」観

① 誰もが対象となる社会福祉

▼弱者救済から「自立支援」へ

　福祉とは、「働けない人への特別なサービスだ」という考え方が根深く、「弱者救済」や「恵まれない人への恩恵」「保護」という限定的な福祉観が主流であった時代においては、障がいというそのマイナス面をいかに軽減するかということが大きな課題であった。このような、恩恵・保護といった限定的な考え方から、現代の福祉観では、一人ひとりが「よりよく生きる」(well-being)ための自立(自律)と自己実現を促すこと、と考えられるようになった。つまり、福祉とは、私たち一人ひとりの生活に深くかかわるもので、具体的には医療や労働(雇用)を含む総合的な施策やサービスであるといえるであろう。

　そして、障がい者(児)福祉の課題も、この自立(自律)へのイメージが乏しければそれを超えた支援はなされないし、限定されたものになってしまう。保育や幼児教育の専門家をめざす学生にとっても、目の前の子どもへの自立(自律)支援のイメージがいかに豊かであるかが問われているといえよう。

▼増大する子ども家庭福祉のニーズと障がいのある子どもの福祉

　子どもに対する支援のニーズは増大し、充足されない保育ニーズや子ども虐待等の社会的問題の複雑化・多様化はなかなか改善されない。そうした現代社会の複雑さや混迷が生活のしづらさに直結し、社会不安に拍車をかけている。しかしながら、私たちは、子ども(わが子だけでなく)を育て、地域や学校でも多くの子どもとかかわるなかで、はじめは「子どものために」と考えていたことが、いつしか、「子どもから教えてもらった」「子どもの元気な姿が私たちの生きる力」と思うようになることが多い。

　このように子どもを守り育てることは、私たちの未来を人間的で豊かにし、社会の一人ひとりに「いかに生きるか」というテーマや役割を与えてくれるに違いない。障がいのある子どもへの福祉もこの視点が欠かせない。

② ノーマライゼーション

　「ノーマライゼーション」は、デンマークのバンク–ミケルセン(Bank-Mikkelsen, N. E.)が1950年代に提唱し、「障がいがあっても、その地域(国)の同世代が生活しているライフサイクルとステージにできる限り近づけるべ

表12−1　ニィリエのノーマライゼーション8つの原理

1．1日のノーマルなリズム 2．1週間のノーマルなリズム 3．1年間のノーマルなリズム 4．ライフサイクルにおけるノーマルな経験 5．要求や自己決定におけるノーマルな支援 6．ノーマルな性的関係 7．ノーマルな経済的水準 8．ノーマルな物理的生活環境

出典：ベンクト・ニィリエ著　河東田博・橋本由紀子・杉田穏子・和泉とみ代訳編『ノーマライゼーションの原理―普遍化と社会変革を求めて（増補改訂版）』現代書館　2000年　p.130

きだ」と主張した理念である。

　当時のデンマークでは、多くの知的障がい者が保護の名目で大規模施設に隔離されていたが、その親の会の設立と前後して、「自分たちの子どもも家族とともに生活する権利がある」と政府に訴えた。担当官だったバンク-ミケルセンも「知的障がい者の施策がいつも後回しにされる」として、「知的障がい者が、地域（国）に応じて可能な限り‘あたりまえ（ノーマル）の生活’ができるようにすべきである」というノーマライゼーション理念を提唱した。

　スウェーデンのニィリエ（Nirje, B.）は、1967年の知的障がい者特別援護法の制定に尽力し、彼が提唱したノーマライゼーションは、1990年代には「ノーマライゼーションの8つの原理」として紹介されるようになった（表12−1）。

　こうして、北欧で起こったノーマライゼーションの考えは、国連のいくつかの権利宣言やキャンペーンを通して日本や世界に広がったが、今日では、知的障がいだけでなくすべての障がいや病気がある人、「社会的弱者」をも対象にした理念として用いられるようになった。

③ 「国際障害分類」（ICIDH）と「国際生活機能分類」（ICF）

　1980年に世界保健機関（WHO）より、「国際障害分類」（ICIDH：International Classification of Impairments, Disabilities and Handicaps）が公表され、障がい概念を社会との関連で構造化した点などが世界的に注目された。ICIDHでは、「社会的不利」は「機能障害」や「能力障害」の結果としてその個人に生じる不利益であって、教育・労働・結婚における機会の制約や、文化・余暇・その他社会参加に際しての機会の制約などがあるとした。

　しかしながら、ICIDHが「医学（診断）モデル」に傾いているという批判

図12－1　国際生活機能分類（ICF）の概念図

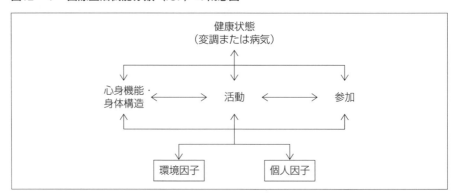

出典：障害者福祉研究会編『国際生活機能分類（ICF）－国際障害分類改定版－』中央法規出版
　　　2002年　p.17

　など種々の問題点も指摘されるようになり、2001年に改訂版が「国際生活機
能分類」（ICF：International Classification of Functioning, Disability and
Health）としてWHO総会において採択された。ICFはICIDHの基本的構造を
受け継いでいるが、障がいを「健康状態」からだけでなく、「心身機能・身
体構造」「活動」「参加」という視点（生活機能）、さらに「環境因子」「個人
因子」という視点（背景因子）から明らかにし、マイナス面だけでなくプラ
ス面もとらえるように視野が拡大され、表現も中立的・肯定的になっている
（図12－1）。例えばICFでは、世界中の人々に多くの感動を与えているパラ
アスリートたちの「生活機能」は"とても豊かである"と記述するだろう。
なぜなら、医学的な診断に用いられる病気や障がいについて、ICFでは、病
気や障がいといった「健康状態」が及ぼす「心身機能・身体構造」の特徴に
"能力障害"があったとしても、どのような「活動」や「参加」が可能なのか、
「背景因子」の強みは何かといったプラス面の視点から、その人全体の「生
活機能」をとらえようとする「社会（生活）モデル」の「障がい観」に転換
するからである。
　以上のように、ICFは人の「生活機能」を全体的な視点でみようとする点で、
その「困難」（障がい）はその人の生活の一部であると考えているが、これ
はとても重要な視点である。なぜなら、障がいのとらえ方は、人の生き方、
そして、支援のあり方を方向づける最も基本となる視点であり、障がいを限
られた面からでしかみなければ、それに基づいた支援は偏ったものになる可
能性があるからである。

▼ICFと日本の教育
　福祉や医療分野では、ICFの概念がすでに活用されてきたが、教育におい

ても2009（平成21）年6月の特別支援学校学習指導要領改正で、学校教育法第72条の改正をふまえ、領域「自立活動」における視点とかかわりにおいてICFの概念を採用し、「障害に基づく種々の困難」を「障害による学習上又は生活上の困難」と改めた。

④　障害者の権利に関する条約とインクルージョン

2006年12月に就職や教育などあらゆる機会での差別を禁じた「障害者の権利に関する条約（障害者権利条約）」が国際連合総会で採択され、日本では2014（平成26）年1月に批准し、本条約の国内発効となった。

障害者権利条約の制定に際しては、「障害の定義」「社会参加のための合理的配慮」「差別の定義と差別禁止」「インクルーシブ教育*1の実現」などが論議されてきたが、この分野の進展には国際的な共通理解と協調が欠かせないという点で、今後のさらなる展開が期待されている。

なお、本条約を批准するために国内法の整備を進めるとともに、その後も見直しが進められている。主なものでは、障害者総合支援法が2013（平成25）年度から施行され、同年6月に制定された「障害を理由とする差別の解消の推進に関する法律（障害者差別解消法）」は、2016（同28）年4月から一部の附則を除き施行された。その障害者差別解消法では、「不当な差別的取り扱いの禁止」「合理的配慮の提供」の義務化が行政や民間に対して規定され、特別支援教育*2の分野では、差別解消の趣旨に基づいた学校教育法施行令が2013（同25）年8月に改正され、2014（同26）年度から施行されている*3。

⑤　日本の法律と新たな障がい観

わが国における障がい者（児）施策の基本的理念を掲げ、関係各法の整備を促そうとするものが「障害者基本法」である。同法は、わが国の障害者施策の対象を身体障害、知的障害、そして精神障害としてきたが、2011（平成23）年の改正で発達障害を、2012（同24）年の改正で難病等をその定義に含めた。

なお、各障がいに関する法律として、福祉関係法や障がい児教育関連法、所得保障に関連する法や障がい者の雇用促進に関する法律などがあるが、その定義は、障がいごとに規定されていて、総合的に整備されているとは言い難い面があり今後の課題である。

＊1　インクルーシブ教育
障がいのあるなしで隔てられない教育が統合教育（インテグレーション）として実践されてきたが、1990年代後半から、さらに、質的な統合が重視されるようになってきた。障がいだけでなくマイノリティや虐待を受けた子ども等も含めて、「同世代の子どもを分け隔てない質的な統合」をインクルージョンやインクルーシブ教育という。

＊2　特別支援教育
障がいがある児童・生徒の教育は、盲・聾・養護学校や特殊学級でなされてきたが、2007（平成19）年度から、それぞれ、特別支援学校と特別支援学級に名称変更した。また、通常学級に在籍する発達障がいがある子どもにも対象を広げた。特別支援学校は、障がいの種別を超えて受け入れることや地域のセンター機能が求められている。

＊3
障がいのある子ども等の就学先を決定する仕組みや障がいの状態等の変化をふまえた転学等の制度の見直しが行われた。

❷ 障がい児の定義と現状

① 障がい児の定義

障害児とは、児童福祉法第4条第2項において「身体に障害のある児童、知的障害のある児童、精神に障害のある児童（発達障害者支援法第2条第2項に規定する発達障害児を含む。）又は治療方法が確立していない疾病その他の特殊の疾病であつて障害者の日常生活及び社会生活を総合的に支援するための法律第4条第1項の政令で定めるものによる障害の程度が同項の厚生労働大臣が定める程度である児童」と定めている。なお、児童福祉法第7条第2項においては、「重度の知的障害及び重度の肢体不自由が重複している児童」を重症心身障害児と定義している。

② 身体障害児

▼身体障害児の定義

身体障害児とは、児童福祉法第4条第2項に規定されている「身体に障害のある児童」で、身体障害者福祉法第15条に規定される身体障害者手帳の交付を受けた者をいう。

身体障害者手帳の対象となる障がいは、視覚障がい、聴覚・言語障がい、肢体不自由、内部障がいであり、1級から7級[*4]までの障がい程度に区分されている。

*4
7級に規定されている障がいについては、7級の障がいが2つ以上重複している場合のみ身体障害者手帳6級が交付される。

▼身体障害児の現状

厚生労働省「平成28年生活のしづらさなどに関する調査」によると、18歳未満の身体障害児（在宅）の総数は6万8,000人と推計されており、障がいの程度別にみると、1級・2級の身体障害児が全体の6割強を占めている。

③ 知的障害児

▼知的障害児の定義

知的障害児の法的な定義はないが、厚生労働省「平成17年度知的障害児（者）基礎調査」では、知的障害児とは「知的機能の障害が発達期（おおむね18歳まで）にあらわれ、日常生活に支障が生じているため、何らかの特別の援助を必要とする状態にあるもの」とされている。一般的に知的障害は、IQ（知

能指数）によって、軽度、中度、重度、最重度に分けられる。

▼知的障害児の現状

　「平成28年生活のしづらさなどに関する調査」によると、18歳未満の療育手帳所持者の知的障害児（在宅）の総数は、21万4,000人と推計されている。なお、施設に入所する知的障害児は1万1,000人と推計されている。

④　発達障害児

▼発達障害児の定義

　発達障害者支援法第2条によると、発達障害[*5]は、「自閉症、アスペルガー症候群その他の広汎性発達障害[*6]、学習障害、注意欠陥多動性障害その他これに類する脳機能の障害であってその症状が通常低年齢において発現するものとして政令で定めるもの」とされている。

▼発達障害児の現状

　2022（令和4）年に文部科学省が行った調査[*7]では、知的発達に遅れはないものの「学習面又は行動面で著しい困難を示す」児童生徒が8.8％であったと報告しているが、2012（平成24）年の前回調査から2.3ポイント増えたことになる。

　発達障害は、その症状がみえにくく、わかりにくい障がいのために、早期に的確な診断や療育を受けることが困難な場合が多い。そのため、保育や学校の場で問題が表面化するケースが目立っている。

3　障がい児への福祉施策

①　障がいの早期発見・早期療育

▼早期発見

　障がいの早期発見に関しては、母子保健施策の一環として、乳幼児健康診査[*8]、新生児聴覚検査、先天性代謝異常等検査[*9]、助産師や保健師の家庭訪問による未熟児訪問指導[*10]などが実施されている。

▼早期療育

　障がいに対する早期療育に関しては、母子保健法で規定している未熟児養育医療[*11]や小児慢性特定疾病対策[*12]が行われている。

---

*5　発達障害
医学や心理学では、知的障がいや脳性まひ、てんかんなども含むことがあるが、本法では、狭義の障がいを定義している。また、日本で通常使用する発達障がいは狭義で用いることがほとんどである。

*6
アメリカ精神医学会の新しい診断基準「DSM−5」（2013年）では、本法で定める自閉症、アスペルガー症候群、その他の広汎性発達障害のほか、小児期崩壊性障害を下位分類とする「広汎性発達障害」という診断名について、これら下位分類を想定しない概念である「自閉症スペクトラム」という用語・診断名として新たに設定された。そのため、従来の下位分類の名称による診断がされなくなることが想定される。

*7
「通常の学級に在籍する特別な教育的支援を必要とする児童生徒に関する調査結果について」のこと。

*8　乳幼児健康診査
第7章p.111参照。

*9　先天性代謝異常等検査
第7章p.111参照。

*10　未熟児訪問指導
第7章p.112参照。

*11　未熟児養育医療
第7章p.112参照。

*12　小児慢性特定疾病対策
第7章p.112参照。

② 障害者総合支援法に基づくサービス

*13　障害者総合支援法
第4章p.74参照。

　障害者総合支援法*13に基づくサービスは、大きく分けて、自立した日常生活を送ることができるよう提供される「自立支援給付」と、地域の実情に応じて柔軟に実施される「地域生活支援事業」がある（図12－2）。障がい児へのサービスについては、図12－3を参照してほしい。

　本法に基づく福祉サービスを利用する場合は、障がい児の保護者が市町村に支給申請を行い、認定を受ける必要がある。支給が決定されたのち、サービス提供事業者と契約を結ぶと利用開始となる。

図12－2　障害者総合支援法に基づく給付・事業

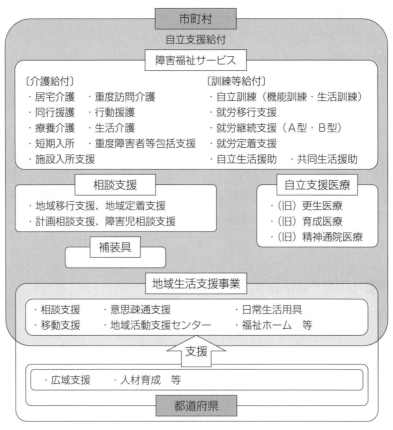

出典：厚生労働統計協会編『図説　国民衛生の動向2022/2023』厚生労働統計協
　　会　2022年　p.47を一部改変

186

図12－3　障害福祉サービス等の体系（介護給付・訓練等給付）

	サービス内容		
訪問系	居宅介護	者 児	自宅で、入浴、排せつ、食事の介護等を行う
	重度訪問介護	者	重度の肢体不自由者又は重度の知的障害若しくは精神障害により行動上著しい困難を有する者であって常に介護を必要とする人に、自宅で、入浴、排せつ、食事の介護、外出時における移動支援、入院時の支援等を総合的に行う（日常生活に生じる様々な介護の事態に対応するための見守り等の支援を含む。）
	同行援護	者 児	視覚障害により、移動に著しい困難を有する人が外出する時、必要な情報提供や介護を行う
	行動援護	者 児	自己判断能力が制限されている人が行動するときに、危険を回避するために必要な支援、外出支援を行う
	重度障害者等包括支援	者 児	介護の必要性がとても高い人に、居宅介護等複数のサービスを包括的に行う
日中活動系	短期入所	者 児	自宅で介護する人が病気の場合などに、短期間、夜間も含めた施設で、入浴、排せつ、食事の介護等を行う
	療養介護	者	医療と常時介護を必要とする人に、医療機関で機能訓練、療養上の管理、看護、介護及び日常生活の世話を行う
	生活介護	者	常に介護を必要とする人に、昼間、入浴、排せつ、食事の介護等を行うとともに、創作的活動又は生産活動の機会を提供する
施設系	施設入所支援	者	施設に入所する人に、夜間や休日、入浴、排せつ、食事の介護等を行う
居住支援系	自立生活援助	者	一人暮らしに必要な理解力・生活力等を補うため、定期的な居宅訪問や随時の対応により日常生活における課題を把握し、必要な支援を行う
	共同生活援助	者	夜間や休日、共同生活を行う住居で、相談、入浴、排せつ、食事の介護、日常生活上の援助を行う
訓練系・就労系	自立訓練（機能訓練）	者	自立した日常生活又は社会生活ができるよう、一定期間、身体機能の維持、向上のために必要な訓練を行う
	自立訓練（生活訓練）	者	自立した日常生活又は社会生活ができるよう、一定期間、生活能力の維持、向上のために必要な支援、訓練を行う
	就労移行支援	者	一般企業等への就労を希望する人に、一定期間、就労に必要な知識及び能力の向上のために必要な訓練を行う
	就労継続支援（A型）	者	一般企業等での就労が困難な人に、雇用して就労の機会を提供するとともに、能力等の向上のために必要な訓練を行う
	就労継続支援（B型）	者	一般企業等での就労が困難な人に、就労する機会を提供するとともに、能力等の向上のために必要な訓練を行う
	就労定着支援	者	一般就労に移行した人に、就労に伴う生活面の課題に対応するための支援を行う

（介護給付：居宅介護～施設入所支援、訓練等給付：自立生活援助～就労定着支援）

出典：厚生労働省「障害福祉サービスについて」を一部改変
https://www.mhlw.go.jp/stf/seisakunitsuite/bunya/hukushi_kaigo/shougaishah
ukushi/service/naiyou.html（2023年8月20日閲覧）

③ 児童福祉法に基づくサービス

　障がい児に対する事業・施設サービスについては、障害者自立支援法（当時）と児童福祉法に規定されていたが、2010（平成22）年の障害者自立支援法、児童福祉法の改正にともない、児童福祉法に根拠規定が一本化された。これまで知的障害児施設、知的障害児通園施設、盲ろうあ児施設、肢体不自由児施設、重症心身障害児施設等において障がい種別ごとに実施されていた障がい児に対する事業・サービスが、通所・入所の機能別に「障害児入所支援」と「障害児通所支援」に一元化された。

▼障害児通所支援

　障害児通所支援とは、「児童発達支援」「放課後等デイサービス」「居宅訪問型児童発達支援」「保育所等訪問支援」のことをいう。

　2022（令和4）年の改正児童福祉法（2024［同6］年度施行）により、これまで福祉型と医療型に分かれていた「児童発達支援センター」の類型が一元化された。また、地域の障がい児支援の中核を担う機関であることが明示された。対象はすべての障がい児であり、支援内容も、これまで医療型で行ってきた治療（リハビリテーション）は、一元化された「児童発達支援センター」で引き続き実施可能である。

　「児童発達支援」とは、障がい児を児童発達支援センターなどに通わせ、日常生活における基本的な動作および知識技能の習得ならびに集団生活への適応のための支援等を行うほか、これに併せて児童発達支援センターにおいて治療を行うことをいう。

　「放課後等デイサービス」とは、学校教育法第1条に規定する学校（幼稚園、大学を除く）または専修学校等に就学している障がい児について、授業の終了後や休日に児童発達支援センターなどに通わせ、生活能力の向上のために必要な支援、社会との交流の促進等を提供することをいう。

　「居宅訪問型児童発達支援」とは、重度の障がいの状態等により、児童発達支援、放課後等デイサービスを受けるための外出が難しい障がい児の居宅を訪問し、日常生活における基本的な動作の指導、知識技能の習得、生活能力の向上のために必要な支援等を行う。

　「保育所等訪問支援」とは、保育所や幼稚園、乳児院等の集団生活を営む施設に通うまたは入所している障がい児について、障がい児以外の子どもとの集団生活に適応するための支援などが必要な場合に、専門的な支援を提供することをいう。

▼障害児入所支援

　障害児入所支援には「福祉型」と「医療型」があり、福祉型は、入所児童の保護、日常生活の指導および必要な知識技能が提供され、医療型は、これらに加え治療が提供される。18歳を過ぎても「成人としての場」が決まらずに障害児入所施設で生活している障がい児・者は「過齢児」として以前から大きな課題であったが、2022（令和４）年の改正児童福祉法により、成人としての生活への移行調整の責任主体が「都道府県及び政令市」であると明確化した。また、強い行動障害が18歳直前から顕在化した場合等の理由で配慮が必要な場合等は、22歳までの入所継続が可能となった。

④　待ち望まれた「医療的ケア児」支援

　2016（平成28）年の児童福祉法改正を受け、2021（令和３）年６月に成立・公布された「医療的ケア児及びその家族に対する支援に関する法律（医療的ケア児支援法）」は、国や地方自治体が医療的ケア児の支援を行う責務を負うと規定し、当事者や関係者等が待ち望んだものであるといわれている。

　医療的ケア児とは、「日常生活及び社会生活を営むために恒常的に医療的ケアを受けることが不可欠な児童」で、厚生労働省によると、2021（令和３）年現在で全国の医療的ケア児（在宅）は、約２万人（推計）であるとされている。

　今後は、すべての子育て支援の一環であるが、住んでいる地域に関係なく、医療的ケア児とその家族が適切な支援を受けられるよう、保育所、認定こども園、家庭的保育事業等や放課後児童健全育成事業、学校での医療的ケア児の受け入れに向けた支援体制の拡充が望まれている。

4　経済的支援

公的支援

▼特別児童扶養手当*14

　20歳未満の重度・中度の在宅障がい児を監護・養育する者に支給される。１級と２級があり、2023（令和５）年度現在、１級は５万3,700円、２級は３万5,760円が支給される。

*14　特別児童扶養手当
第４章p.73参照。

▼障害児福祉手当[15]

　20歳未満の重度の在宅障がい児に支給される。特別児童扶養手当との併給は可能である。2023（令和5）年度現在、月額1万5,220円が支給されている。

🖊 まとめてみよう

> ①　「障がいがあっても当たり前の生活ができる」とは具体的にどのような状況をいうのか話し合ってみよう。
>
> ②　身体障がいと知的障がいが非常に重くて重複している子ども（重症心身障がい）の自立（自律）支援と保育者の役割について具体的に考えてみよう。
>
> ③　障害者基本法と各法（身体障害者福祉法、知的障害者福祉法、発達障害者支援法など）が規定している障がいについてその定義を調べ、整理してみよう。

【参考文献】
石部元雄・柳本雄次編『特別支援教育－理解と推進のために（改訂版）』福村出版　2011年
松原達哉編集代表　日本カウンセリング学会編集協力『カウンセリング実践ハンドブック』丸善　2011年
ベンクト・ニィリエ著　河東田博・橋本由紀子・杉田穏子・和泉とみ代訳編『ノーマライゼーションの原理－普遍化と社会変革を求めて（増補改訂版）』現代書館　2000年
石部元雄・上田征三・高橋実・柳本雄次編『よく分かる障害児教育（第4版）』ミネルヴァ書房　2020年
障害者福祉研究会編『国際生活機能分類（ICF）－国際障害分類改定版』中央法規出版　2002年
文部科学省「特別支援学校学習指導要領解説　自立活動編（幼稚部・小学部・中学部・高等部」2009年
厚生労働統計協会編『図説　国民衛生の動向　2022/2023』厚生労働統計協会　2022年
週刊社会保障編集部編『平成27年版 社会保障便利事典』法研　2015年
上田征三他「福山手をつなぐ育成会特別委員会報告書－A市圏内の障害児・者の生活実態調査結果から」2004年

コラム
バリアフリー社会と子育て

　1995（平成7）年にわが国では、「障害者プラン－ノーマライゼーション7カ年戦略－」を策定したが、そのなかで、障がいがある人へのバリア（barrier＝障壁）を、①物的・環境的バリア、②制度的バリア、③情報のバリア、④心のバリアと説明した。

　物的・環境的バリアへの対応については、欧米の取り組みが日本にも紹介されてきたが、たとえば、デンマークの実践は子育て支援においても参考になることが多い。街づくりは、点のバリアフリー（住宅やビルディングなど）から線のバリアフリー（目的地までの公共交通機関など）、そして、面のバリアフリー（街などその地域全体が）になっていくことが求められるが、デンマークでは、路線バスや鉄道も、車いすだけでなくベビーカーなども乗り降りがしやすいようになっており、盲導犬をみかけることも珍しくない（写真1、2）。

写真1　ホームとの危険な隙間を覆うように自動的にスロープが出てくる（筆者撮影）。

写真2　写真1の車内。車いす、ベビーカー、盲導犬、自転車などもよくみかける（筆者撮影）。

　このようにバリアフリーが進んだ環境では、「近くに安全な遊び場がない」「そこへ行くまでが危険」「エレベーターや車内でベビーカーをたたまないと迷惑がられる」というような日本の子育て世代が感じるような経験は少ない。

　こうしたデンマークの取り組みから、何がバリアなのかを理解するために、まず対象者を理解することが重要であることがわかる。「障がい理解」は、単に障がいの状況を知識的に理解するのではなく、その人にとって何がバリアになっており、当たり前の生活に近づけるためにどのような支援が必要かを理解することである。また、こうした対象者理解のためにはコミュニケーション能力が欠かせず、それは対人援助サービス（保育をはじめとする福祉・教育・医療等の分野）にかかわる専門家として高い資質を求められるものである。

　「誰もが、安心・安全・便利」とすることが、バリアフリーのめざすところであり、バリアフリーは、障がいがある人のためだけにあるのではなく、すべての人にとって欠かせないという本来の意味（心）を学び実践するという点では、わが国においてはまだ課題が多いといわざるを得ない。

第**13**章　情緒障がい・少年非行問題

少年非行問題の背景には、情緒障がいも関係があるの？

みらいさん　なつ先生、私は「情緒障がい」という言葉をはじめて聞きましたが、情緒障がいというのは、どのような障がいをいうのですか。

なつ先生　詳しくは授業のなかで学ぶので、ここでは簡単に説明しますね。情緒障がいというのは、情緒の現れ方が偏っていたり、その現れ方が激しかったりする状態を、自分の意志ではコントロールできないことが継続し、学校生活や社会生活の支障となる状態をいいます。

みらいさん　学校や社会生活の支障となる状態とは、具体的にはどんな状態になるのですか。

なつ先生　たとえば、友人とのコミュニケーションがうまくとれず、結果的にトラブルになってしまう、いじめの被害者や加害者になりやすいなどです。そうした疎外感などから、金品の持ち出しなどの問題行動を起こしやすいといった状況があります。

みらいさん　いじめや金品の持ち出し等の問題行動があるということは、この章で学ぶ少年非行にも情緒障がいが関係しているのですか。

なつ先生　そういうことになりますね。情緒障がいのために社会的関係を築きにくいという状況に対して、周囲の理解がないと、仲間から孤立したり、結果的に暴力をふるうようになったり、つまり非行に走ってしまう子どもがいます。また、非行の原因は情緒障がいだけでなく、子ども虐待も大きく関係しているということもわかっています。

みらいさん　え？　虐待も非行に関係があるのですか？

なつ先生　そうなのですよ。虐待を受けて育つことで、さまざまな心の傷を負ったり、適切な人間関係や行動パターンが身につかなかったりするために、それが非行の原因になることもあります。

みらいさん　家族（親）が原因で非行に走るケースですね。親の体罰→家出→非行（薬物依存、援助交際を含む）→補導（検挙）のような悪循環になってしまうのですね……

なつ先生　そうですね。家族との関係性が背景にあり、悪循環につながってしまうケースは現代では多いですね。

みらいさん　ということは、子どもにとっては家族との関係が大切だということになりますね。

なつ先生　そのとおりですね。それでは、情緒障がいと少年非行問題について学んでいきましょう。

1 情緒障がい

① 情緒障がいとは

＊1
2016（平成28）年の児童福祉法の改正により、「情緒障害児短期治療施設」は「児童心理治療施設」へと名称変更された。

情緒障がいという言葉が最初に表されたのは、1961（昭和36）年に「情緒障害児短期治療施設」＊1が設置されたときである。情緒障がいは、情緒を適切に表出したり、抑制することができないことをいい、代表的な症状は、いじめ（被害者・加害者）、不登校・ひきこもり、反抗、怠学、金品の持ち出しなどの問題行動、緘黙、小心、乱暴、夜尿、吃音、チック、爪かみ、拒食・偏食などとされる。

② 情緒障がいの要因と背景

情緒障がいの要因は特定することが難しいが、人間関係における心理的要因が大きいとされ、なかでも子ども虐待のような不適切な養育・家族関係によるものが大きい。子どもが親の体罰などの虐待を受けながら育つことで、さまざまな心の傷を負い、そのことが原因で、自分の意志がコントロールできない状態が続き、学校や社会生活の支障となる。加えて、周囲の障がいに対する正しい理解が不足している場合、子どもたちは成長するにつれ、学校や社会生活のなかで、疎外感や孤独感を深め、非行などの問題行動を起こすという悪循環に陥るのである。ちなみに、厚生労働省の「情緒障害児短期治療施設（児童心理治療施設）運営ハンドブック」（2014［平成26］年）によると、児童心理治療施設の在籍児童の7割以上が被虐待児とされ、約3割が広汎性発達障がいの疑いがあるとされている。ただ、これらの背景には、経済的な生活基盤の弱さ（貧困）、親の病気や入院、死亡などの、現代の家族が抱えるさまざまな課題があることも忘れてはならない。

③ 情緒障がい児への対応

情緒障がい児は、成長するにつれて疎外感や孤独感を強めている可能性があるため、早期からの適切な支援が求められる。情緒障がい児への福祉的対応は、児童相談所における相談指導のほか、児童心理治療施設への入所・通所指導が行われる。

▼児童相談所

児童相談所では、子どもの性格や行動上の問題、不登校・ひきこもりなどにかかわる育成相談が行われている。

▼児童心理治療施設

児童心理治療施設では、軽度の情緒障がい（具体的には、不登校・ひきこもり、緘黙、小心、乱暴、夜尿、吃音、チック、爪かみ、拒食・偏食など）を有する子どもを短期間入所させ、または保護者のもとから通わせて、その情緒障がいを治し、あわせて退所後についても相談その他の援助が行われている。また、子どもの社会的適応能力の回復を図り、子どもが施設を退所した後、健全な社会生活を営むことができるよう、心理療法や生活指導が行われている。さらに、保護者に子どもの性質や能力を説明するとともに、子どもの家庭の状況に応じ、その家庭環境の調整を行うことも施設が果たす重要な役割となっている。

❷　少年非行

①　非行少年保護にかかわる法制度

▼児童福祉法と少年法

非行少年とは、一般的には、法律や社会倫理的な規範に照らして、社会ルールを大きく逸脱した行為を行う少年のことをいうが、専門的には児童福祉法と少年法という2つの法律により、年齢や非行の程度等を考慮したさまざまな対応がなされる。

児童福祉法における非行児童は、「要保護児童」の一つとして位置づけられている。非行児童の保護を目的とする児童福祉施設としては、児童福祉法に規定されている「児童自立支援施設」がある。

少年法における非行とは、14歳以上20歳未満の少年による犯罪行為[*2]、14歳未満の少年による触法行為[*3]、20歳未満のすべての少年による虞犯行為[*4]の総称である。

2021（令和3）年の少年法改正では、20歳未満の者は一律「少年」として取り扱われるが、そのうち18・19歳の者は「特定少年」として位置づけられ、17歳以下の少年とは区別して取り扱われる。また少年法改正の審議を受け、刑法が改正され、懲役刑と禁錮刑を合わせた「拘禁刑」が創設された[*5]。

少年法第3条第2項および児童福祉法第25条の規定により、罪を犯した14

[*2] 犯罪行為
14歳以上20歳未満の少年が刑罰法令に違反する行為をすることをいい、罪を犯した少年を「犯罪少年」という。

[*3] 触法行為
14歳未満の少年が刑罰法令に触れる行為をすることをいい、刑罰法令に触れた少年を「触法少年」という。

[*4] 虞犯行為
20歳未満の少年が、保護者の正当な監督に服さない、家庭に寄りつかない、犯罪性のある者や不道徳な者と交際し、またはいかがわしい場所に出入りする、自己または他人の徳性を害するなどの性癖を有する等、将来罪を犯し、または刑罰法令に触れる可能性のある行為をすることをいい、こうした行為をする少年を「虞犯少年」という。

[*5] 拘禁刑
犯罪を犯した者に対して刑務所または少年刑務所への収容・拘束を行う刑の一つ。拘禁により犯人を社会生活から隔離する自由刑にあたり、改善更生のために必要であれば、作業を行わせたり、指導をすることもできる。

195

歳以上の少年は家庭裁判所に通告される。14歳未満の場合は犯罪とはいわず「触法」として、児童相談所に通告される。

▼少年法の改正と触法少年による凶悪事件

2000（平成12）年に少年法が改正され、少年への厳罰化がなされた。具体的には、14歳以上であれば刑事処分を可能とした（少年法第20条第1項）ことや、16歳以上の少年が故意の犯罪行為により人を死亡させた場合には、検察官送致を原則とした（同法第20条第2項）ことなどがあげられる。さらに、2007（同19）年の改正では、少年院の収容対象年齢が14歳以上から「おおむね12歳」へと引き下げられ、小学生でも少年院に送致される可能性が出てきた。

これらの改正の背景には、1997（平成9）年の神戸連続児童殺傷事件[*6]や2004（同16）年の長崎県佐世保市における女子児童殺害事件[*7]など、14歳未満の触法少年の殺人事件が続けて発生し、少年犯罪の「凶悪化」「低年齢化」が強く印象づけられたことが影響したものと考えられる。

＊6　神戸連続児童殺傷事件
1997（平成9）年、兵庫県神戸市で、当時中学2年生の少年が児童2名を殺害した事件。

＊7　佐世保小6女児同級生殺害事件
2004（平成16）年、長崎県佐世保市の小学校で、6年生の女子児童が同級生の女児にカッターナイフで切り付けられ、死亡した事件。

② 非行の要因と背景

▼経済的要因と家庭環境（子ども虐待）

少年非行の背景には、いくつかの要因が考えられるが、これまでの調査からわかっていることは、経済的な状況を含めた生活基盤の弱さや、子ども虐待をはじめとする家族関係の問題が大きいということである。

法務省が公表している「少年矯正統計」によると、全国の少年院生のうち、2～3割は貧困な生活環境にある。経済的な生活基盤の弱さに加え、親の病気や入院、死亡などの生活課題が重複したとき、子どもへの虐待が発生したり、非行につながりやすいことは、少年院の調査などで示唆されている。

また、国立武蔵野学院が2000（平成12）年に全国の児童自立支援施設を対象に行った「児童自立支援施設入所児童の被虐待経験に関する研究」によると、59.1％の入所児童に虐待を受けた経験があったという結果が出ている。さらに、2013（同25）年に法務総合研究所が行った、少年院に在院している少年への「児童虐待に関する研究」によると、男子の18.6％、女子の39.7％が親からの虐待を繰り返し受けた経験があると報告している。

下記の事例は、家庭で親から虐待を受けていたことが、少年の非行的な行動に影響を与えた事例である。ただし、非行の要因に被虐待経験がある可能性が示されたとしても、すべての虐待を受けた子どもが非行に走るわけではない。

事 例　ある非行児童

　A男は小学校低学年の頃から家の金銭を持ち出すようになり、やがて万引きや火遊び・年少の子どもへの暴力もともなうようになっていった。

　A男の両親は、暴力をふるう父親のもとで育ち、若くして結婚した。父は家族への愛情はあるが短気で、A男や母親に暴力をふるい、母親はその父を怖れて逆らえず、A男に対しては大人を相手にするような頼り方をし、A男が自分の期待どおりにならないと激しく叱責をするような状況であった。A男はこうした生活のなかで安心と満足を得られず、問題行動を起こしていたのである。A男の問題行動に対し、父は罰として暴力をふるうという悪循環に陥っていた。

　小学校4年生のとき、些細なことで父に殴られ顔を腫らして登校したところ、以前から父の暴力を問題視していた学校が児童相談所に通告し、A男は学校から直接一時保護されることになった。

出典：上里一郎監修　影山任佐編『シリーズ こころとからだの処方箋　11. 非行
　　　－彷徨する若者、生の再構築に向けて』ゆまに書房　2007年　pp.144－145
　　　を一部改変

▼障がいやいじめ（中傷）の影響

　非行傾向を呈する少年のなかには、知的障がいや情緒障がい・発達障がいのある少年がいることが指摘されている（下記、少女の事例参照）。その数は決して多くはないが、適切な時期に適切な保護や教育を受けることができないまま成長したため、非行につながったとみられるケースである。

　障がい自体が非行に結びつくものではないが、周囲からの障がいに対する正しい理解が不足している場合、障がいのある少年たちは、成長するにつれて疎外感や孤独感を強めている可能性があるため、早期からの適切な支援が求められる。

　また、障がいだけではなく、いじめ（中傷）による心の傷の深さや心の歪みが原因で少年非行に走るケースがある。先述した2004（平成16）年に長崎県佐世保市で起こった小学校6年生女子児童殺害事件もそのような心の傷や歪みがもたらした事件といえよう。

事 例　児童自立支援施設の支援を得た発達障がいの疑いのある少女

　中学校3年のB子（広汎性発達障がいの疑い）は、小学校5年の冬頃から家出などの非行が始まり、中学校1年生のときに車上狙いや友人宅への侵入等により、児童自立支援施設へ入所措置となった。その後、母親がうつ状態

で自殺（未遂）を図り治療を要するなど、家庭環境も悪化していたが、B子の通っていた中学校が受け入れに積極的であったことから復学に向けての支援を実施し、その後高校合格により終結となった事例である。

サポートの実施内容

　B子の家庭状況、交友関係等を把握するため、絵画療法を活用し、B子自身に1週間をふりかえっての出来事や気分、結果を書かせるなどした。

　また、関係機関のアプローチとして、中学校は進学に向けた学習支援、児童自立支援施設は日誌と週1回の電話連絡、児童家庭支援センターはB子と母親に対する月1回の面接、民生・児童委員は家庭訪問を通じた母親に対する生活環境支援、警察は月1回の親子並行面接を行った。

効果

　広汎性発達障がいの疑いという課題を抱え、「禁止行為をすること」が楽しい、対人関係が形成しにくい等の問題点が認められたため、各関係機関が相互にかかわることで、児童自立支援施設主導から、進学にあたり、学校主導へと移っていった。そして、高校合格の目標設定を意識させ、家庭などの環境面からのサポートをすることで、再非行防止を図ることができた。

　親子間に極度の緊張関係があったが、警察において親子並行面接を繰り返し、また、民生・児童委員が家庭訪問をすることにより、次第に親子関係から緊張感がなくなり、良好な関係へと変化していった。

出典：内閣府「平成17年度　少年非行事例等に関する調査研究報告書」を一部改変

③　非行少年への対応

　非行傾向のある子どもへの福祉的対応は、図13－1のとおりであるが、ここでは、児童相談所、児童自立支援施設、少年院における支援についてみていくこととする。

▼児童相談所における支援

　非行の主な原因が家庭環境にある者、比較的低年齢の者などに対しては、児童相談所が対応する。児童相談所の調査判定に基づき、図13－1の①〜④の措置がとられる。

▼児童自立支援施設における支援

　児童自立支援施設とは、不良行為をし、またはするおそれのある18歳未満の子どもおよび家庭環境その他の環境上の理由により生活指導等を要する子どもを入所させ、あるいは、保護者のもとから通所させて、必要な生活指導等を行い、その自立を支援することを目的とする施設である（児童福祉法第

図13－1　非行傾向のある子どもへの福祉的対応

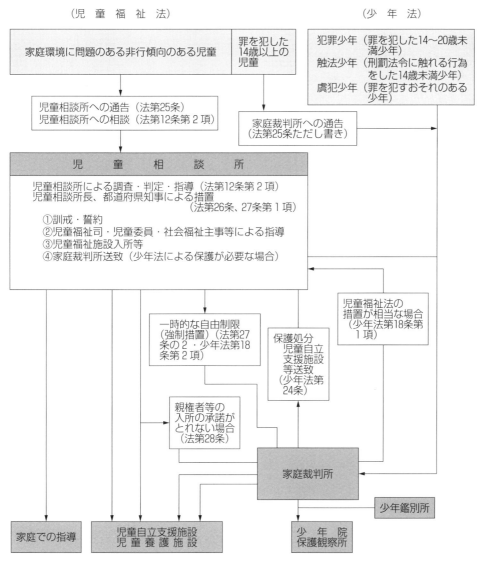

出典：厚生労働統計協会編『国民の福祉と介護の動向 2022/2023』厚生労働統計協会　2022年　p.138

44条）。児童自立支援施設の前身は、1947（昭和22）年に児童福祉法で定められた「教護院」であり、1997（平成9）年の同法改正により、名称は児童自立支援施設となった。

　入所児童の問題行動の背景には、親から適切な愛情や養育を受けることができなかったなど、家族の問題が影響していることが多い。そのため、寮長・寮母の夫婦が父母代わりとなり、家族的な雰囲気や温かい生活を通じて「育てなおし」が行われる。このような擬似家族的な安全で安心できる環境のな

かで、他者への基本的な信頼感を育てることが理念となっている。そして、この信頼感は、社会へ出てからの人間関係の基礎をつくり、自立へとつながっていく。

▼少年院における支援

　少年院は、家庭裁判所によって少年院送致を命じられた少年および懲役または禁固刑をいいわたされた受刑者に対し、その健全な育成を図ることを目的として矯正教育、社会復帰支援等を行う施設である。

　従来、少年院は初等少年院、中等少年院、特別少年院、医療少年院の4種類があり、医療少年院を除けば、男子と女子に別々の施設が設けられていたが、2015（平成27）年6月施行の少年院法の改正により、次の4種類に区分されている（第4条）。

①第一種少年院

　心身に著しい障がいがない、おおむね12歳以上23歳未満の者を収容する（従来の初等少年院、中等少年院に相当）。

②第二種少年院

　心身に著しい障がいがない、犯罪的傾向が進んだ、おおむね16歳以上23歳未満の者を収容する（従来の特別少年院に相当）。

③第三種少年院

　心身に著しい障がいがある、おおむね12歳以上26歳未満の者を収容する（従来の医療少年院に相当）。

④第四種少年院

　少年院において、刑の執行を受ける者を収容する。

　少年院における矯正教育は、少年一人ひとりに定められた個別目標を新入期、中間期、出院準備期に分けて段階を追って達成できるように計画的に実施されている。その教育内容は、生活指導、職業指導、教科指導、体育指導および特別活動指導の5つから成り立っている。生活指導では、児童自立支援施設と同様に生活場面における指導と並行して治療的なプログラムも取り入れられている。自分自身のこれまでの生活や行動を振り返る個別面接、非行とかかわる問題性の改善を目的としたグループワークや被害者の視点を取り入れた教育などに力を入れる施設も増えてきている。

　加害者である少年が自らの犯罪と向き合い、犯した罪の大きさや被害者の心情を認識し、被害者に誠意をもって対応していくよう指導を一層充実させることが要請されているため、矯正・更生保護の処遇の現場では、被害者の視点を取り入れた教育等の充実強化が強調されてきている。

　また、円滑な社会復帰を図るため、さまざまな関係機関と連携を図りなが

ら、在院者の帰住先や就労・修学先を確保するなど社会復帰支援に力を入れ
ている。

まとめてみよう

① 　非行の要因にはどのような背景があるのかまとめてみよう。
② 　子ども虐待、情緒障がいやいじめが、非行にどのような影響を及ぼして
　いるか考えてみよう。
③ 　非行少年の自立支援において、児童自立支援施設が果たす役割について
　考えてみよう。

【参考文献】
山根正夫・七木田敦編『実例から学ぶ子ども福祉学』保育出版社　2010年

コラム

レジリアンス(resilience)とは？

　たとえば虐待や疾病によって、実親家庭からの分離を余儀なくされる子どもたちにとっては、これだけで逆境になり、精神的に不安定になるリスクもある。

　そのような逆境や不幸な出来事に陥ったときにそれを跳ね返す力、自分が置かれた状況に対してうまく適応できる力、その状況から回復する力、乗り切る能力やしなやかさなどという意味で「レジリアンス」という概念がある。

　このレジリアンスをもとに、本人が自ら抱えている課題に対応していくためには、本人やその周囲がもっている力に注目し、それを引き出し支援することが重要となる。たとえば、親からの虐待を理由として児童養護施設等に入所した子どもに対しては、子どもの話に耳を傾け、その子どもがどのような力をもっているのかを引き出す必要がある。そして、その力を問題解決に向けて十分に発揮できるように子どもと信頼関係を築き支援をしていくのである。

　レジリアンスは当初、貧困や不利な生活環境などの困難を乗り越えてきた子どもに関して使われる概念であったが、現在では、成人も含め、さまざまな出来事やトラウマに対する抵抗力、適応力、回復力などを表す概念として発達している。

　また、欧米では実親家庭から分離された子どもたちの多くが、里親による養育を受けていることから、里親ケアを導く概念としても注目されている。

第**14**章　子ども家庭福祉の専門職と連携

保育士以外の専門職との連携

みらいさん　児童養護施設で実習をしたとき、保育士だけでなく児童指導員の人も子どもたちの日常のケアをしていました。それから、心理療法の方や、ファミリーケースワーカーという方もいました。子どもの施設にはいろいろな立場の人が働いているのですね。

なつ先生　そうですね。子ども家庭福祉にかかわる施設などでは、保育士のほかにもいろいろな専門職の方が働いていますね。施設のなかの職員だけでなく、ほかの施設や機関の専門職との連携もありますよ。

みらいさん　そういえば、実習中に児童相談所のケースワーカーが施設に来て、職員の方と話し合いをしていましたし、私の友だちは障がい児の施設で実習をしたのですが、看護師やリハビリテーションを専門に行っている職員の方もいたそうです。

なつ先生　そうだったのですね。ここでは、保育士をはじめとした、子ども家庭福祉の専門職やその専門職との連携について学んでいくのですが、そこで重要となるのが、みらいさんが今までで学んできた内容です。みらいさんはこれまで、子どもの健全な成長発達、福祉を護るための国の取り組みについて学んできましたね。そして、子ども家庭福祉の法制度、それを実施する機関、子どもと家庭へのサービス等について理解したと思います。実はその学び・知識を活かすことが重要なのです。

みらいさん　えっ、学びを活かすってどういうことですか？

なつ先生　学んだことを専門職として活用するということです。つまり、みらいさんが学んできた子ども家庭福祉の関係機関や福祉サービス等という物的資源と、これから学ぶ子ども家庭福祉の専門職である人的資源を活かして、協力して課題やニーズに対応していくのです。

みらいさん　なるほど。いくら保育士が専門職だといっても、すべての課題にうまく対応できるわけではないので、さまざまな課題やニーズに応じて、関係機関・施設や専門職と連絡をとり、協力して解決するということですね。

なつ先生　そのとおりです。保育士は子育て支援、さらには子ども家庭福祉推進の中心的役割を担っていますが、みらいさんがいうように、すべての課題に対応することは難しいのです。だからこそ保育士だけでなく、関係機関やそこに従事する専門職の任務を理解・把握し、連携をとって協力していくことが大切なのです。また、地域の団体や人材等の社会資源を積極的に活用することも忘れないでくださいね。

　では、子どもとその保護者・家庭への支援に重要な専門職とその連携について学んでいきましょう。

1 児童福祉施設に携わる専門職

① 保育士

▼保育士の責務と資格要件

　児童福祉法第18条の４で保育士とは、「保育士の名称を用いて、専門的知識及び技術をもつて、児童の保育及び児童の保護者に対する保育に関する指導を行うことを業とする者をいう」と定義されている。

　保育士は、保育所、乳児院、児童養護施設、障害児入所施設、児童発達支援センター等の児童福祉施設において子どもの保育・養育に従事するとも

表14-1　児童福祉施設数および施設別専門職員（保育所等・地域保育事業所含む）の常勤換算従事者数

	施設数	保育士	生活·児童指導員、生活支援員、児童自立支援専門員	児童生活支援員	母子支援員	児童厚生員	保健師・助産師・看護師	理学療法士・作業療法士・その他の療法員	医師	栄養士	調理員
計（施設数・従事者数）	45,722	403,624	14,996	640	706	10,857	24,638	3,560	2,709	26,975	61,747
乳児院	144	2,886	398	–	–	–	752	68	15	184	437
母子生活支援施設	212	197	82	475	706	7	4	47	15	1	60
保育所等	29,474	382,375	–	–	–	–	12,521	–	1,245	23,499	53,615
地域型保育事業所	6,857	2,001	–	–	–	–	779	–	166	1,934	4,069
児童厚生施設	6,571	1,626	879	–	–	10,819	22	6	8	5	13
児童養護施設	612	6,854	6,942	–	–	3	236	431	54	579	1,880
障害児入所施設	474	2,666	3,086	–	–	1	9,721	1,667	1,030	390	920
児童発達支援センター	737	4,800	1,984	–	–	27	519	1,029	147	308	531
児童心理治療施設	51	204	575	–	–	–	55	273	22	39	109
児童自立支援施設	58	15	1,050	165	–	–	29	39	7	36	113

注１：「施設数」の「計」には、「助産施設：388」及び「児童家庭支援センター：144」も含まれている。
注２：「保育所等」とは、「幼保連携型認定こども園、保育所型認定こども園、保育所」である。
注３：「地域型保育事業所」とは、「小規模保育事業所Ａ型/Ｂ型/Ｃ型、家庭的保育事業所、居宅訪問型保育事業所、事業所内保育事業所」である。
注４：「障害児入所施設」「児童発達支援センター」には（福祉型）（医療型）があり、数字は両方を合わせたものである。
注５：常勤換算従事者数（単位：人）は2020（令和２）年10月１日現在の数値である。なお、常勤換算従業員数とは、「常勤の職員の人数」と「非常勤の職員の勤務時間を常勤の職員が勤務すべき時間で除して算出した値」を合わせたものである。
注６：常勤換算数は、少数点以下第１位を四捨五入して求めているため、内訳の合計が「総数」と合わない場合がある。
注７：「地域型保育事業所」の保育士総数は「事業所内保育事業所」の保育士数である。「保育従事者（保育士資格あり）」の総数は31,347人である。また、「家庭的保育者（保育士資格あり）」の総数は1,015人、「居宅訪問型保育者（保育士資格あり）」の総数は89人である。
出典：厚生労働統計協会編『国民の福祉と介護の動向　2022/2023』厚生労働統計協会　2022年　p.304、pp.310-313を基に作成

に、地域の子育て支援の中核を担っている。2020（令和２）年の児童福祉施設に勤務する保育士の常勤換算数は約40万人、このうち、保育所等、地域型保育事業所に勤務する保育士は約38万人である（表14－1）。

　2001（平成13）年には、専門職としての保育士の重要性が高まっていることに対応するため、児童福祉法の改正によって保育士資格が児童福祉施設の任用資格*¹から名称独占*²資格に改められ、保育士でない者がこの名称を使用することが禁止された。併せて、信用失墜行為（保育士の信用を損なう行為）の禁止や守秘義務等が規定され、対人援助職としての責務が課せられた。さらに、2022（令和４）年公布の改正児童福祉法により、児童生徒に性暴力を行ったと認められた場合には、保育士登録取り消しや再登録の制限など資格管理が厳格化され、子どもを性暴力から守る環境整備が進められている。また、日本版DBS（Disclosure and Barring Service。英国司法省管轄犯罪証明管理および発行システム）を創設し、登録の取り消しの事由、行った性暴力等に関する情報等に係るデータベースを整備し、就労希望者について照会できる仕組みづくりを想定している。

▼保育士の専門性

　児童福祉法第48条の４第３項では、保育所に勤務する保育士は「乳児、幼児等の保育に関する相談に応じ、及び助言を行うために必要な知識及び技能の修得、維持及び向上に努めなければならない」と規定され、保育所保育指針では、保育所における保育士は、「倫理観に裏付けられた専門的知識、技術及び判断をもって、子どもを保育するとともに、子どもの保護者に対する保育に関する指導を行う」と、保育士の専門性を明示している。

*¹　任用資格
任用資格とは一定の指定科目を履修し、関係の職務に任じて業務に従事することにより公認される資格。具体的な職務としては、児童福祉司や社会福祉主事などがある。

*²　名称独占
名称独占とは、国家資格の名称を保護することを目的として、有資格者だけがその名称を用いることができるという法的規則のことである。これに対して、国家資格の有資格者がその業務について独占することができ、無資格者がその名称を使用すること、業務に携わることを禁じることを業務独占という。具体的な職務としては、医師、看護師や弁護士などがある。

② 保育教諭

　児童福祉施設および学校としての法的位置づけをもち、保育と学校教育を一体的に提供する施設として2015（平成27）年度から制度化された「幼保連携型認定こども園」には保育教諭が配置される。

　保育教諭は幼稚園教諭と保育士の両方の免許・資格を有することが原則であり、「園児の教育及び保育をつかさどる」とされている。

③ その他の児童福祉施設に携わる専門職

▼児童指導員

　児童指導員は、児童養護施設、障害児入所施設、児童心理治療施設などに

配置され、生活指導や学習指導など子どもへの直接処遇に携わるほか、家族の再統合や家庭環境の調整、さらには社会的自立を支援する専門職である。

▼児童自立支援専門員

児童自立支援施設に配置され、生活指導、家庭環境調整、関係機関との連携を通じて子どもの自立を支援する専門職である。

▼児童生活支援員

児童自立支援施設に配置され、主として生活場面における指導を通じて子どもの生活支援を行う専門職である。

▼母子支援員

母子生活支援施設に配置され、母子の保護とともに母子の生活支援、母親への養育支援、就労支援などを行い、母子の自立を支援する専門職である。

▼少年指導員

「少年を指導する職員」として母子生活支援施設に配置されるが、事務員との兼務も認められ、職務や任用資格については不明確であり、福祉専門職としての位置づけは曖昧である。

▼児童の遊びを指導する者（児童厚生員）

児童厚生施設に配置され、子どもの遊びの指導を通して、子どもの健康増進や情緒の安定など健全育成を図る専門職である。

▼家庭支援専門相談員（ファミリーソーシャルワーカー）

乳児院、児童養護施設、児童自立支援施設、児童心理治療施設に配置され、入所した子どもの早期家庭復帰等を図るため、施設入所前から退所まで、さらには退所後の子どもへの生活相談など総合的な家庭環境の調整を担う専門職である。また、里親委託や養子縁組促進のための相談・養育指導や児童相談所など関係諸機関との連絡・調整、連携を図る役割がある。

▼里親支援専門相談員

入所する子どもの里親委託の推進、退所する子どものアフターケアとしての里親支援とともに、地域における里親支援を行う専門職である。

2012（平成24）年4月より、児童相談所と連携して里親支援強化を図ることができるよう乳児院と児童養護施設に配置されることとなった。

▼個別対応職員

乳児院、児童養護施設、母子生活支援施設、児童自立支援施設、児童心理治療施設に配置される。虐待を受けた子どもや問題行動等を有する子どもに個別面接や生活場面での一対一の対応のなかで心身のケアを図るとともに、保護者への援助、児童指導員等への助言、里親への紹介等を通して、処遇の充実を図る役割がある。

▼理学療法士（PT）・作業療法士（OT）

　障害児入所施設や児童発達支援センターに配置される。理学療法士は、身体機能の発達や回復・維持を図り、基本的動作能力を高めて自立を促す専門職である。作業療法士は、身体や精神に障がいのある人、またはその可能性のある人を対象に作業活動を通じて応用的動作能力や社会的適応能力の回復・維持を図る専門職である。なお、理学療法士、作業療法士ともに国家資格である。

▼心理療法担当職員・心理指導担当職員

　乳児院、児童養護施設、母子生活支援施設、障害児入所施設、児童自立支援施設、児童心理治療施設に配置され、虐待等による心身外傷等のある子ども等に対し、心理療法、カウンセリング、助言指導等の指導を行い、社会的適応能力の回復を支援する役割がある。

❷　子ども家庭福祉行政機関に携わる専門職

①　児童相談所の専門職

▼児童福祉司

　児童相談所で中核的な役割を果たす専門職であり、各児童相談所の管轄地域の人口３万人に１人以上の配置を基本としている。その職務は児童福祉法第13条第４項において、「児童相談所長の命を受けて、児童の保護その他児童の福祉に関する事項について、相談に応じ、専門的技術に基づいて必要な指導を行う等児童の福祉増進に努める」と規定されている。

　具体的には子どもや保護者等からの相談に応じ、必要な調査・診断を行い、職員のチームによる判定に基づいて子ども、保護者、関係者などに必要な指導を行う。相談内容は虐待、障がい、非行、養護・育成など多岐にわたり、家庭訪問をはじめ、学校、警察、家庭裁判所、児童委員、児童福祉施設、保健所、医師など子ども家庭福祉の関係機関等の専門職者、関係者並びに市役所や町村役場の児童福祉担当職員との緊密な連絡調整・連携が求められる＊3。

▼児童心理司

　児童相談所において心理判定等を行う心理専門職である。具体的には、子どもや保護者等の相談に応じ、診断面接、心理検査、観察等によって子どもや保護者等に対する心理診断を行う。また、子ども、保護者、関係者等に心理療法、カウンセリング、助言指導等を行い、社会的適応能力の回復を支援する。

＊3
虐待を受けた子どもの保護、その他子ども家庭福祉に関する専門的な対応が、一層求められていることから、相談及び必要な指導等を通じて、的確な支援を実施できる十分な知識及び技能をもった人材として「こども家庭ソーシャルワーカー」の認定資格が2024（令和6）年4月から導入され、児童福祉司の任用要件の一つに位置づけられた。社会福祉士・精神保健福祉士の資格を有する者、子ども家庭福祉の相談援助業務の実務経験者、保育所等で勤務する保育者など、一定の実務経験のある有資格者や現任者が、ソーシャルワークに係る一定時間の研修を受講することで取得できる。児童相談所や児童養護施設、児童家庭センターなどでより専門性の高い相談支援員としての活躍が期待されている。

表14－2　規模別職員構成の標準

規模	職　員
B級	指導・教育を行う児童福祉司（児童福祉司スーパーバイザー）、児童福祉司、相談員、精神科医（嘱託も可）、小児科医（嘱託も可）、保健師、指導・教育を行う児童心理司（児童心理司スーパーバイザー）、児童心理司、心理療法担当職員、弁護士（これに準ずる措置も可）、その他必要とする職員
A級	B級に定める職員のほか、理学療法士等（言語治療担当職員を含む）、臨床検査技師

▼一時保護所の職員

　一時保護所には児童指導員、保育士、個別対応職員、家庭支援専門相談員、看護師、嘱託医、栄養士、調理員が配置される。一時保護所は虐待等により家庭から一時引き離す必要がある場合に、その子どもを保護するとともに精神的安定を図ることが前提となる場であるが、児童指導員および保育士は、生活指導や学習指導などとともに、行動観察、緊急時の対応等の一時保護業務全般を担う役割がある。

▼その他の専門職

　児童相談所は、その規模によってA級、B級に分かれる*4。所長、次長（A級の場合）、各部門の長のほか、表14－2のようにそれぞれの職員配置標準が定められている。

*4
人口150万人以上の地方公共団体の中央児童相談所はA級、その他の児童相談所はB級を標準とする。

② 福祉事務所・家庭児童相談室の専門職

▼社会福祉主事

　社会福祉法に基づき都道府県、市および福祉事務所を設置する町村に配置される。子ども家庭福祉に関する業務としては、助産施設および母子生活支援施設への入所手続きや児童相談所との連携に基づく指導を行う。

▼家庭相談員

　福祉事務所に設置されている家庭児童相談室に配置され、家庭における子どもの福祉に関し、専門的技術を必要とする相談指導業務を行う。なお、家庭相談員は原則として非常勤職員である。

▼家庭児童福祉主事

　家庭児童相談室に配置され、福祉事務所の所員に対する子ども家庭福祉に関する技術的指導および子ども家庭福祉に関する専門的技術を必要とする業務を行う。

▼母子・父子自立支援員

　母子及び父子並びに寡婦福祉法に基づき、福祉事務所に配置される職員である。業務内容は配偶者のない者で現に子どもを扶養している者および寡婦に対し、相談に応じ、その自立に必要な情報提供および指導を行うこと、職業能力の向上および求職活動に関する支援を行うことである。

③　保健所・医療機関の専門職

▼保健師

　保健師（国家資格）は保健所や市町村保健センターに配置され、子どもや妊産婦の保健について、正しい衛生知識の普及を図るとともに、乳児・未熟児に対する訪問指導や医療援護、身体障がい児の療育指導、児童福祉施設への栄養改善などの指導を行う。また、虐待などの早期発見、早期対応への取り組みとともに、支援ニーズをもつ子どもおよびその家族と子ども家庭福祉諸機関とをつなぐ役割を担う。保健所は地域保健法に規定される機関であるが、児童福祉法第12条の6に規定された業務機関でもある。

▼医療ソーシャルワーカー

　社会福祉士などが医療ソーシャルワーカーとして医療機関や保健所に配置され、患者やその家族の医療費等の経済的問題や心理的・社会的問題の解決、調整援助、受診・受療の援助、退院・社会復帰の援助を行う。虐待など不適切な養育が疑われるケースでは、医師・看護師との連携や、児童相談所との連携をもって早期対応を図ることが求められている。

④　女性相談機関の専門職

▼女性相談支援員（旧・婦人相談員）

　困難な問題を抱える女性への支援に関する法律第11条に規定される職員である。女性相談支援センター（旧・婦人相談所）、福祉事務所に配置され、性的な被害、家庭の状況、地域社会との関係性その他のさまざまな事情により日常生活または社会生活を円滑に営むうえで困難な問題を抱える女性（そのおそれのある女性を含む）について、その発見に努め、その立場に立って相談に応じ、および専門的技術に基づいて必要な援助を行う職務に従事する。

　表14-3に第1・2節で紹介した主な専門職の資格要件をあげる。それぞれの専門職には多くの資格要件があるが、ここでは保育にかかわる要件に

絞って掲載している。

表14－3　専門職の主な資格要件

保育士 ①厚生労働大臣の指定する保育士を養成する学校その他の施設を卒業した者 ②保育士試験に合格した者
児童指導員 都道府県知事の指定する児童福祉施設の職員養成校等を卒業した者
児童自立支援専門員 都道府県知事の指定する児童自立支援専門員養成校等を卒業した者
児童生活支援員 保育士の資格を有する者
母子支援員 ①都道府県知事の指定する児童福祉施設の職員養成校等を卒業した者 ②保育士の資格を有する者
児童の遊びを指導する者（児童厚生員） ①都道府県知事の指定する児童福祉施設の職員養成校等を卒業した者 ②保育士の資格を有する者 ③幼稚園、小学校、中学校、高等学校、または中等教育学校の教諭資格を有する者
家庭支援専門相談員（ファミリーソーシャルワーカー） ①乳児院、児童養護施設、児童心理治療施設、児童自立支援施設において児童の養育・指導に5年以上従事した者 ②児童福祉司の任用資格のある者
里親支援専門相談員 ①乳児院、児童養護施設において児童の養育に5年以上従事した者 ②児童福祉司の任用資格のある者 ③里親養育について理解がある者
個別対応職員 豊富な知識と経験を有する主任児童指導員またはそれに準じた職員
心理療法担当職員・心理指導担当職員 大学で心理学を修め、個人および集団心理療法の技術を有する者
児童福祉司 都道府県知事の指定する児童福祉司もしくは児童福祉施設の職員養成校等を卒業、または都道府県知事の指定する講習会の課程を修了した者
児童心理司 大学において、心理学を専修する学科またはこれらに相当する課程を修めて卒業した者
社会福祉主事 大学等において厚生労働大臣の指定する社会福祉に関する科目を修めて卒業した者
家庭相談員 大学等で児童福祉、社会福祉、児童学、心理学、教育学、社会学などを専修する学科、またはこれらに相当する課程を修めて卒業した者
家庭児童福祉主事 社会福祉主事の任用資格を有する者であって、かつ児童福祉司の資格を有する者、または児童福祉事業に2年以上従事した者

母子・父子自立支援員
社会的信望があり、かつ職務を行うに必要な熱意と識見をもっている者で、都道府県知事、市長等から委嘱された者
女性相談支援員
その職務を行うのに必要な能力及び専門的な知識経験を有する者

3　子ども家庭福祉関連機関との連携

① 教育機関との連携

▼幼稚園、小・中・高等学校との連携

　施設入所児童の教育・進学に関してはもちろんのこと、子どもが示す不適応行動等への対応についても、教師（教諭）の理解、協力が必要であり、保育士や児童指導員は教育機関の専門職との十分な連携を図ることが必要である。また、特別支援教育を必要とする障がいのある子どもに関しては、特別支援学校（特別支援学級）の教師、専門職との連携、協力が求められる。

　学校には担任教諭のほかに、心理相談を行うスクールカウンセラーや福祉的課題の解決のためのスクールソーシャルワーカー、心身の問題への対応を行う養護教諭、障がいのある子どもへの対応において学校内・関係機関・保護者との連携・協力体勢の整備を図る特別支援教育コーディネーターがいる。

▼教育委員会・教育相談所

　教育委員会は子どもの適切な就学指導等を行うために、入学、転学および退学など就学規則の弾力的運用や現場の受け入れ条件整備への援助を行い、教育相談所は、教育関係者や医学および心理学の専門職が、子どもやその保護者から教育・健康・家庭・非行等に関する相談等に応じている。

② 相談支援機関同士の連携

▼こども家庭センターと地域子育て相談機関との連携

　市町村は、2022（令和4）年公布の改正児童福祉法により、すべての妊産婦・子育て世帯・こどもの一体的な相談を行う「こども家庭センター」の設置に努めることになった。併せて、より気軽に子育て世帯が相談できる身近な「地域子育て相談機関」（保育所、認定こども園、地域子育て支援拠点事業を行う場所など、的確な相談および助言を行うに足りる体制を有すると市

町村が認めるもの）の整備が進められている。両者が密接に連携を図ることで、地域住民に対し、きめ細やかな子育て支援に関する情報の提供を行うことが期待される。

③　司法関係の機関・専門職との連携

▼家庭裁判所調査官

　家庭裁判所は、家庭に関する事件や少年の保護事件の審判を行う裁判所で、家庭裁判所調査官は審判に必要な調査および面接を行って裁判官に報告する。家庭裁判所では、親権喪失（停止）宣言、子の監護者の指定、親権者の指定・変更などを行う。また、虐待や非行問題などでは児童福祉法の規定による措置や審判により、保護者の意に反する保護処分として、子どもを児童養護施設や児童自立支援施設へ送致することの承認を行うことから、児童相談所と定期的に連絡会議を行うなど十分な連携を図ることが求められている。

▼法務教官

　少年鑑別所や少年院において、非行少年に対し矯正教育や生活指導、相談助言を行い、心身ともに健全な少年として自立と社会復帰ができるよう支援する直接処遇職員である。

▼警察

　警察は棄児、迷子、子ども虐待や少年補導などの子ども家庭福祉に関する業務にかかわり、要保護児童や触法少年等については、児童相談所へ通告する。子ども虐待に関しては、子どもの保護に向けて児童相談所との連携体制を整備し、相互の情報を交換し、適切な対応を図る役割がある。

④　行政委嘱による担い手

▼児童委員・主任児童委員

　児童委員は厚生労働大臣に委嘱され、市区町村の区域内に配置される。民生委員を兼務し、行政の協力機関として位置づけられている。その業務は、子どもや家庭の生活および取り巻く環境の把握、福祉に関しての情報提供や相談援助、子どもの健全育成のための地域活動、児童福祉司、社会福祉主事の職務に協力することなどである。そのほかに児童福祉施設に入所中の子どもと保護者との連絡の促進や退所した子どもの状況を関係行政機関に報告し、またその子どもの支援を行う。

　主任児童委員は児童委員のなかから選任され、子ども家庭福祉関係機関と
児童委員との連絡調整を行うとともに、児童委員の活動への援助・協力等を
行う。

 4　子ども家庭福祉専門職の専門性

子ども家庭福祉専門職の専門性

　子ども家庭福祉専門職（ソーシャルワーカー）の専門性は、専門的知識、
専門的技能、価値・倫理の3要素で成り立っている。

▼専門的知識

　専門的知識とは、さまざまな課題・ニーズを抱える子どもや家庭に対して
適切な支援を図るために必要な法制度や福祉サービス、関連技術等に関する
知識、サービス利用者の状況や問題について社会的・心理的な面での的確な
把握・理解をするための知識である。さらには病理、発達心理等の理論的知
識の習得も重要である。

▼専門的技能

　専門的技能とは、実践場面で活用する社会福祉の援助技術である。援助活
動は、援助者（ワーカー）と子ども・家族との信頼関係を基盤に展開される
もので、望ましい関係をつくるための技能や課題を解決するための手法が必
要となる。

▼価値・倫理

　専門的知識や専門的技能を統合し、子どもの福祉をいかに実現するかとい
うことの基盤となるのが専門職の価値・倫理である。

　価値とは、児童の権利に関する条約や児童福祉法・児童憲章に表されてい
る基本理念である。その基本理念は、基本的人権の尊重を基盤として、①そ
の人の存在そのものに価値を認めるということ（人間の尊重）、②子どもに
とって何が最もよいことかを追求すること（子どもの最善の利益）、③社会
的関係のなかでの成長・自立と同時に他者に依存する関係を認めること（人
間の社会性）、④変化・成長・向上の可能性を認識すること（変化の可能性）
の4つがあげられる。

　倫理とは、子どもの健やかな成長発達を図るために備える専門職としての
価値観や行動規範である。保育士としての行動規範、責務を示したものが「全
国保育士会倫理綱領」であり、ここには子どもの最善の利益の尊重をはじめ、

子どもの発達保障・保護者との協力・プライバシーの保護等に関して、保育士として遵守すべき項目があげられている。これらは保育士に限らず、子ども家庭福祉に携わる専門職の基本的要件といえよう。

5　関連機関との連携の重要性と留意点

① 子ども家庭福祉専門職の連携の重要性

▼連携とは

連携とは「同じ目的をもつ者が互いに連絡をとり、協力し合って物事を行うこと」という意味である。とりわけ、子どもと家庭の支援にあっての連携は、子どもの最善の利益を保障するという目的のもとに、多くの施設・機関やそこに従事する専門職が連絡をとり、協力し合い課題やニーズに対応していくことである。

子どもと家庭が抱える課題・ニーズは多様かつ複合的で、一機関あるいは一専門職・担当者だけで対応することは困難であり、課題に対する対応機能をもった機関・専門職との連携や協働が求められる。各機関とのネットワークを構築し、地域の社会資源を活用することによって、課題・ニーズの早期発見・早期対応と問題の深刻化の防止が可能となる。

▼指導計画作成等にあたっての保育士の連携

保育所保育指針では、指導計画作成上の留意点として、障がいのある子どもの保育については、子どもの状況に応じた保育を実施する観点から、職員全体での共通理解を図り、保護者や主治医、関係機関と連携した支援計画を個別に作成することとしている。また、保育の実施に関する留意点として、①就学前の子どもに関しては、保育所の子どもと小学校の児童との交流、職員同士の交流、情報共有や相互理解など小学校との積極的な連携を図り、さらに子どもの就学に際しては、市町村の支援のもとに、子どもの育ちを支えるための資料が保育所から小学校へ送付されるようにすること、②子どもの保育が家庭および地域社会と連携して展開されるよう配慮するとともに、家庭や地域の機関・団体の協力を得て、地域の自然、人材、行事、施設等の資源を積極的に活用し、豊かな生活体験をはじめ保育内容の充実が図られるよう配慮すること、等が規定されている。

▼保護者に対する支援での保育士の連携

子どもの保護者に対する支援も保育士の重要な業務である。保護者の育児

不安や虐待が疑われる場合の対応、子どもの健康上の課題や障がい等への対応等においては、保育所内、および関係機関・団体と連携・協力して対応することが必要になる。

②　連携の留意点

　課題解決のためにより効果的な福祉サービスを提供し、適切な支援をしていくためには、常に円滑な連携が図れるような体制の整備をしておくことが重要である。特に即応性を必要とする課題に対しては、日常的な専門職間のネットワークの構築が不可欠である。

　援助活動には各機関・施設が共通の認識に立って、一体的な援助活動ができるような総合的で体系的な展開を図ることが重要である。連携にあたっての留意点として、①各機関・施設の機能や専門職の業務内容の把握と共通理解、②連携する機関の特徴や限界の理解、③課題に対する認識と援助目標の共有化、④情報の共有化、⑤専門職相互の役割分担の明確化、⑥機関相互の緊密な連絡調整等があげられる。さらに、援助活動にあたっては、子どもやその保護者に説明を行い、自己決定を尊重することやプライバシーの保護に留意することが原則である。

◎ まとめてみよう

> ①　保育士の専門性とはどのようなことか整理してみよう。
> ②　子育て支援のための地域の社会資源にはどのようなものがあるか調べてみよう。
> ③　保育士が関係機関・専門職と連携する際の留意点についてまとめてみよう。

【参考文献】
志濃原亜美編『社会福祉』みらい　2020年
橋本好市・宮田徹編『保育と社会福祉（第3版）』みらい　2019年
福田公教・山縣文治編『児童家庭福祉（第5版）』ミネルヴァ書房　2017年
吉田幸恵・山縣文治編著『新版　よくわかる子ども家庭福祉（第2版）』ミネルヴァ書房　2023年

〈参考ホームページ〉
厚生労働省「児童福祉法等の一部を改正する法律（令和4年法律第66号）の概要」
　 https://www.mhlw.go.jp/content/11920000/000957236.pdf（2023年7月21日閲覧）
厚生労働省「『児童福祉法等の一部を改正する法律』の公布について（通知）」2022年
　 https://www.mhlw.go.jp/content/000952806.pdf（2023年7月21日閲覧）
厚生労働省「こども家庭福祉の認定資格（こども家庭ソーシャルワーカー）検討概要」
　 https://www.mhlw.go.jp/content/11907000/001071894.pdf（2023年7月21日閲覧）
厚生労働省「『困難な問題を抱える女性への支援に関する法律』について」 https://
　 www.mhlw.go.jp/content/11920000/001056014.pdf（2023年7月21日閲覧）
こども家庭庁「改正児童福祉法の施行について」 https://www.cfa.go.jp/assets/contents/
　 node/basic_page/field_ref_resources/c75da9c6-c3cb-4848-9c16-f1644bbd2a36/
　 db4b512e/20230401_councils_shingikai_shakai_katei_c75da9c6_11.pdf（2023年7月21
　 日閲覧）

ooo

コラム

子どもの〈しあわせ（福祉）〉のためのネットワークづくり

　子ども家庭福祉の目的とは、すべての子どもに適切な家庭環境（安全で安心して成長できる場）を保障することである。そのために私たちができることは、地域のなかに子ども家庭福祉の専門職と機関による緊密なネットワークを形成し、それをいかに一人ひとりの子どもと家庭に寄り添う形で機能させていくかに尽きるだろう。

　そこで、１つの取り組みとして、静岡市の里親家庭支援の実際を紹介したい。静岡市の里親委託率は 43.5%*と全国トップクラスの水準であるが（2022［令和4］年3月31日現在）、この委託率と里親養育の質を支えるのが「ＮＰＯ法人静岡市里親家庭支援センター」（以下、「センター」）である。センターは「里親制度の啓発」「養育力向上のための研修」「養育に関する相談・支援」を3本の柱として掲げ、この3本の柱を1セットとして里親に提供するために、措置以外の里親委託にかかわるすべての業務を一貫して担当している。

　民間の同センターがこれらの多くの業務を遂行できるのは、里親および里親会、児童相談所、施設（乳児院・児童養護施設等）とのネットワークが大切にされているからである。さらにその他、福祉事務所、保健福祉センター、社会福祉協議会、地域子育て支援センター、ファミリー・サポート・センター、児童館、放課後児童クラブ、放課後等デイサービス、病院、学校、保育所、幼稚園、認定こども園、児童発達支援センター、社会福祉士、里親支援専門相談員、家庭支援専門相談員、民生委員・児童委員、主任児童委員等、ここには挙げきれないほどの専門職と機関がそれぞれの役割を担うなかで、この活動は進められている。また、筆者の勤務校で保育を学ぶ学生たちも、研修会時には託児ボランティアとして、ささやかながらお手伝いをさせていただいている。こうした活動に参画するなかで感じることは、里親家庭支援はさらなる可能性を秘めているのではないかということである。里親という存在自体が、地域における子育て支援のリーダーになり得る社会資源である。地域の育児力形成のために、地域福祉の豊かな担い手育成のためにも里親が今以上に力をつけ、存在感を増してほしい。そしてそのためには、一層強固なネットワーク構築が不可欠だろう。

　家族基盤はもとより、地域基盤、雇用基盤、企業基盤、生活・リスク基盤などあらゆるものが揺らぎ、変化しているなかで、子どもと家庭を支えていくということは並大抵のことではないのかもしれない。しかし、子どもと関わる専門職は、自らの役割を謙虚に受け止めつつも誇りをもって、真摯にその役割に励むと同時に、他の専門職を理解し尊重し、互いに補い合いながら、子どもの〈しあわせ（福祉）〉のためのネットワークに能動的に参画していくことが求められている。

*里親委託率とは要保護児童に対する委託率である。静岡市の場合、具体的には里親家庭委託児数／里親家庭委託児＋施設措置児（乳児院・児童養護施設）。なお、全国平均は 23.5%である（2022［令和4］年3月31日現在）。

読者に紹介したい書籍等

●書籍

・一般書
＜子どもの権利に関する書籍＞

『コルチャック先生』近藤康子　岩波書店　1995年

　1942年に孤児院の子どもたち200余名とともにトレブリンカ強制収容所のガス室で最期の時を迎えたといわれているコルチャック先生を知ることができる一冊である。

『コルチャック先生のいのちの言葉ー子どもを愛するあなたへ』ヤヌシュ・コルチャック著、サンドラ・ジョウゼフ編著　津崎哲雄訳　明石書店　2001年

　子どもの権利を擁護するために闘ったコルチャック先生が、「子どものための声」として残した数々の言葉は、彼の子どもたちに対する深い洞察や経験に裏づけられており、子どもという存在について改めて考えさせられる。子どもにかかわるすべての人に一読してほしい一冊である。また、コルチャック先生の人間像も明らかにされている。

『ＧＵＩＤＥＢＯＯＫ「コルチャック先生展」』日本コルチャック記念実行委員会　文芸遊人社　2001年

　医師、作家、孤児院の院長として、子どもたちと生涯をともにしたコルチャック先生の軌跡を写真とともに著した書。

『コルチャック　子どもの権利の尊重』塚本智宏　子どもの未来社　2004年

　子どもの権利条約の成立にあたっては、ポーランドの歴史的な背景に加え、子どもを一人の人間として認め、その権利を擁護するために闘ったコルチャック先生の思想が根源となっている。ポーランドの歴史やコルチャック先生が生きた時代を紐解くことにより、子どもの権利条約とポーランド、そしてコルチャック先生の関係が明らかにされる。また、コルチャック先生の言葉も多く掲載されている。

『わたしはマララー教育のために立ち上がり、タリバンに撃たれた少女』マララ・ユスフザイ　クリスティーナ・ラム著、金原瑞人　西田佳子訳　学研プラス　2013年

　「すべての子どもに教育を」と訴え、イスラム武装勢力に銃撃された16歳の少女・マララの手記。テロリズムによって生活が一変した家族の物語でもあり、女子が教育を受ける権利を求める戦いの記録でもある。本書を基にしたドキュメンタリー映画もつくられている。

『子どもの人権をまもるために』木村草太編　晶文社　2018年

　「子どもに人権がある」といわれるが、ほんとうにその権利は保障されているのか。大人の「管理の都合」ばかりが優先されていないか。貧困、虐待などさまざまな「人権侵害」から子どもを守るために何が必要かについて家庭、学校、法律の専門家の考えがまとめられている。

＜子ども虐待に関する書籍＞

『明日がある　虐待を受けた子どもたち』大久保真紀　芳賀書店　2002年

　家庭において無条件で愛情を注いでくれる存在である親から凄惨な虐待を受けた子どもや、家庭で生活することができなくなったため入所した児童養護施設において虐待を受けた子どもが、自らの育ちや親に対する思いを語っている。タイトルの「明日がある」には、自分を大切にして生きてほしいという著者の子どもたちに対する願いが込められている。

『児童虐待ー現場からの提言』川崎二三彦　岩波新書　2006年

　平易な文章で読者が読みやすいように書かれており、児童虐待をはじめて学ぶ人に適した著書。適宜、実際の事件や具体例を取り上げながら、児童虐待の現状、対応、課題をとらえている。

『生存者（サバイバー）と呼ばれる子どもたち　児童虐待を生き抜いて』角川グループパブリッシング　2010年

家庭における壮絶な虐待を生き抜き、保護された子どもたちが治療を受けながら生活を営む情緒障害児短期治療施設において、主任医師として勤務する著者や職員が「生存者」と呼ばれる子どもたちに寄り添い、ともに闘う姿を描いた物語。

＜施設で育った子どもに関する書籍＞

『子どもが語る施設の暮らし』（1999 年）、『子どもが語る施設の暮らし2』（2003 年）『子どもが語る施設の暮らし』編集委員会編　明石書店

卒園生のインタビューなどをもとに、子ども目線から施設での生活について語られた内容。子どもたちが抱える悩みや葛藤、施設への社会的認知度の低さが記されているほか、施設職員のあり方についても考えされられる一冊である。

『明日がある　児童養護施設の子どもたち』大久保真紀　芳賀書店　2003 年

児童養護施設は、さまざまな事情により、家庭において親と一緒に生活することができない子どもたちが生活を営む施設であり、近年、虐待を理由とした入所が増えている。虐待を受けた子どもたちは、心身に深い傷を抱えており、施設において「問題行動」を呈することとなる。児童養護施設で生活する子どもたちの姿を、施設内の日常生活をとらえた写真とともに綴っている。

『施設で育った子どもたちの居場所「日向ぼっこ」と社会的養護』ＮＰＯ法人社会的養護の当事者参加推進団体日向ぼっこ編　明石書店　2009 年

すでに施設を出て社会人となった社会的養護の当事者である若者たちが中心となり、自分たちの気持ちや体験、希望を執筆した。社会的養護をより良いものにしたい、という当事者たちの想いにあふれている。

『施設で育った子どもたちの語り』『施設で育った子どもたちの語り』編集委員会編　明石書店　2012 年

施設での生活を体験した人たちによって綴られた自分史をまとめたもの。1960 ～ 90 年代生まれの 21 名による手記。

『「育ち」をふりかえるー「生きてていい」、そう思える日はきっとくる』渡井さゆり　岩波出版　2014 年

母子生活支援施設、児童養護施設で暮らした著者が自らの生い立ちをふりかえる過程で生きる意味を探し、「生きていてもいいんだ」という思いにたどりつくまでの歩みを綴る。社会的養護の制度や状況も書かれており、当事者である子どもの気持ちと社会的養護の状況がわかりやすい一冊である。

＜家族・子育てに関する書籍＞

『ひそやかな花園』角田光代　毎日新聞社　2010 年

幼い頃、毎年サマーキャンプで一緒に過ごしていた 7 人。輝く夏の思い出は誰にとっても大切な記憶だった。別々の人生を歩んでいた彼らに、突如突きつけられた衝撃の事実。大人たちの＜秘密＞を知った彼らは、自分という森を彷徨い始める。親と子、夫婦、家族でいることの意味を根源から問いかけている。

『マザーズ』金原ひとみ　新潮社　2011 年

同じ保育園に子どもを預ける 3 人の若い母親たちを通して、現代の母親が抱える孤独と焦燥、母であることの幸福が描かれている。

『朝がくる』辻村深月　文藝春秋　2015 年

夫婦には、特別養子縁組で新生児から育て、6 歳になる息子がいる。親子が穏やかに暮らす家庭に、14 歳でその子を出産した実の母親から一本の電話が入る。子を産めなかった者と、子を手放さなければならなかった者との出産をめぐる女性の実状を描き、親子とは何なのか、血のつながりとは一体何なのかを問いている。

『佐々木正美の子育て百科』佐々木正美　大和書房　2018 年

「急がなくても大丈夫です、子育てに近道はありません。」と子どもの心の名医（児童精神科医）・佐々木正美が、入園や入学前に親がしておきたいこと、として子育ての基本を綴ったものである。

『ステップファミリーー子どもから見た離婚・再婚』野沢慎司・菊地真理　KADOKAWA　2021 年

"ステップファミリー＝再婚者の子がいる家族"を新しい角度で説き、その難しさの理由を明らかにしている。現代の家族の多様な姿を捉えるための新しい視点を手に入れることができる一冊である。

<その他>
『「こころ」の本質とは何か一統合失調症・自閉症・不登校のふしぎ』滝川一廣　ちくま新書　2004年

統合失調症、自閉症、不登校を取り上げ、「こころ」の本質を追究していく。「共同世界の複雑化」の視点から各事象の課題が紐解かれているなど、社会的関係性をはじめ、さまざまな角度から分析がなされている。

『逝きし世の面影』渡辺京二　平凡社　2005年

幕末から明治を生きた日本人について、異邦人が書き残した多くの文献をもとにまとめられている。わが国が西洋化し近代化することによって失った明治末年以前の文明の姿を追い求めたものである。

『ゆびさきの宇宙―福島智・盲ろうを生きて』生井久美子　岩波書店　2009年

福島智氏（東京大学教授）は、幼いときに両眼の視力を失い、思春期に聴力も失い、誰ともコミュニケーションがとれない「漆黒の闇」にただ一人置かれてしまう。そういった「盲ろう」者は全国に数多くいても、これまでは、その存在が正しく知られることはなかった。著者は福島氏への長年の取材から、教育の役割と一人ひとりが「生きる使命」について迫っている。

『ルポ　子どもの貧困連鎖―教育現場のＳＯＳを追って』保坂渉・池谷孝司　光文社　2012年

駅前のトイレで寝泊まりする女子高生、車上生活を強いられる保育園児、朝食を求めて保健室に並ぶ小学生。大人たちからハンディを背負わされた子どもに今、何が起きているのかが記されている。

『子どもはみんな問題児。』中川李枝子　新潮社　2015年

『ぐりとぐら』の作者として知られる著者は、17年間保育士をしていた。大人から見ると一見「問題児」に見えるかもしれない子どもの、「子どもらしい子ども」の姿がつづられている。

・絵本
<いのちについて考える絵本>
『だいじょうぶだよ、ゾウさん』ローレンス・ブルギニョン　作　ヴァレリー・ダール　絵　柳田邦男　訳　文溪堂　2005年

まもなく死を迎えようとする年老いたゾウと幼いネズミがお互い助け合いながら生活し、ゾウが新しい国（死）に旅立てるよう支援する話。高齢者とのかかわりとして、子どもたちに何ができるかを考えることのできる一冊。

『ちいさなあなたへ』アリスン・マギー　ぶん　ピーター・レイノルズ　え　なかがわちひろ　やく　主婦の友社　2008年

わが子（娘）への想いと一緒に、自分自身に向けられている母からの想いにも気づかされる作品。母であることのすべてが詰まった絵本。

『絵本　いのちをいただく―みいちゃんがお肉になる日』坂本義喜　原案　内田美智子　作　魚戸おさむとゆかいななかまたち　絵　講談社　2013年

食肉センターで牛を〝とく〟仕事をしている父親と、その息子。一頭の牛との出会いによって職業観や生命観が大きく変わる様子を描く。私たち人間が命あるものを摂取し、命をつなぐという行為を通して、命の大切さを、食物に感謝することを伝える一冊。

<子どもの権利に関する絵本>
『コルチャック先生　子どもの権利条約の父』トメク・ボガツキ　柳田邦男訳　講談社　2011年

コルチャック先生の生涯を描いた真実の物語。子どもたちとともに生き、自らの意思で子どもたちと最期を迎えることを決意したコルチャック先生という人物をより深く理解することができる一冊である。コルチャック先生や子どもたちの哀しげな瞳は、私たちに多くのことを投げかけている。

<障がい児に関する絵本>
『さっちゃんのまほうのて』たばたせいいち　先天性四肢障害児父母の会　のべあきこ　しざわさよこ　偕成社　1985年

生まれつき右手の指のないさっちゃんが、幼稚園でのおままごと遊びで友だちの言葉に傷つき、幼稚園に行かなくなってしまうが、両親の真摯な対応、幼稚園の友だちや先生との交流を経て、自信を取り戻していく物語。

「きいちゃん」山元加津子　作　多田順　絵　アリス館　1999年

養護学校の教員が出会った、車椅子に乗る身体が不自由なきいちゃんの物語。

・漫画

『凍りついた瞳』『続・凍りついた瞳』椎名篤子原作
ささやななえ　集英社　1996／1999 年

　身体的虐待、性的虐待、ネグレクトなどの児童虐待をテーマにした作品。本編ではケースワーカーなど児童虐待にかかわる機関・職種の立場、続編では手記に綴られた子どもの立場から児童虐待の姿が描かれている。

『光とともに』全 15 巻・別巻　戸部けいこ　秋田書店　2001 年

　1 歳半健診で自閉症と診断された光。その家族の葛藤や育児、日常生活の困難さ、周囲の人とのかかわりなかで成長していく光の姿が描かれている。2004（平成 16）年にはテレビドラマ化されている。

『最後の言葉　コミック版』川嶋あい原作　高山繭
ゴマブックス　2006 年

　アーティスト川嶋あいの自伝的エッセイを漫画化した作品。乳児院や児童養護施設への入所と実母の死、川嶋家への養子縁組、養父母との死別などを経験し乗り越えてきた彼女の生い立ちが描かれている。

『ちいさいひと　青葉児童相談所物語』『新・ちいさいひと　青葉児童相談所物語』まんが／夾竹桃ジン、シナリオ／水野光博、取材・企画協力／小宮純一
小学館　2010 ／ 2016 年

　自らも虐待を受けた経験のある駆け出し児童福祉司が、すべての子どもたちの幸せのために奔走する物語。

・コミックエッセイ

『娘が発達障害と診断されて・・・母親やめてもいいですか』にしかわたく　絵　山口かこ　文　かもがわ出版　2013 年

　「子育てがしんどい」お母さんのために痛くて泣けるコミックエッセイである。不妊治療、流産を乗り越え、ようやく授かった娘は広汎性発達障害だった。娘が幸せになる手がかりを探して療育に奔走するも、結局、娘の障害を受容することができず、一時は死をも考えるほどどん底に落ちる。娘に障害があるとわかったとき、まっさきにしなければならなかったのは「強くなる」という覚悟だったかもしれない、そう悟ったときから母親の再生の物語がはじまる。

『生きづらいと思ったら親子で発達障害でした』モンズースー　ＫＡＤＯＫＡＷＡ　2016 年

　二人の息子が発達障害と診断され、母親自身もADHD と診断される。生きづらさを感じる母が悩みながらも子どもたちの姿や支援について向き合う毎日が描かれている。

『怒りたくて怒ってるわけちゃうのになぁー子どもも大人もしんどくない子育て』きしもとたかひろ
KADOKAWA　2022 年

　「子どものために」を大切にしながら子どもにかける言葉は、本当に子どもに寄り添っているのだろうか。学童保育の支援員の著者が、自身の失敗も含め漫画でわかりやすく伝えている。

●映画

コルチャック先生　1990 年

　コルチャック先生は、小児科医、また孤児院の院長として子どもたちを守り育てることに喜びを見出していた。しかし、1940 年、ナチスの侵攻により、ユダヤ人は強制収容所に送り込まれることになった。コルチャック先生と 200 余名の子どもたちが死への道へと赴くまでの実話をもとに描いたヒューマン・ドラマ。

愛を乞うひと　1998 年

　同名の小説を原作とした作品。幼い頃に母親から虐待を受けていた女性が、父親の遺骨を求めて娘と旅に出る。そのなかで再び過去と対峙する。母娘の愛憎を描いた人間ドラマ。

I am Sam　アイ・アム・サム　2002 年

　知的障がいのため 7 歳程度の知能しかもたないサムは、周囲の人々に支えられて娘のルーシーを育てているが、養育能力がないと判断されルーシーは保護されてしまう。心からルーシーを愛するサムと、父を慕うルーシーによって心を動かされ変わっていく人々の様子を描いた物語。

誰も知らない　2004 年

　都内の 2DK アパートで大好きな母親と幸せに暮らす 4 人兄弟。しかし彼らの父親はみな別々で、学校にも通ったことはなく、3 人の妹弟の存在は大家にも知らされていなかった。ある日、母親はわずかな現金と短いメモを残し、兄に妹弟の世話を託して

家を出る。この日から、誰にも知られることのない4人の子どもだけの「漂流生活」が始まる。1988（昭和63）年に東京で実際に起きた子ども置き去り事件をモチーフにつくられた作品である。

長い散歩　2006 年

高校の校長職を定年退職した安田松太郎が暮らすアパートの隣の部屋には、母親から虐待されている幼い少女サチが暮らしていた。この環境からサチを救い出した安田が、彼女とともに旅をするなかで、徐々に彼女との心理的な距離を縮めていく様子を描いた物語。

闇の子供たち　2008 年

同名の小説を原作とした作品。子ども買春や臓器移植を目的とした人身売買が描かれたサスペンスドラマ。

うまれる　2010 年

4組の夫婦の物語を通して、命の大切さ、家族の絆、人とのつながりを考えるドキュメンタリー。

大地の詩ー留岡幸助物語　2011 年

明治の社会事業家で、わが国の感化教育の先駆者である留岡幸助の生涯を描いた伝記映画（原作：藤井常文）。キリスト教信者でもあった留岡は、明治、大正、昭和の初期に渡り東京と北海道で「家庭学校」（感化院：現在の児童自立支援施設）を運営し、多くの非行少年たちに愛と希望を与えた。

少年と自転車　2011 年

親に見捨てられ、児童養護施設に預けられた12歳の少年シリルが、はじめて信頼できる大人であるサマンサに出会うことで、心を開き、人を信じ、善悪を学び、成長していく。美容師で独身のサマンサもまたシリルに愛情を与えることで、自分の内にある母性に気づき、人を守ることの責任と喜びを知っていく。どんなに厳しい境遇に置かれても、人は誰かとつながることで一筋の光を見出せる、という感動が伝わる物語。

オレンジと太陽　2012 年

1970年代まで実際にイギリスで行われていた児童移民の実態を明らかにし、事実を隠そうとする組織と闘ったソーシャルワーカーの女性を描いた物語。

あなたを抱きしめる日まで　2013 年

10代で未婚のまま妊娠したフィロミナは修道院に入れられる。フィロミナは男の子を出産するが、3歳になった息子を修道院は養子に出してしまう。フィロミナの50年来の秘密を告白された娘のジェーンが、元ジャーナリストのマーティンに話を持ちかけたことで、愛する息子に一目会いたいフィロミナと、その記事に再起をかけたマーティン、まったく別の世界に住む二人の旅が始まる。

そして父になる　2013 年

産院で子どもを取り違えられてしまった2組の家族の葛藤と再生を描く作品。血のつながりか、ともに過ごした絆かの葛藤のなかで、父親になろうとしていく主人公の姿を描く。

さとにきたらええやん　2016 年

大阪市西成区釜ヶ崎で40年近く活動している「こどもの里」を舞台に、力いっぱい生きる子どもたち、全力で子どもに向き合う職員たちの姿を追ったドキュメンタリー作品。

母さんがどんなに僕を嫌いでも　2018 年

幼い頃から母親に拒絶されてきた青年の実話をもとにした作品。母親から酷い暴力を受けて育ってきた息子が、友人からの言葉を受け、母と向き合っていく。

1640 日の家族　2022 年

この映画の監督が里親家庭の実子として里子との別れを体験した実話に基づいている。実親、里親、実子と里子の気持ちが実に見事に描かれている。

REALVOICE　2023 年

自身も虐待を受けた経験があり、乳児院、児童養護施設、自立援助ホームで育った監督が、虐待を受けた経験のある70名の若者たちの声を集め、密着したドキュメンタリー映画。

● DVD

「石井十次の生涯　石井のおとうさんありがとう」現代ぷろだくしょん

日本の児童福祉の先駆者である石井十次の生涯を映画化した作品。イギリスのジョージ・フレデリック・ミュラーの影響を受けた石井は、福祉という言

葉もない明治時代に、命と生涯をかけて、3,000人もの孤児を救った。「岡山孤児院」創設から、現在、宮崎県にある石井記念友愛社の創設に至るまでの映像。

「発達障害の理解と支援～わかり合うって、素敵だね！～」 日本発達障害福祉連盟

発達障がいについて医学的にわかりやすく、また、療育に関して福祉・教育・心理等の視点から、どのような知識・技術が必要なのかを当事者や家族の映像とともに解説している。

「保育士になるためのつまずきのある子への保育 肢体不自由児施設 第2巻 重症心身障害児施設」瓜巣一美監修 アローウィン

重症心身障がい、肢体不自由がある子どもに対する療育について、それぞれの施設の様子を、特に保育の施設実習の視点からわかりやすく解説している。

「保育士になるためのつまずきのある子への保育 第3巻 乳児院」瓜巣一美監修 アローウィン

乳児院での乳幼児の生活の様子と保育士の24時間を追い、人間の基礎をつくる大切な時期の乳幼児へのケアを紹介している。また、心理職員や家庭支援専門相談員による保護者等への支援も紹介している。

●テレビドラマ

よい子の味方－新米保育士物語 日本テレビ 2003年

主人公である新人の男性保育士が働くことができる期間は、前任者が産休中の3か月間。保育所を舞台に、まわりの理解を得て支えられていくなかで成長していく主人公の姿を描いた物語。

瑠璃の島 日本テレビ 2005年

過疎化によって廃校の危機に瀕した学校を存続するため、里子を迎えた島を舞台に、里子の瑠璃が、島の人々との交流を経て成長していく姿を描いた物語。

エジソンの母 ＴＢＳ 2008年

エジソンと同等の才能をもっているとされる好奇心旺盛な少年が転校してきたことから巻き起こるさまざまな騒動を、担任の女性教師の視点からとらえた物語。「少年の言動を問題視して排除しようとする大人」と「少年の可能性を信じる大人」の様子を描き出している。

ドンキホーテ 日本テレビ 2011年

ある日、児童福祉司の青年と任侠集団の親分の魂が入れ替わり、親分は児童相談所の職員としてこれまでと正反対の世界で生活していくことなる。このような状況のなかで、親分は次第に子どもたちのヒーローとなっていく。

マルモのおきて フジテレビ 2011年

親友が男手一つで育ててきた双子と、親友の死をきっかけにその双子を引き取ることになった独身男性、しゃべることができる犬（ムック）が織り成す物語。頼もしいマルモの支えもあり、訪れる困難を乗り越えて、彼らはいつしか本当の家族となっていく。

コウノドリー命についてのすべてのこと ＴＢＳ 2015年・2017年

鈴ノ木ユウによる産科医療漫画を原作としたドラマ。未受診妊婦（飛び込み出産）のエピソードや中学生の妊娠と特別養子縁組、胎児期の風疹感染症、障がいのある子に葛藤する両親、出生前診断など、子ども家庭福祉と関連するテーマが取り上げられている。

しずかちゃんとパパ NHK 2022年

ろう者である父の「支援者」を務めてきた娘が、ある男性と結婚するまでの親離れ・子離れの物語である。父子にとってのコミュニケーション言語である手話と聞こえる者にとっての音声言語の違いなどを、自然にかつ深く考えることができる。

索　引

学ぶ・わかる・みえる
シリーズ　保育と現代社会

保育と子ども家庭福祉 ［第 2 版］

2019 年 3 月 20 日　初　版第 1 刷発行
2023 年 8 月 1 日　初　版第 5 刷発行
2024 年 4 月 1 日　第 2 版第 1 刷発行

編　　集　　櫻井奈津子

発 行 者　　竹鼻　均之

発 行 所　　株式会社みらい

〒500-8137　岐阜市東興町40　第 5 澤田ビル
TEL　058-247-1227(代)
FAX　058-247-1218
https://www.mirai-inc.jp/

印刷・製本　サンメッセ株式会社

ISBN978-4-86015-611-4 C3036
Printed in Japan　　　　　　　　乱丁本・落丁本はお取り替え致します。